Von Ernst Meckelburg sind als Heyne-Taschenbücher erschienen:

Zeittunnel · *Band 19/264*
Transwelt · *Band 19/321*

Ernst Meckelburg

TRAUMSPRUNG

Unerklärliche Geschehnisse
aus der Überwelt

WILHELM HEYNE VERLAG
MÜNCHEN

HEYNE SACHBUCH
Nr. 19/341

Ungekürzte Taschenbuchausgabe
im Wilhelm Heyne Verlag GmbH & Co. KG, München
Copyright © 1993 Albert Langen/Georg Müller Verlag
in der F. A. Herbig Verlagsbuchhandlung GmbH, München
Printed in Germany 1995
Umschlaggestaltung: Atelier Adolf Bachmann, Reischach
Umschlagillustration: ZEFA/Stockmarket/Düsseldorf
Satz: Schaber Satz- und Datentechnik, Wels
Druck und Verarbeitung: Presse-Druck, Augsburg

ISBN 3-453-08156-0

Inhalt

Vorwort

Immer wieder werden wir, direkt oder indirekt, mit Ereignissen konfrontiert, für die es keine Erklärung gibt, die all dem zu widersprechen scheinen, was bislang als gesichertes Wissen galt. Die Massenmedien greifen Informationen über mysteriöses Geschehen, das sich in keinen wissenschaftlichen Bezugsrahmen einordnen läßt, flink auf und geben sie häufig »geschönt« und damit entstellt an ein sensationsgewohntes Leserpublikum weiter. Tatsachen und Fiktion verwischen einander. Aus »unerklärlich« wird rasch »unglaublich«, aus »unglaublich« schließlich »unzutreffend«.

Dabei enthalten selbst authentische Berichte über ungewöhnliche Ereignisse oft genügend Brisanz, um liebgewordene Vorstellungen von dem, was wir als Realität anerkennen, ein für allemal zu erschüttern.

Das Buch »Traumsprung« befaßt sich mit außergewöhnlichen Begebenheiten aus vergangenen Tagen und neuerer Zeit, mit Fällen, die zum Zeitpunkt ihres Geschehens für Schlagzeilen sorgten, bald aber wieder in Vergessenheit gerieten.

Dem Autor ist daran gelegen, all die von ihm über viele Jahre zusammengetragenen, phantastisch anmutenden Geschichten einmal im Zusammenhang zu präsentieren, um zu zeigen, daß neben unserer gewohnten, von uns akzeptierten Realität mit Sicherheit weitere, verborgene Welten existieren, die noch der Offenlegung und Interpretation harren.

In »Traumsprung« wird, ohne zu theoretisieren, über ungewöhnliche Ereignisse berichtet, so unter anderem

- über Personen und Dinge, die auf unerklärliche Weise plötzlich im »Nichts« verschwinden,
- über »Fallout« aus anderen Seinsbereichen,
- über spukhafte Erscheinungen, die Menschen zur Verzweiflung treiben können,
- über geheimnisvolle zerstörerische Kräfte, die unvermittelt in unseren Alltag eindringen,
- über das Vorab-Erfahren zukünftiger, schicksalhafter Entwicklungen, die keine Macht der Welt aufzuhalten vermag,
- über Visionen in Todesnähe und Manifestationen aus einer Welt jenseits der Todesbarriere und
- über Phantombilder aus anderen Zeiten und parallelen Welten.

Dieses im Reportagestil abgefaßte Buch dringt in nahezu alle Bereiche des Unfaßbaren vor und zeigt die Grenzen des derzeit wissenschaftlich nicht Nachvollziehbaren auf. »Traumsprung« – ein Buch mit einer Fülle spannender und unterhaltsamer Geschichten aus den Schattenzonen fremder Realitäten – überbrückt die Kluft zwischen scheinbar Irrealem und Alltäglichem.

Ernst Meckelburg

Menschen, die im Nichts
verschwinden

Am 24. Juli 1924 starteten Lieutenant W. T. Day und sein Pilot D. A. Steward mit ihrem einmotorigen Doppeldecker vom Typ »Handley Page Harrow II« zu einem routinemäßigen Aufklärungsflug über dem Irak. Als sie zur vereinbarten Zeit nicht zurück waren, schickte man einen Suchtrupp aus. Er entdeckte die von ihrer Besatzung verlassene Maschine am nächsten Tag mitten in der Wüste. Sie war völlig intakt und besaß noch genügend Treibstoff für den Rückflug. Kein Zeichen deutete auf Gewaltanwendung hin. Die Fußabdrücke der beiden Männer waren im weichen Sand deutlich zu erkennen. Sie hatten sich allem Anschein nach noch einige Schritte von ihrer Maschine entfernen können. Dann endeten ihre Spuren abrupt, so als ob sie von jemandem durch die Luft »nach oben« entführt worden wären.

Man schätzt, daß in allen Teilen der Welt jährlich weit mehr als hunderttausend Menschen auf die eine oder andere Weise verschwinden. Die meisten von ihnen sind aus irgendwelchen Gründen, vor irgend etwas, auf der Flucht. Normalerweise sind Auseinandersetzungen in der Familie, Lebensangst, Gedächtnisstörungen und andere pathologische Zustände, Liebesromanzen, Schwierigkeiten Jugendlicher in der Schule oder mit dem Elternhaus, finanzielle Probleme, Versicherungsbetrug, Veruntreuungen, Hochstapelei und andere kriminelle Delikte Ursache für das Ausbrechen von Menschen aus ihrer vertrauten Umgebung, für die Flucht in die schutzverheißende Anonymität. Die Mehrzahl der abgängigen Personen findet früher oder später in die Gesellschaft, in ein normales, geregeltes Leben zurück. Für manche aber wird die Bindungslosigkeit, ihr Untertauchen in der Legion der Namenlosen zum Verhängnis. Sie fallen Verbrechen zum Opfer und enden auf verlassenen Feldern, auf Bahngleisen, in Hinterhöfen anrüchiger Etablissements, im dichten Gehölz wenig betretener Waldgebiete, in Gewässern, in den Flammen absichtlich in Brand gesteckter Häuser und Kraftfahrzeuge, häufig bis zur Unkenntlichkeit verstümmelt. Selten läßt sich ihr Abgang eindeutig rekonstruieren. Kriminalstatistiken lassen erkennen, daß einige der Vermißten für immer verschollen bleiben, daß diese Personen auch nicht die geringste Spur – Kleidungsstücke, persönliche Habe – hinterlassen. In den USA sind es jährlich mehr als 15 000 Personen, deren Verschwinden nachweislich weder auf unfallbedingte Amnesie, noch auf Kapitalverbrechen oder irgendwelche Konfliktsituationen zurückzuführen ist. Befaßt man sich mit jenen oft unter seltsamen Begleiterscheinungen einhergehenden Ereignissen etwas näher, so hat es mitunter den Anschein, als ob die betreffenden Personen von einer Sekunde zur anderen aus unserer Welt, aus Raum und Zeit, »herausgefallen« und gleichsam in einem unergründlichen Nichts verschwunden wären. Der Augenblick des Verschwindens, die kurze Phase zwischen Anwesenheit und Abwesenheit, ist in Fällen spontanen, ungewollten Verschwindens für uns nicht erkennbar. Gegen abrupte »Übergänge« wie diese – möglicherweise in andere Seinsbereiche – sträubt sich unser gesunder Menschenverstand. Den solchen Geschehnissen zugrunde liegenden Mechanismen ist auch mit dem Instrumentarium unserer Schulphysik, mit menschlicher Logik, kaum beizukommen.

Was aber geschieht mit all den Menschen, deren Spur sich

irgendwo im Dunkel verliert? Wohin gehen sie? Hat es sie, entsprechend dem Ursache-Wirkung-Prinzip, auf dem angeblich unser ganzes Sein aufbaut, dann überhaupt gegeben – sobald unsere Erinnerung an sie verblaßt ist? Waren es dann auch nur Phantome, Phantasiegestalten aus unseren Träumen? Oder leben sie etwa unsichtbar und dennoch hautnah mitten unter uns, als stille Beobachter, als Psycho-»Zombies« wider Willen?

Da betritt ein Mann eines Abends, wie gewohnt, den Garten direkt hinter seinem Haus, um, wie tausend Male zuvor, den Rasen zu mähen. Nichts Ungewöhnliches, möchte man meinen. Seine Frau in der Küche bereitet das Abendessen zu. Das schrille Motorengeräusch des Rasenmähers ist überall vernehmbar. Plötzlich ist es still. Die junge Frau am Herd denkt sich zunächst nichts dabei. Dann aber horcht sie argwöhnisch auf. Diese anhaltende Stille ist geradezu unheimlich.

Nichts ist vernehmbar. Kein Geräusch, nichts, was auf irgendeine andere Tätigkeit ihres Mannes hindeutet. Der muß doch anderwärtig beschäftigt sein, denkt sie. Vielleicht raucht er gerade seine geliebte Pfeife. Aber nein, kommt es da der Frau in den Sinn, die hat er ja gar nicht bei sich. Und aus dem Zimmer kann er sie auch nicht geholt haben, da hätte er doch an ihr vorbeigehen müssen. Der kleine Garten schließt ja direkt an das Häuschen an, besitzt kein eigenes Tor und hat nur einen einzigen Zugang: die Terrassentür.

All dies schießt der Frau durch den Kopf, während sie angestrengt nach draußen lauscht. Aber sie vernimmt nicht den geringsten Laut. Es ist immer noch beängstigend still. Wo ist ihr Mann? Was tut er? Warum sagt er nichts?

Die Frau ist beunruhigt. Argwöhnisch hält sie Nachschau. Aber in dem kleinen Garten ist niemand. Lediglich der Rasenmäher steht einsam am Wegesrand. Von ihrem Mann findet sich keine Spur.

Die Frau läuft zur Polizei. Im Revier vernimmt man kopfschüttelnd die unglaubliche Geschichte. Systematisch werden Haus und Garten abgesucht. Und ebenso die umliegenden Grundstücke, Geschäfte und Gaststätten. Vergeblich! Nichts zu entdecken. Selbst eine offizielle Suchaktion nach dem Verschwundenen bleibt ergebnislos. Niemand hat den Mann gesehen, geschweige mit ihm gesprochen. Einige Wochen lang tut die Polizei alles Menschenmögliche. Ohne Ergebnis. Schließlich wird die Fahndung eingestellt.

Ein ähnliches Schicksal dürfte der 25jährigen Dorothy Harriet Camille Arnold, einer Gesellschaftsdame aus dem New Yorker Prominentenviertel Four Hundred und Nichte von Rufus C. Peckham, Richter am Obersten Gerichtshof der Vereinigten Staaten, widerfahren sein. Sie verließ am 12. Dezember 1910 gegen elf Uhr das an der östlichen 79. Straße – Manhattans eleganter East Side – gelegene Haus ihrer Familie, um für eine bevorstehende Party ihrer Schwester ein Abendkleid auszusuchen. Ihre Einkäufe nahmen etwa drei Stunden in Anspruch. Gegen 14 Uhr begegnete Miss Arnold an der Fifth Avenue, einer der belebtesten Straßen der Welt, zufällig ihrer Freundin Gladys King, mit der sie sich eine Zeitlang angeregt unterhielt. Es war dies, wie sich später herausstellen sollte, das letzte Gespräch, das sie vor ihrem Verschwinden mit jemandem führte.

Dorothy war am Tage ihres Verschwindens wie immer elegant gekleidet – eine nicht zu übersehende Erscheinung. Und gerade dieser Umstand macht ihren offenbar unbemerkt gebliebenen Abgang so unverständlich. Über ihr Verschwinden, das seinerzeit großes Aufsehen erregt hatte, wurde noch lange spekuliert. Die einen vermuteten, Miss

Arnold habe Selbstmord begangen, was in Anbetracht ihrer aufgeräumten Stimmung vor dem Ereignis unglaubhaft erscheint. Andere meinten, sie sei bei einer illegalen Abtreibung ums Leben gekommen. Was an jenem frostigen Dezember-Nachmittag wirklich geschah, ließ sich später nie mehr rekonstruieren. Die Untersuchungsbehörden waren ratlos. Sämtliche Spuren endeten in einem undurchdringlichen Dickicht aus Ungereimtheiten und Widersprüchen.

Für das plötzliche Verschwinden des damals 40jährigen Pferdezüchters Donald Dent vom Gestüt Red House in der Nähe von Exning bei Newmarket (England) gibt es ebenfalls keine Erklärung. Am 5. Juni 1975 war Dent wegen einer Erkältung nicht zur Arbeit gegangen. Als seine Frau Valerie am Abend nach Hause kam – sie hatte damals in einem Nachbarort die Stelle einer Geschäftsführerin inne –, saß Donald, wie üblich, im Wohnzimmer vor dem Fernsehgerät. Sie bereitete ihm rasch eine warme Mahlzeit und begab sich anschließend in die obere Etage, um nach ihrem Sohn David zu schauen, der sich, wie sein Vater, nicht wohl fühlte. Nachdem sie etwa eine Dreiviertelstunde miteinander geplaudert hatten, ging Valerie nach unten, um sich einen Drink zu genehmigen. Donald saß noch immer vor dem Fernsehgerät. Mrs. Dent gab ihm zu verstehen, daß sie sehr müde sei und gern schlafen gehen möchte. Er versprach ihr nachzukommen, sobald das Programm zu Ende wäre. Als er kurz vor Mitternacht immer noch nicht erschienen war, ging Mrs. Dent ins Wohnzimmer, um nachzuschauen, ob ihr Mann vielleicht eingeschlafen sei. Was sie dort sah, ergab keinen Sinn: Der Fernsehapparat lief noch, die Haustür stand weit offen, von Donald fehlte auch draußen jede Spur. Verzweifelt fuhr Valerie mit ihrem Wagen noch während der Nacht die nähere Umgebung ab, um nach ihrem Mann Ausschau zu halten. Sobald es dämmerte, organisierte die Polizei einen Suchtrupp, der dann tagelang unterwegs war und mit größter Sorgfalt die entlegensten Winkel durchstöberte. Spürhunde wurden eingesetzt. Doch alle Bemühungen, Donald zu finden, schlugen fehl.

Beim Verlassen des Hauses hatte Donald Dent nur ein Jagdhemd, eine braune Hose und seine schweren Arbeitsstiefel getragen. Er führte nachweislich weiter kein Bargeld mit sich. Im Wohnzimmer lag noch die Handtasche seiner Frau. Sie enthielt 30 Pfund und die Schlüssel ihres Wagens. Donald hatte sie nicht angerührt. Er verschwand offenbar ohne jedes persönliche Motiv. Wäre er einem Verbrechen zum Opfer gefallen, so hätte dies sicher die Aufmerksamkeit seiner Frau und seines Sohnes erregt. Irgendwann all die Jahre hätte man zumindest seine Leiche finden müssen.

Im Jahre 1956 verschwanden im Angles National Park (Kalifornien), einer 280 000 Hektar großen Wildnis – vorwiegend im Gebiet des Devil's Gate Reservoir – zahlreiche Menschen auf unerklärliche Weise. Bei den Opfern handelte es sich hauptsächlich um Jugendliche, weswegen man die unheimliche Gegend heute »Wald der verschwundenen Kinder« nennt. Die Serie der mysteriösen Ereignisse begann am 5. August 1956, als zwei junge Leute – Donald Lee Baker und Brenda Howell – ohne eine Spur zu hinterlassen, verschwanden.

Nur etwa sieben Monate später, am 23. März 1957, ereignete sich ein weiterer derartiger Zwischenfall, der die Öffentlichkeit aufhorchen ließ. Der achtjährige Tommy Bowman lief auf einem schmalen Waldweg nur wenige Meter vor seinen Angehörigen – Vater, Onkel, zwei Vettern – her. Diese genügten, um das Schicksal des Jungen für immer zu besiegeln. An einer Stelle bog der Weg ab. Tommy entschwand für nur wenige Sekunden den Blicken seiner Begleiter ... für immer, wie sich in der Folge herausstellen sollte. Als die anderen die Wegbiegung umrundet hatten, war von dem Jungen nichts mehr zu sehen. Mehr als 400 Freiwillige durchkämmten mehrere Tage das Gelände rund um den Ort seines Verschwindens. Keine Bodensenke, kein Erdspalt, kein mögliches Versteck, keine verdächtige Stelle wurde ausgelassen. Jeder Zoll des unwirtliches Bodens wurde gründlich inspiziert. Polizeihubschrauber kreisten in niedriger Höhe über der Gegend, um die Suchmannschaft sofort über jede verdächtige Bewegung informieren zu können. Immer und immer wieder überflogen sie selbst angrenzende Waldgebiete. Unentwegt riefen die Männer nach Tommy; sie forderten ihn eindringlich auf, sich zu melden. Ihren Bemühungen war kein Erfolg beschieden. Er war und blieb fortan verschwunden.

Wäre der Junge in einen Erdspalt gerutscht (einen solchen hätte man bei der Suche ohnehin sofort entdeckt), wäre er von jemandem ergriffen und blitzschnell entführt worden, so hätten seine Begleiter, die sich zu diesem Zeitpunkt nur wenige Meter hinter ihm befanden, Schreie oder sonstige verdächtige Geräusche hören müssen. Das aber war keineswegs der Fall. Das Rätsel um Tommy Bowmans Verschwinden wurde bis heute nicht gelöst. Wohin mag er gegangen sein? Sicher ist: ein paar Schritte zu weit ... zu weit, um in unsere Realität zurückzufinden.

Am 13. Juli 1960 ereignete sich in der gleichen Gegend ein ähnlicher Fall. Der knapp neun Jahre alte Bruce Kremen konnte während eines Ausflugs des dortigen CVJM, an dem er erstmals teilnahm, mit seinen älteren Kameraden nicht Schritt halten und mußte daher ins Lager zurück. Auf dem Rückweg begleitete ihn ein Streifenführer. In unmittelbarer Nähe ihres Camps – es waren vielleicht noch

100 Meter zurückzulegen – trug ihm sein Begleiter auf, sich sofort beim Lagerleiter zu melden. Die auf sein Verschwinden hin eingeleitete Suchaktion dauerte zwölf Tage. Sie brachte keinen Erfolg. Man sah Bruce nie wieder. Das Devil's Gate Reservoir hatte wieder ein Opfer gefordert.

Das Geheimnis des Leuchtturms
von Eilean Mor

Eilean Mor ist die »größte« der Flannan-Inseln vor der Westküste Schottlands. Ihr Durchmesser beträgt eben gerade ganze 150 Meter. Diese, nach dem frommen Bischof von Killaloe, St. Flannan (17. Jahrhundert), benannten öden Felseninseln liegen im äußersten Nordwesten Großbritanniens, etwa 50 Kilometer vor den zu den Äußeren Hebriden gehörenden Lewis-Inseln. Die auf den Hebriden ansässigen Farmer lassen dort zwar gelegentlich ihre Schafe grasen, ansonsten ist das Eiland völlig unbewohnt.

Um die Jahrhundertwende sollte sich auf dem im Jahre 1898 errichteten Leuchtturm von Eilean Mor eine Tragödie abspielen, deren Hergang seither nicht geklärt werden konnte. Drei Menschen verschwanden von der Insel, ohne eine Spur zu hinterlassen. Sie schienen sich in Luft aufgelöst zu haben. Der Leuchtturm wurde seinerzeit von vier pensionierten Seeleuten gewartet. Jeder dieser die Einsamkeit des Meeres gewohnten Männer blieb volle sechs Wochen auf der Insel, um danach einen zweiwöchigen Landurlaub anzutreten. Auf diese Weise war der Leuchtturm ständig mit drei Mann besetzt. Nahrungsmittel, Post und Petroleum für die Lampen wurden alle zwei Wochen vom Versorgungsschiff »Hesperus« gebracht, das dann auch jedesmal einen Urlauber mitnahm und einen anderen zum Dienst zurückbrachte.

Am 6. Dezember 1900 sollte Joseph Moore seinen zweiwöchigen Urlaub antreten. Er freute sich darauf, denn ihm und den anderen, James Ducat, Donald McArthur und Thomas Marshall, stand ein langer, einsamer Winter bevor. Die exponierte Lage der Insel verschaffte den Männern keinerlei Abwechslung. Lesen, Briefe schreiben, Schach spielen und Unterhaltungen waren so ziemlich das einzige, was sie gegen die Langeweile tun konnten. Im Laufe der Monate ließ ihre Gesprächigkeit und Geselligkeit allmählich nach. Apathisch verrichtete die Besatzung ihren eintönigen Dienst. Nur der Gedanke an den bevorstehenden Urlaub hielt sie bei Laune.

Am 21. Dezember begab sich Joseph Moore wieder an Bord der »Hesperus«, um nach Eilean Mor zurückzukehren. Während der zwei Wochen seines Urlaubs war das Wetter für die Jahreszeit erstaunlich ruhig gewesen. Gleich nach der Abfahrt des Schiffes aber kam ein heftiger Sturm auf. Drei Tage schipperte die »Hesperus« entlang der Küste der Hebriden, ohne zur Insel übersetzen zu können. Erst am 24. Dezember vermochte sie sich den Flannan-Inseln zu nähern. Als Moore schon von weitem feststellte, daß das Leuchtfeuer erloschen war, schwante ihm nichts Gutes. Es sollte jedoch immer noch zwei Tage dauern, bis sich der Sturm gelegt hatte und man am Ostkai der Insel Eilean Mor sicher landen konnte.

Gleich bei der Landung erschien es Moore und seinen Begleitern merkwürdig, daß man für ihre Ankunft keine Vorbereitungen getroffen hatte. Der Landungssteg war nicht ausgelegt worden, und das Leergut fehlte. Als auf wiederholte Signale hin niemand antwortete, wurde Moore mit einem Boot an Land gerudert. Das Einlaßgitter und die Haupttür des Leuchtturms waren geschlossen. Moore öffnete die Tür mit einem Ersatzschlüssel und betrat allein den Hauptraum. Er war leer. Beunruhigt rannte er zur Anlegestelle zurück, um Hilfe zu holen. Zwei Männer stiegen mit ihm die Treppe hinauf, um nachzusehen, ob sich die Besatzung oben befinde. Nichts regte sich. Den Männern fiel auf, daß die Geräte sauber und völlig intakt waren. Die Lampen waren alle mit einer ausreichenden Menge Öl gefüllt und ihre Dochte auf die richtige Höhe gebracht, so daß sie bei Einbruch der Dunkelheit sofort angezündet werden konnten. Es fehlten allerdings zwei Ölhäute und zwei Paar Seestiefel, die den Männern gehört hatten. Die letzte Eintragung im Logbuch stammte vom 15. Dezember.

Die kleine Insel war im Handumdrehen durchsucht. Von den vermißten Männern fand man keine Spur. Bei näherem Augenschein ergaben sich jedoch einige Anhaltspunkte, die möglicherweise zur Lösung des Rätsels hätten beitragen können. Am westlichen Anlegeplatz hatte der Sturm besonders stark gewütet und schwere Schäden verursacht. Etwa 20 Meter über dem Meer stand auf einer Betonplattform ein Kran, von dem die Seile herabhingen. Diese waren jedoch normalerweise aufgerollt und lagen in einer Werkzeugkiste verwahrt in einer Felsnische 33 Meter über dem Meeresspiegel. Die Männer fragten sich, ob der Orkan vielleicht mehr als 20 Meter hohe Wellen über die Insel gespült und die Kiste aus der Nische herausgerissen hatte und ob dabei die Seile möglicherweise rein zufällig über den Kran geworfen worden waren. Immerhin hätte ein solches Ereignis das Verschwinden der Leuchtturmbesatzung, ihren jähen Tod, erklären können. Dies alles aber erschien unwahrscheinlich, da derart gigantische Wellen sehr selten sind. Es ist auch kaum anzunehmen, daß erfahrene Seeleute sich bei schwerem Sturm ohne zwingenden Grund auf eine nur wenig gesicherte Landungsbrücke begeben. Wären dennoch alle drei Mann nach draußen gegangen, so hätten auch alle drei Ölhäute fehlen müssen, was aber nicht der Fall war.

Die Überprüfung des Logbuches, das Thomas Marshall geführt hatte, ergab, daß die Besatzung des Leuchtturmes Schreckliches erlebt haben mußte. Hier hieß es: »12. Dezember: Sturm, Nord bis Nordwest, See wie rasend aufgepeitscht. Sturmbeginn: neun Uhr am Abend. Niemals einen solchen Sturm erlebt. Sehr hohe Wellen schlagen gegen den Leuchtturm. Sonst alles in Ordnung. Ducat gereizt.« Diese Eintragung war unverständlich, weil am 12. Dezember über der knapp 50 Kilometer entfernten Insel Lewis nachweislich kein Sturm geherrscht hatte. Eine weitere Logbuch-Eintragung vom gleichen Tag gegen Mitternacht besagt: »Sturm rast immer noch, Wind kommt aus gleicher Richtung. Sind vom Sturm eingeschlossen. Können nicht nach draußen gehen. Schiff fährt vorbei, vernehmen sein Nebelhorn. Konnte die Lichter der Kabinen sehen. Ducat ruhig, McArthur weint.« Was mag einen alten Seemann wie Donald McArthur zum Weinen veranlaßt haben?

Weiter heißt es im Logbuch: »13. Dezember. Sturm hält die ganze Nacht über an. Wind dreht von West nach Nord. Ducat verhält sich ruhig. McArthur betet ... Zwölf Uhr mittags. Grauer Himmel. Ich, Ducat und McArthur beten.« Moore bekannte später vor einem Ausschuß, der diesen sonderbaren Fall kollektiven Verschwindens untersuchen sollte, daß er niemals zuvor seine Gefährten beten gesehen habe. Angst vor dem tobenden Sturm kann es kaum gewesen sein, da die Männer jahrelang bei ähnlichen Witterungsverhältnissen ihren Dienst verrichtet hatten. Über die Ereignisse am 14. Dezember gibt es keine Logbucheintragung. Einen Tag später heißt es hier: »15. Dezember, ein Uhr mittags. Der Sturm hat aufgehört. Die See ist ruhig. Gott steht über allem.«

Im Verlaufe der gerichtlichen Untersuchung stellte es sich heraus, daß ein Schiff, die »S.S. Archer«, in der Nacht vom 15. auf den 16. Dezember beinahe vor Eilean Mor gestrandet wäre, weil im Leuchtturm kein Licht brannte. Sollte man daraus schließen, daß dessen Besatzung zu diesem Zeitpunkt schon verschwunden war? Konnte nach der letzten Logbucheintragung ein Sturm, der vielleicht ganz plötzlich nur über Eilean Mor hereingebrochen war, die Männer von einem der Anlegeplätze aus ins offene Meer getrieben haben, just in dem Augenblick, als sie die Anlage auf Schäden untersuchen wollten? Wohl kaum: Stürme dieser Stärke treten nicht innerhalb von Minuten auf, und der Leuchtturm war von jeder Stelle aus rasch zu erreichen. Es erscheint auch sonderbar, daß ein Orkan, wie ihn Thomas Marshall im Logbuch schilderte, auf dem nahen Festland nicht bemerkt worden sein soll.

Spekulationen wurden geäußert, daß möglicherweise einer der Männer seine beiden Gefährten getötet, die Spuren seiner Tat beseitigt und anschließend, durch einen Sprung ins Meer Selbstmord begangen habe. Messer, Äxte und Hämmer waren beim Eintreffen von Joseph Moore zwar unberührt, der Täter hätte aber einen Stein als Waffe benutzen können. Nichts deutete damals auf eine solche Tragödie hin. Warum auch sollte der vermeintliche Mörder die Spuren seiner Tat beseitigen, wenn er sich ohnehin mit Selbstmordabsichten trug? Möglicherweise befanden sich die drei Männer aufgrund der extremen Witterungsverhältnisse in einer Art psychischem Ausnahmezustand. Vielleicht existierte der im Logbuch vermerkte Orkan nur in ihrer Einbildung, vielleicht hatten sie Visionen gehabt, wie weiland St. Flannan, der im 17. Jahrhundert als Eremit dort lebte und von dem alle behaupteten, daß er Gott gesehen habe.

Alle Recherchen verliefen im Sande. Der Fall glich einer mathematischen Gleichung mit mehreren Unbekannten. Die Felsen von Eilean Mor werden ihr Geheimnis wohl nie preisgeben.

Der »L-8«-Zwischenfall

Am 16. August 1942 gegen elf Uhr sahen zwei Fischer am Strand von Fort Funston in Kalifornien eines jener für die Beobachtung feindlicher U-Boote eingesetzten Luftschiffe in niedriger Höhe auf die Küste zutreiben. Die Gondel des Luftschiffs stand offen, kein Mensch war an Bord. Behende packten die Männer die Halteleinen, um es nach unten zu ziehen. Ein plötzlich aufkommender Windstoß vereitelte ihr Vorhaben. Das »Geister«-Luftschiff riß sich los, trieb gegen eine Klippe und verlor dadurch eine 150 Kilogramm schwere Wasserbombe. Von seiner schweren Last befreit, gewann das Luftschiff erneut an Höhe und trieb ab. Nur wenig später landete es elf Kilometer südlich von San Francisco in Daly City mitten auf einer Straße. Was war vorgefallen, wo war die Besatzung?

Die beiden Offiziere, Leutnant Ernest D. Cody und Leutnant zur See Charles E. Adams, waren morgens gegen 6 Uhr mit einem Luftschiff des Typs »L-8« vom Flugplatz Moffett aufgestiegen, um entlang der Küste zu patrouillieren. Es war wolkig, aber trocken. Gegen 7.50 Uhr meldete Cody über Funk, daß man auf dem offenen Meer einen Ölfleck entdeckt habe, der möglicherweise von einem U-Boot herrühre. Er ließ die Funkleitstelle wissen: »Ich gehe 300 Fuß (etwa 90 Meter) tiefer, um genauer beobachten zu können; gebt mir Unterstützung.«

Zu diesem Zeitpunkt befand sich das Luftschiff etwa acht Kilometer östlich von Farallon Island. Dort wurde es von den Besatzungen zweier Patrouillenboote und zweier Fischkutter beim Niedergehen beobachtet. Die Skipper vermuteten, daß es ein feindliches U-Boot mit Wasserbomben belegen wolle. Schleunigst entfernten sie sich aus der Gefahrenzone. Statt dessen aber schoß das Luftschiff mit einem Ruck nach oben und verschwand schon nach wenigen Minuten in den Wolken.

Aufgrund der im Moffett-Tower einlaufenden Meldungen über das kapriziöse Verhalten des »L-8« bemühte man sich dort fieberhaft, die Besatzung des Luftschiffs über Funk zu erreichen. »L-8« aber meldete sich nicht. Suchflugzeuge wurden entsandt. Gegen 10.40 Uhr sah man von einer dieser Maschinen aus das Luftschiff für nur wenige Sekunden. Es verschwand aber gleich wieder in den Wolken. Fünf Minuten später erblickten es die beiden Fischer, wie schon erwähnt, am Strand von Fort Funston.

Ein Bergungstrupp, der später die Gondel des »L-8« untersuchte, konnte nichts Ungewöhnliches feststellen. Das Luftschiff wies keine Beschädigungen auf. Lediglich die Motoren hatten ausgesetzt, obwohl die Zündung noch angestellt, ein Gashebel offen und der andere halboffen waren. Die Gondeltür stand schon offen, als die Fischer das havarierte Luftschiff kurz vor elf Uhr zum erstenmal in Bodennähe sahen.

Waren die beiden Offiziere durch ein schreckliches Versehen aus der offenen Gondel ins Meer gestürzt? So manches spricht dagegen. Schließlich hätte man von den Patrouillenbooten und Fischkuttern aus doch sehen müssen, wie die Männer in die Tiefe stürzten und auf dem Wasser aufschlugen. Nichts dergleichen war geschehen. Außerdem trugen Cody und Adams Schwimmwesten, die weithin sichtbar waren. Hinzu kommt, daß trotz intensiven Suchens weder die Leichen der Männer noch ihre Schwimmwesten gefunden wurden. Da die Unterkammer der Gondel kein Wasser enthielt, konnte das Luftschiff auch nicht, wie gelegentlich vermutet wurde, vorübergehend ins Meer eingetaucht sein. Dies entkräftet wohl auch die von einigen Reportern geäußerte, phantastische Spekulation, daß Cody und Adams durch die Besatzung eines blitzschnell aufgetauchten japanischen U-Bootes gefangengenommen worden waren. Japanische Marinedokumente, die man nach dem Krieg einsehen konnte, ließen erkennen, daß es in diesem Teil der amerikanischen Küstengewässer zu keiner Zeit U-Boot-Operationen gegeben hatte.

Aufenthalt unbekannt

Bisweilen liest man, daß Menschen aus fahrenden Zügen verschwinden. Nicht immer ist es möglich, das tragische Geschehen zu rekonstruieren, festzustellen, ob es sich um einen bedauerlichen Unfall, um Selbstmord oder gar um ein Verbrechen handelt. In den meisten Fällen gibt es nämlich keine Zeugen. Niemand weiß sich später so recht zu erinnern, wo er die abgängige Person im Zug gesehen hat, mit wem sie unter Umständen zusammen war, welche Kleidungsstücke sie trug usw. Was auch immer die Ursache für ihr Verschwinden gewesen sein mag: Früher oder später findet man die Leiche der vermißten Person, vermag man sie zu identifizieren. Und dennoch sind in den Suchlisten der Polizei Personen aufgeführt, die aus Zügen und Bussen verschwanden, ohne auch nur die geringste Spur zu hinterlassen. Ein solcher Fall – das spurlose Verschwinden eines Menschen aus einem fahrenden Zug heraus – hat sich vor etwa 18 Jahren in England zugetragen.

An einem Sonntagabend des Jahres 1974 bestieg die damals 26 Jahre alte Carolyn (Patsy) Wright den Sieben-Uhr-Zug von London nach Liverpool. Das schlanke, attraktive Mädchen war in Hochstimmung. Als talentierte Künstlerin mit drei Diplomen in der Tasche war sie auf dem Weg nach Liverpool, um am dortigen Kunstkolleg ihre erste Stelle als Ausbilderin anzutreten. Sie kam dort nie an. Auch hier waren die mit der Ermittlung betrauten Behörden ratlos. Ein Polizeisprecher meinte zu diesem Fall: »Wir sind ziemlich überrascht. Wenn jemand verschwindet, besitzen wir normalerweise wenigstens eine vage Vorstellung von dem, was sich zugetragen haben könnte. In diesem Fall aber haben wir nichts in der Hand, stehen wir vor einem Rätsel.«

Rätselhaft erscheint auch das Verschwinden von Louis Aimé le Prince, der schon vier Jahre vor den Gebrüdern Lumière am 30. März 1890 in Paris einem begeisterten Publikum erstmals einen Kinematographen vorgeführt hatte. Nachdem er seine Erfindung bereits formell bekanntgegeben hatte, bestieg er an einem nicht näher genannten Tag im September des gleichen Jahres in Dijon den Zug nach Paris. Man sah ihn nie wieder. Die Suche nach le Prince dauerte Jahre und endete schließlich ohne Erfolg. Die Polizei vermutete jedoch, daß er von jemandem, der seine Erfindung stehlen wollte, aus dem Zug gestoßen wurde, gerade als dieser einen Fluß überquerte. Seine Unterlagen verschwanden mit ihm. Diese Hypothese erscheint widersinnig. Irgendwann einmal hätte man seine Leiche finden müssen.

Aus einem Zug verschwand auch Victor Grayson, ein ehemaliger britischer Politiker, der sich zu Beginn des 20. Jahrhunderts besonders für soziale Probleme engagiert hatte. Wegen seiner revolutionären Reden war er sogar einmal aus dem Unterhaus ausgewiesen worden.

Im August 1920 bestieg Grayson einen Nachtzug nach Kingston-upon-Hull (England), wo er wieder einmal eine politische Rede halten wollte. Auch er verschwand während der Fahrt spurlos. Seinen Koffer fand man später in einem Londoner Hotel. Er soll dort von einem Mann deponiert worden sein, der offenbar an Kopf und Arm verletzt war. Der Mann hatte aber das von Grayson bestellte Zimmer nie betreten.

In den darauffolgenden Jahren soll Grayson von mehreren Leuten, so unter anderem auch von seinem ehemaligen Parlamentskollegen G. A. Murray, in London gesehen worden sein. Doch niemals gelang es einem dieser Zeugen, Grayson anzusprechen. Der Zufall sollte es jedesmal verhindern. War es wirklich nur Zufall?

Verschiedentlich wurde behauptet, daß er im fernen Australien untergetaucht sei. Dort will man ihn im Jahre 1957 zum letztenmal gesehen haben. Ob Grayson schon im Jahre 1920 im Zug von Liverpool nach Kingston-upon-Hull ums Leben kam, ob er, aus welchen Gründen auch immer, nur ein Verbrechen vortäuschte, um sich aus der Öffentlichkeit zurückzuziehen, konnte niemals geklärt werden.

Noch viel ungewöhnlicher erscheint das Verschwinden eines Amerikaners namens James Tetford, der im Jahre 1949 mit dem Bus nach Bennington im US-Staat Vermont reisen wollte. Er bestieg nach zuverlässigen Zeugenaussagen den richtigen Bus, ohne jedoch die Stadt Bennington jemals zu erreichen. Brad Steiger, ein amerikanischer Autor, der in diesem merkwürdigen Fall persönlich recherchierte, meinte hierzu: »Genaue Nachforschungen erbrachten keinerlei Hinweise auf die Ursachen von Tetfords Verschwinden. Mehrere Leute sahen ihn sogar noch *im* Bus. Niemand beobachtete, wie er ausstieg. Es dürfte wohl kaum möglich sein, einen fahrenden Bus zu verlassen, ohne von Mitreisenden oder dem Fahrer gesehen zu werden.«

Die Bathurst-Affäre

Nie geklärt wurden seinerzeit die Hintergründe des Verschwindens von Benjamin Bathurst, des britischen Gesandten in Wien während der Napoleonischen Kriege. Der junge Karrierediplomat, ein Vetter des damaligen Außenministers von Großbritannien, war im November des Jahres 1809 mit wichtigen Depeschen nach England unterwegs. Kurz zuvor hatte Napoleon in der Schlacht von Wagram Österreich ganz entscheidend geschlagen und dem eroberten Land seinen Frieden diktiert. Da es überall in Europa von französischen Spionen nur so wimmelte, reiste Bathurst aus Sicherheitsgründen auf Umwegen. Zuerst hatte er für sich und seinen Schweizer Diener in Berlin falsche Pässe besorgt. Am 26. November, etwa auf halbem Wege nach Hamburg, machten sie in dem brandenburgischen Städtchen Perleberg Rast, um die Pferde zu wechseln. Die vier Insassen der Kutsche, Bathurst, sein Diener und zwei Mitreisende speisten mittlerweile im Posthaus. Gegen neun Uhr verließen sie das Lokal, um unverzüglich die Reise fortzusetzen. Während ihr Gepäck aufgeladen wurde, ging Bathurst – warum weiß man nicht – hinter die Postkutsche … und verschwand von einer Sekunde zur anderen. Sein Diener, der Kutscher und die Mitreisenden suchten nach ihm. Vergebens – er war und blieb verschwunden. Besorgt suchte Bathursts Diener den preußischen Stadtkommandanten Hauptmann Klitzing auf, um ihn über den seltsamen Vorfall zu informieren. Er gewann im Verlaufe des Gesprächs allerdings den Eindruck, daß dieser hierüber schon informiert war. Klitzing hatte nämlich zwei Wachsoldaten zum Posthaus entsandt, die sich dort bis sieben Uhr aufgehalten haben sollen. Wie es hieß, habe sie irgend einer der Reisenden dann fortgeschickt. Der Stadtkommandant ließ sich nach Bathursts Verschwinden dessen Gepäck aushändigen. Er sorgte auch dafür, daß die Reisenden im Gasthaus »Zur Goldenen Krone« untergebracht wurden.

Bis zu diesem Zeitpunkt glaubte man an eine Entführung, ja sogar an Mord. Immerhin fehlte in Bathursts Gepäck ein Zobelpelz, der aber später im Posthaus, unter Holzscheiten versteckt, wiedergefunden wurde. Vier Polizisten durchsuchten bis in die Nacht hinein alle Gaststätten und Kaffeehäuser. Ein Fischer erhielt den Auftrag, den an der Stadt vorbeifließenden Fluß, die Stepenitz, abzusuchen. Vergebens.

Wenige Tage später verreiste der Stadtkommandant mit unbekanntem Ziel. Spätestens nach seiner Rückkehr schien er gewußt zu haben, daß Bathurst ein englischer Diplomat war, der auf dem Wege durch feindliches Gebiet wichtige Depeschen zu übermitteln hatte. Nachdem Bathursts Status eindeutig feststand, erfüllte Klitzing als höchster Polizeioffizier seine formalen Pflichten, indem er durch Wildhüter und Jäger mit Hunden die ganze Gegend absuchen und zur Inspektion des Flußbettes die Stepenitz stauen ließ. Auch diese Suche verlief ergebnislos.

Bathursts Diener blieb in Perleberg, um bei der Aufklärung des Falles behilflich zu sein. Er identifizierte auch Bathursts Hose, die man wenig später in einem nahegelegenen Buchenwald fand. Man hatte sie, von innen nach außen gekehrt, mitten auf den Weg gelegt, so als ob man es darauf angelegt hätte, daß sie rasch gefunden würde. Die Hose wies zwei Löcher auf, die von Pistolenkugeln stammen mußten. Merkwürdigerweise klebte am Stoff kein Blut. In einer der Taschen fand man ein zerknittertes Stück Papier, einen Brief an seine Frau, in dem Bathurst seine Befürchtung ausdrückte, daß er sie vielleicht niemals wiedersehen würde. Die gefährliche Situation, in der er sich befand, schrieb er einem gewissen Comte d'Entraigues zu. Ob er diesen Brief noch im Posthaus oder nach seinem Verschwinden geschrieben hatte, ließ sich später nicht mehr feststellen.

Obwohl die britische Regierung und die Familie des Diplomaten für Hinweise auf Bathursts Verbleib eine Belohnung von 2000 Pfund Sterling ausgesetzt hatten, rührte sich nichts. Im Frühjahr 1810 begab sich Bathursts junge Frau nach Perleberg, um selbst nach dem Verbleib ihres Mannes zu forschen. Von dort fuhr sie quer durch Deutschland nach Frankreich. Napoleon hatte ihr für diesen Zweck persönlich einen Paß ausstellen lassen. Von den vielen Gerüchten, die sie im Zusammenhang mit dem Verschwinden ihres Mannes zu hören bekam – die einen behaupteten, er sei in der Ostsee, die anderen, er sei in der Elbe ertrunken –, schien eines den Tatsachen noch am ehesten zu entsprechen. Der Direktor des Gefängnisses in Magdeburg soll einmal gegenüber Dritten geäußert haben: »Sie forschen nach dem englischen Gesandten, ich aber habe ihn hier in Sicherheit.« Er deutete dabei auf die als Gefängnis benutzte Festung.

Frau Bathurst, die ihm bei einer Unterredung diese Äußerung vorhielt, bekam zur Antwort, daß er sich in der Identität des Gefangenen geirrt habe.

Zurück in England, suchte Frau Bathurst den Comte d'Entraigues auf, den ihr Mann in seinem Abschiedsbrief flüchtig erwähnt hatte. Der Comte, ein gefährlicher Doppelagent, teilte ihr mit, daß Bathurst tatsächlich in der Festung Magdeburg inhaftiert sei. Er versprach ihr, den Beweis hierfür zu liefern. Es dürfte unwahrscheinlich sein, daß ihm das noch gelang. Wenige Tage nach ihrem Zusammentreffen wurde der Comte mit seiner Frau – einer Mitwisserin seiner Geheimnisse – beim Verlassen des Hauses von einem kurz zuvor eingestellten französischen Diener ermordet. Bei dem Schußwechsel kam der Mörder ebenfalls ums Leben, so daß sämtliche Spuren, die zur Aufklärung dieses delikaten Falles hätten beitragen können, endgültig beseitigt waren. Man vermutete unter anderem, daß Bathurst von den Franzosen entführt und später ermordet worden ist. Rätselhaft ist vor allem der Umstand, daß keiner der Mitreisenden etwas Auffälliges – Schreie, Handgemenge, Schüsse oder dergleichen – bemerkt hat. Bathurst war mit einem Mal weg, so als habe ihn der Erdboden verschlungen.

Der Junge von nirgendwo

Auf dem Kirchhof des Dörfchens Sainte-Miande, südlich
von Toulouse im Schatten der Pyrenäen, steht ein verwitter-
ter, von Unkraut und Efeu bewachsener Grabstein. Niemand pflegt dieses Grab, denn der Verstorbene hatte keine
Verwandten und Freunde. Niemand kannte seinen Namen.
Deshalb lautet die Inschrift des Grabsteins: *9. März 1901.
Hier liegen die sterblichen Überreste des Jungen, der von nirgendwo kam.*
Seit mehr als 90 Jahren rätseln Menschen, die sich mit unerklärlichen Geschehnissen befassen, über die Herkunft eines Jungen, der in einer dunklen Septembernacht im Dorf
Sainte-Miande auftauchte, ein Kind scheinbar ohne Vergangenheit und, wie es sich herausstellen sollte, auch ohne
Zukunft. Man muß sich fragen, wie im Frankreich des be-
ginnenden 20. Jahrhunderts ein Mensch ohne Namen und
Herkunft, ohne eine zivilisierte Sprache zu beherrschen,
existieren konnte, wie es kam, daß jemand nicht wußte,
wie Messer und Gabel, Tasse und andere Dinge des täglichen Lebens zu gebrauchen sind. Noch vor zwanzig Jahren
gab es in dem kleinen Ort unweit der Pyrenäen alte Leute,
die sich daran erinnern konnten, daß ihre Eltern oft von dem
Jungen ohne Namen sprachen. Ein paar alte Frauen wollten ihn sogar noch gekannt haben.
Es war im September des Jahres 1900, als über dem Golfe
du Lion ein schweres Gewitter tobte und die landeinwärts
gelegenen Ortschaften von starken Sturmböen heimgesucht
wurden. Etwa gegen Mitternacht wurde ein Bauer am Ran-

de des Ortes Sainte-Miande durch beharrliches Pochen an das Fenster seines im Parterre gelegenen Schlafzimmers aufgeweckt. Er dachte zuerst, es wäre der Wind, der die Zweige eines neben dem Haus stehenden Baumes gegen die Fensterscheibe peitschen ließ. Schließlich stand er auf, um mit der Laterne nachzusehen, was die Ursache des schabenden Geräusches sein könnte. An der Haustür erwartete ihn eine nicht alltägliche Überraschung. Er fand dort einen etwa zehn Jahre alten Jungen, eingehüllt in etwas, das wie Sackleinen aussah. Seine Haare waren lang und blond, so ganz anders als die der einheimischen Jungen, und sein Gesicht wies eine ungewöhnliche, fast durchscheinende Blässe auf. Außer der sackartigen Bekleidung schien er keine weiteren Kleidungsstücke zu besitzen. Als der Junge die Arme nach der Laterne ausstreckte, bemerkte der Bauer, daß jede seiner beiden Hände nur drei Finger besaß.

Die Frau des Landwirts, die die Szene vom Schlafzimmerfenster aus beobachtet hatte und die Unentschlossenheit ihres Mannes erkannte, ergriff die Initiative. Sie lud den Jungen durch Gesten ein, ins Haus zu kommen. In der Küche entfachte sie ein Feuer, um den Frierenden, in Decken gehüllt, auf einer Matratze die Nacht verbringen zu lassen.

Am Morgen gab sie ihm ein paar Bekleidungsstücke ihres ältesten Sohnes. Der Junge wußte aber mit der Kleidung nichts anzufangen. Knöpfe schienen für ihn etwas völlig Fremdartiges zu sein. Er hielt die ihm ausgehändigte Jacke hoch, strich vorsichtig über die Ärmel, machte aber keine Anstalten, sie anzuziehen. Anfangs hielt ihn der Bauer für einen taubstummen Heimatlosen oder einen entlaufenen Tolpatsch. Es sollte sich jedoch schon bald herausstellen, daß er reden konnte, allerdings in einer Sprache, die niemand verstand. Selbst die bekanntesten Dinge setzten ihn in Erstaunen. Eine Tasse mit warmer Milch verwirrte ihn derart, daß das Ehepaar ihm selbst noch das Trinken beibringen mußte.

Vor der Hauskatze, die sich gelegentlich ins Zimmer schlich, wich der Junge ängstlich zurück, so als ob er sich vor ihr fürchtete.

Der Bauer und seine Frau, die sich über das Verhalten des Jungen amüsierten, berichteten hierüber dem Gemeindepfarrer René Mouville, einem pensionierten Universitätsprofessor aus Lyon, der erst mit fünfzig Jahren die Weihen empfangen hatte. Dieser nahm den Jungen für kurze Zeit mit ins Pfarrhaus, um ihn dort besser beobachten zu können.

Der Geistliche hielt den Fremden zunächst für einen Spanier oder einen geistig Behinderten aus der Anstalt in Narbonne. Nachdem er den Jungen näher kennengelernt hatte, wußte er, daß ihm die Aufklärung dieses Falles Schwierigkeiten bereiten würde. Der Körperbau des Kindes erschien ihm ungewöhnlich: Seine Hüften waren extrem schmal, und sein Brustkasten ähnelte einem auf dem Kopf stehenden V, umgekehrt als bei einem normal gewachsenen Menschen. Die zartgliedrigen, dreifingrigen Hände des Jungen ließen den Geistlichen etwas erahnen, über das er nicht zu sprechen wagte.

Im Laufe der Zeit stellte Pfarrer Mouville mit Erstaunen fest, daß der Junge eine ungewöhnlich hohe Intelligenz besaß. Da er sich in keiner Kultursprache mit ihm unterhalten konnte, begann er damit, von Gegenständen des täglichen Lebens einfache Zeichnungen anzufertigen – einer Lokomotive, einem Pferd, einem Haus –, um eine Kommunikationsgrundlage zu schaffen. Seine Bemühungen hatten jedoch keinen Erfolg. Eines Tages verfaßte Mouville Zahlenserien, wobei er sich eines Punktsystems bediente. Sofort nahm der Junge Papier und Bleistift zur Hand, um seinerseits mit hoher Geschwindigkeit Punktanhäufungen niederzuschreiben. Überrascht mußte der Geistliche feststellen, daß sein Schüler die Quadrat- und Kubikwurzeln der von ihm niedergeschriebenen Zahlen errechnet und die Resultate durch Punkte wiedergegeben hatte.

In den darauffolgenden Wochen nahm das Vertrauen des Jungen in seine Umgebung weiter zu. Er lernte ein einfaches Vokabular zu beherrschen und begleitete den Pfarrer bei seinen täglichen Visiten. Allmählich akzeptierte ihn das Dorf als einen der ihren.

Einfache Naturphänomene faszinierten den Jungen ungemein. So konnte er stundenlang dem Fließen des Wassers, dem Flug der Vögel und den Bewegungen der Wolken zuschauen. Es war, als habe er diese alltäglichen Abläufe nie zuvor gesehen.

Nach Weihnachten des Jahres 1900 erkrankte er ganz plötzlich. Alle Symptome deuteten auf eine starke Erkältung hin. Nachdem sich sein Gesundheitszustand vorübergehend gebessert hatte, wurde er erneut krank. Diesmal war seine Erkrankung von hohem Fieber begleitet; er wurde von Tag zu Tag blasser. Ein Arzt, den die besorgten Pflegeeltern zu Rate gezogen hatten, vermochte dem Jungen nicht zu helfen. Sein Herzschlag war der langsamste, den dieser je registriert hatte – er betrug nur die Hälfte der Schläge eines normalen Menschen. Man erwog, den Jungen in ein Krankenhaus zu überweisen, konnte dies aber seiner schlechten Verfassung wegen nicht riskieren. In den darauffolgenden Tagen wurde das Kind immer schwächer. Schließlich starb der Junge ohne Namen in der zweiten Märzwoche. Man begrub ihn unter einer Esche auf dem Friedhof von Sainte-Miande. Das Rätsel seiner Herkunft blieb bis heute ungelöst.

Menschen aus dem Nichts

Aufsehen erregt nicht nur das unerklärliche Verschwinden von Personen. Auch das plötzliche Auftauchen von Menschen, die irgendwie nicht in unsere Realität hineinzupassen scheinen – Fremde, die kaum etwas über ihre Herkunft auszusagen vermögen –, macht uns stutzig. Häufig handelt es sich hierbei um Opfer von Gedächtnisstörungen (Amnesie), um pathologische Erscheinungen, die sich früher oder später beseitigen lassen. Einige Fälle aber widersetzen sich hartnäckig der Amnesie-Hypothese. So erzählt man sich in England die Geschichte von den »grünen Kindern« – ein Junge und ein Mädchen von grüner Hautfarbe –, die im 11. Jahrhundert aus dem Keller eines Hauses hervorgekommen sein sollen. Ihr sonstiges Aussehen bezeichnet der Chronist als »normal«. Während der Junge starb, lebte das Mädchen noch lange. Es erlernte bald die englische Sprache und erklärte später, daß es aus einem Land käme, wo es keine Sonne gäbe. Meinte es hiermit eine metaphysische, für uns nicht erreichbare Existenzebene oder war es möglicherweise aus »seiner« Zeitepoche »herausgefallen«, d. h. in der Zeit versetzt worden?

Vor einigen Jahren berichtete die amerikanische Zeitschrift »Collier« über einen Mann, der während eines Spazierganges auf mysteriöse Weise verschwunden war. Man schrieb damals das Jahr 1879. Genau 71 Jahre später (1950) ereignete sich am Londoner Trafalgar Square ein tragischer Verkehrsunfall. Ein Mann in ausgesprochen altmodischer Kleidung, der hilf- und ziellos im permanenten Verkehrstrubel der Londoner Innenstadt umhertappte, war von einem Taxi erfaßt und zu Boden geschleudert worden. Bevor er starb, konnte er gerade noch seine Identität preisgeben ... die jenes Mannes, den die englische Polizei im Jahre 1879 auf die Vermißtenliste gesetzt hatte. Ungeklärt blieb, wie dieser Mann dorthin gelangte, wo er sich die ganze Zeit über aufgehalten hatte.

Die Dezember-Ausgabe des amerikanischen Magazins »Fate« berichtete 1979 über einen ähnlichen Fall, der sich Anfang Juli 1978 in West Stewartstown, New Hampshire (USA), zugetragen haben soll. Am 6. Juli spielte die 14jährige Alberta Buffington mit zwei Kindern aus der Nachbarschaft, Ann und Jeff Appleby, auf dem Gelände der dortigen Elementarschule, als sie im Hinterhof des Schulgebäudes plötzlich ein kleines Mädchen sahen, das ihnen fremd vorkam. Als sich Alberta dem Kind näherte, wich es in den hinter der Schule gelegenen Wald aus. Sie fanden es schließlich auf einem Stein sitzend und näherten sich ihm bis auf wenige Schritte. Das nach Angaben der Kinder etwa sieben bis neun Jahre alte Mädchen war für die heutige Zeit recht merkwürdig gekleidet. Es trug schwarze Glanzlederschuhe, weiße Strümpfe und ein weißes, mit Rüschen umsäumtes Kleid, das oben mit einer rosa Schleife abschloß. Das Mädchen sprach kein Wort und lief, als sich die Kinder ihm zu nähern versuchten, offenbar verängstigt weiter in den Wald hinein.

Alberta behauptete später, das Mädchen mit dem braunen Bubikopf und den stahlblauen Augen nie zuvor gesehen zu haben. Über das Schicksal des Mädchens beunruhigt, bat sie ihren Vater, zusammen mit ihr nach dem im Wald umherirrenden Kind Ausschau zu halten. In Begleitung ihres Vaters will Alberta das Mädchen tags darauf noch einmal im Wald zwischen Brombeerhecken gesehen haben. Wiederum entwischte es ihr, da dornige Hecken jede Verfolgung unmöglich machten. Die Polizei wurde eingeschaltet. Man befürchtete, daß dem Kind in der stark bewaldeten, rauhen Gegend leicht etwas zustoßen könne. Streifenpolizist Howard Webers Suche verlief ergebnislos. Der dichte Wald schien die Kleine »verschluckt« zu haben.

Captain Carstairs' Geheimnis

Von Captain Carstairs, der früher einmal der amerikanischen Kriegsmarine angehört hatte, wurde behauptet, daß er ein Meister der Levitation und der Teleportation sei. Nicht nur, daß er auch große Gegenstände berührungslos über weite Strecken transportieren, d. h. teleportieren konnte – er vermochte sogar, sich ohne technische Hilfsmittel durch verschlossene Türen und Wände hindurch in andere Räume eines Hauses zu versetzen. Alle, die ihm im Februar 1919 bei einem phantastischen Experiment in der Londoner Queen's Hall zuschauten, waren davon überzeugt, daß er sich bei seinen erstaunlichen Kunststücken irgendwelcher magischer Tricks bediente. Aber noch heute weiß niemand mit Sicherheit zu sagen, ob es sich bei den Carstairs-Experimenten um Betrug, perfekte Darbietungen eines Illusionisten oder um echte Psi-Phänomene gehandelt hat. Wenn Carstairs tatsächlich ein Betrüger oder ein Illusionist war, mußte er die Kunst der Täuschung meisterhaft beherrscht haben, denn keiner seiner Kritiker, zu denen auch Mitglieder der Royal Society gehörten, konnten ihm jemals irgendwelche Tricks nachweisen.

Carstairs hatte die Theorie aufgestellt, daß der menschliche Körper aus einer »Serie von Strömen« bestünde, die sich ähnlich den Rundfunkwellen fortpflanzen würden. Er behauptete nicht mehr und nicht weniger, als daß dies mit festen Objekten – also auch mit organischer Materie, z. B. dem menschlichen Körper – ebenfalls möglich sei. Seine besondere Gabe bestehe darin, Materie in ihre Grundbausteine zerlegen zu können. Er wüßte zwar nicht, wie das vor sich gehe, aber es würde bei ihm funktionieren. Für den 17. Februar 1919 lud er seine Kritiker zu einem Experiment in die Queen's Hall ein. Dort könnten sie ihn, wenn er sich raffinierter Tricks bediene, jederzeit entlarven.

Am Tage seines Auftritts machte Captain Carstairs in seinem blendend weißen, mit zahlreichen Auszeichnungen aus seiner Militärzeit dekorierten Anzug einen tadellosen Eindruck. Das einzige Hilfsmittel, dessen er sich bediente, war ein kleiner Tisch, den er mit einem schwarzen Tuch abgedeckt hatte.

Viele Persönlichkeiten aus dem öffentlichen und kulturellen Leben waren geladen. Carstairs trat auf die Bühne, bedankte sich für den Applaus, den man ihm zollte, und begann ohne Umschweife zu erklären, daß er ausschließlich mittels »Gedankenkraft« bestimmte Objekte von einer Seite der Bühne zur anderen zu transportieren beabsichtige. Zuschauer übergaben ihm die zu teleportierenden Gegenstände: einen kleinen Stuhl, einen Schirmständer, eine Topfpflanze sowie eine Sherry-Karaffe. Diese Gegenstände wurden dann auf der linken Seite der Bühne in einer Reihe aufgestellt. Carstairs forderte Sir Edward Berry, Mitglied der Royal Society, und andere Herren der Gesellschaft auf, die Gegenstände zu untersuchen, um sicherzustellen, daß an ihnen keine Drähte, Bindfäden usw. befestigt waren. Dann wurde die Beleuchtung im Raum schwächer, und Carstairs bezog etwa sechs Meter von den Gegenständen entfernt Position.

Plötzlich konnte man beobachten, wie sich der Schirmständer zu bewegen begann, wie er am Boden entlangschleifte. Ihm folgten die Topfpflanze, die Karaffe und der Stuhl.

Sir Edward Berry untersuchte nach dem Experiment erneut die bewegten Objekte und konnte befriedigt feststellen, daß sich Carstairs keiner Hilfsmittel bedient hatte.

Doch damit nicht genug. Carstairs ließ die durch die erste Darbietung verblüfften Zuschauer wissen, daß er sich selbst levitieren, d. h. schweben lassen wolle. Er würde seinen Körper durch Gewichtsverringerung in einen Zustand versetzen, in dem er »vom Äther der Luft« getragen werde. Nach dieser Ankündigung stellte er sich nahe der Bühnenrückwand auf. Indem er seine Arme kreuzte und seine Augen schloß, bot er ein Bild höchster Konzentration. Augenzeugen sagten später aus, daß es etwa eine halbe Minute gedauert habe, bis Carstairs vom Boden abhob, um frei in der Luft zu schweben. Um zu demonstrieren, daß keine Täuschung vorlag, schob Carstairs' Assistent eine zusammengefaltete »Times« unter dessen Füßen hindurch. Danach glitt er langsam zum Boden zurück, wo er sich abermals einer Prüfung unterziehen mußte. An seinem Körper und in seiner Umgebung konnten weder Drähte noch Hebevorrichtungen gefunden werden.

Carstairs' Darbietung war ein voller Erfolg. Nach der Vorführung wurde er im Hotel Savoy von seinen Bewunderern stürmisch gefeiert. Er erhielt zahlreiche Glückwunschtelegramme, unter anderem eines vom Prince of Wales, der ihn um eine Privatvorstellung bat. Schon eine Woche später erhielt Carstairs Einladungen von Sir Edward Berry und anderen bedeutenden Wissenschaftlern. Er wurde gebeten, das Experiment im Hause von Sir Edward in der Albany Street zu wiederholen. Nach einem einfachen Mahl begab sich die Gesellschaft in den Salon, wo die Vorführung stattfinden sollte. Der Höhepunkt des Abends sollte nicht so sehr in einer erneuten Levitation, sondern in einem Teleportationsakt bestehen, wobei er seinen Körper vom Salon durch die verschlossene Tür in einen anderen Raum des Hauses zu befördern versprach.

Nach Sir Edwards Aufzeichnungen wurde Carstairs von

dem bekannten Physiker Dr. Nugent in ein kleines Schlafzimmer im zweiten Stock des Hauses geleitet und dort eingeschlossen. Das Fenster dieses Zimmers war äußerst klein
– d. h. für einen Mann wie Carstairs nicht passierbar –,
und es führte 15 Meter in die Tiefe. Dr. Nugent bezog vor
dem abgeschlossenen Schlafzimmer Posten, während die
anderen im Salon zurückblieben.

Schon eine Minute später öffnete sich die Tür zum Salon,
und Carstairs trat ein. Nugent hielt sich indes immer noch
vor dem Schlafzimmer auf. Als man die Schlafzimmertür
öffnete, um zu prüfen, ob Carstairs möglicherweise mit einem Double zusammengearbeitet habe, war der Raum leer.
Die am Fenster angebrachten Siegel wiesen keine Beschädigung auf. Eine Überprüfung des Türschlosses ergab, daß
auch dieses unversehrt war.

Der verblüffte Sir Edward kommentierte das Erlebte mit
den Worten: »Wenn ich dies alles nicht selbst miterlebt hätte, würde ich die Vorführung als großen Humbug bezeichnen. Mit seinen Theorien mag Carstairs recht haben, physikalisch ist aber das, was wir gesehen haben, eigentlich gar
nicht möglich.«

Cecil Carstairs starb im Jahre 1928 in Tanger. Das Geheim-
nis der Levitation und Teleportation nahm er mit ins Grab.
Stets hatte er von sich behauptet, daß seine Leistungen im
Grunde genommen nichts Außergewöhnliches seien.

Der Mann aus der
Vergangenheit

Es war kurz vor Mitternacht in dem kleinen sibirischen Ort Mischawen. Nur noch wenige Lichter brannten, fast alle Einwohner schliefen bereits. Pfarrer Litwinow war einer der wenigen, die nicht einschlafen konnten. Gedankenversunken kniete er am Altar der alten, vom Verfall bedrohten Dorfkirche, um sein Nachtgebet zu verrichten.

Plötzlich wurde die Stille der Nacht von ungestümem Pochen an die Kirchentür jäh unterbrochen. Der alte Priester begegnete der Aufforderung, die Tür zu öffnen, mit größter Zurückhaltung, denn im Jahre 1933 war er nur allzuoft schon zur Zielscheibe von Streichen geworden, die ihm die atheistisch erzogene Dorfjugend gespielt hatte. Er wußte, daß es vor allem für Priester ratsam war, vorsichtig zu sein.

Als das Klopfen stärker wurde, beschloß er nachzusehen, wer der späte Besucher sei. Durch die halbgeöffnete Tür erkannte er einen jungen Mann von etwa 20 Jahren, den er zuvor nie gesehen hatte. Etwas an ihm erschien ihm ungewöhnlich. In seinem Gesicht stand blankes Entsetzen. Als sich Vater Litwinow die Kleidung des Jungen besah, fühlte er sich in der Annahme bestärkt, daß ihn die Rowdys aus dem Dorf wieder veralbern wollten, denn der junge Mann trug eine feine Samtjacke, die von Lederriemen zusammengehalten wurde, und altmodische Kniebundhosen. Litwinow hätte nur zu gern gewußt, welches Spiel man diesmal mit ihm trieb.

»Wer bist du?« flüsterte Litwinow heiser.

»Dimitri, Vater ... Dimitri Girschkow. Sicher erinnern Sie sich an mich. Ich sollte doch heute heiraten. Sie müssen mir helfen.«

Die Stimme des jungen Besuchers klang irgendwie fremd. Er bediente sich einer Sprache, die sich im Rußland der dreißiger Jahre merkwürdig anhörte.

Litwinow entriegelte die Tür und spähte etwas verunsichert in die Dunkelheit, so als ob er jeden Augenblick den Ansturm einer Horde übelwollender Jugendlicher erwarte. Aber da war nur der junge Mann, der jetzt mit Nachdruck Einlaß begehrte.

Nachdem er den Vorraum betreten hatte, blickte er den Priester entsetzt und voller Zweifel an. »Wer sind Sie? Sie sind doch nicht der Pfarrer«, stammelte er.

Litwinow erklärte ihm, daß er schon seit 15 Jahren in der Pfarrei tätig sei. Er verstünde nicht, was ihn bedrücke, und er könne ihm nur dann helfen, wenn er ihm alles erzählen würde. Verzweifelt griff sich der junge Mann an den Kopf, wie einer, der die Welt nicht mehr versteht.

Die Geschichte, die er dann dem Priester erzählte, war so ungeheuerlich, so traurig, daß es dem alten Mann den Atem verschlug.

An »diesem« Tag sollte Girschkows Trauung stattfinden. Als die Kutsche, die ihn zusammen mit seinen Eltern und Verwandten zur Kirche bringen sollte, am Friedhof vorbeifuhr, überfiel Dimitri plötzlich tiefe Schwermut, denn dort lag sein bester Freund, Alexej, begraben. Erinnerungen an eine wunderbare, gemeinsam verbrachte Kindheit stiegen in ihm auf. Er dachte an das Versprechen, das sie sich als Kinder gegeben hatten: Beide wollten am gleichen Tag heiraten. Dimitri glaubte, gerade an diesem Tag nicht am Friedhof vorbeifahren zu können, ohne das Grab seines

Freundes zu besuchen. Er ließ die Kutsche anhalten, stieg aus und nahm eine Abkürzung, die ihn an Büschen und einem Waldstück vorbei direkt zum Friedhof führte. Als er sich den Gräbern näherte, bemerkte er mit einemmal, wie sich die Landschaft auf merkwürdige Art veränderte. Die ganze Umgebung war plötzlich in eine unnatürliche Lichtfülle getaucht. Die Grabsteine entschwanden seinen Blicken, und über dem nahe gelegenen Fluß wallte grauer Nebel.

Zu seiner großen Überraschung erkannte Dimitri am jenseitigen Ufer seinen verstorbenen Freund Alexej, der ihm zuwinkte. Seine Gestalt erschien ihm wie von Sonnenstrahlen durchdrungen. Lächelnd rief er ihm zu: »Komm herüber und laß uns über die alten Zeiten sprechen.«

Dimitri war vor Schreck wie gelähmt. War dies alles nur ein schöner Traum?

Als er sich gefaßt hatte, erwiderte er seinem Freund: »Alexej, ich bin gekommen, um dir Lebewohl zu sagen. Ich heirate nämlich heute.« Alexej aber bat ihn inständig, die nahe Brücke zu überqueren, um zu ihm herüberzukommen, da er ihn zu seiner Hochzeit beglückwünschen wolle.

Dimitri schwieg für einen Augenblick und blickte Vater Litwinow hilfeheischend an. Dann fuhr er fort: »Ich wollte auf keinen Fall über die Brücke ... aber da war mein Freund Alexej, und er lebte plötzlich wieder. Dabei hatte ich doch mit eigenen Augen gesehen, wie man ihn vor einem Jahr beerdigte. Ich stand an der Brücke, und Alexej war auf der anderen Seite, um mich in die Arme zu schließen. Ich mußte hart mit mir ringen, um nicht dem seltsamen Zwang, der von ihm ausging, zu erliegen. Irgendwie spürte ich, daß ich nie mehr zurückkehren würde, wenn ich die Brücke erst einmal überquert hätte. Ich mußte so schnell wie möglich von dort weg, um meine Familie, meine Freunde und meine

Braut nicht länger warten zu lassen. Plötzlich wurde alles um mich herum dunkel. Dann konnte ich auf einmal wieder die Bäume und die Grabsteine erkennen. Ich rannte in die gleiche Richtung zurück, aus der ich gekommen war, aber der Weg zur Kirche war nicht mehr derselbe. Und das Dorf erst? Was sind das für fremd aussehende Gebäude, und wo sind all die Holzhäuser geblieben? Selbst die Kirche sieht jetzt anders aus. Und wo ist Vater Barnichew, der uns trauen sollte, wo ist meine Braut?«

Diese Worte des verzweifelten jungen Mannes erinnerten Litwinow vage an eine Geschichte, die er vor langer Zeit einmal gehört hatte ... aber er konnte sie ganz einfach nicht glauben.

Dimitri spürte offenbar, daß ihm der Priester mißtraute, daß er ihn wahrscheinlich für geistesgestört hielt. Mit den Worten »Ich muß meine Familie wiederfinden, meine Freunde«, rannte er, ohne eine Antwort abzuwarten, gruß- los aus der Kirche. Litwinow folgte ihm, so schnell er konnte, und sah, wie sich der Mann in Richtung Friedhof bewegte. Schon war er dem Flüchtenden sehr nahe gekommen, als ihm über dem Friedhof mit einemmal jenes unheimliche Leuchten auffiel, von dem der junge Mann gesprochen hatte. Vom Fluß her zogen graue Nebelschwaden zum Friedhof hin. Sie umhüllten Dimitri, schienen mit ihm förmlich zu verschmelzen. Als sie sich aufgelöst hatten, war der junge Mann verschwunden, wie vom Erdboden verschluckt.

Fassungslos umrundete Litwinow sämtliche Grabsteine, um nachzuschauen, ob sich Dimitri nur vor ihm versteckt hatte. Er suchte den taugetränkten Trampelpfad, der zur Kirche führte, nach fremden Fußspuren ab, fand aber dort nur seine eigenen Abdrücke.

Während der darauffolgenden Tage quälte ihn der Gedanke, alles nur halluziniert zu haben, vielleicht psychisch gestört zu sein. Dann berichtete er seinem Bischof schriftlich über den mysteriösen Vorfall. Die Antwort, die er daraufhin erhielt, tröstete ihn ein wenig. Der Bischof ließ Litwinow wissen, daß er sicher nicht geistesgestört sei. Er riet ihm, die Kirchenchroniken sorgfältig zu studieren, um dort nach Anhaltspunkten zu suchen.

Schon kurze Zeit später wurde Litwinow fündig. Es war eine unheimliche, traurige Geschichte, auf die der Pfarrer bei seinen Nachforschungen stieß. Der junge Bräutigam, den er in jener ereignisreichen Nacht gesehen hatte, war während der letzten zweihundert Jahre gleich drei Personen erschienen: Zwei Priestern und einem Schulmeister. Sie alle waren später durch Recherchen in den alten Kirchenbüchern auf diesen geheimnisumwitterten Fall gestoßen. Er beruhte nachweislich auf einer wahren Begebenheit. In der Chronik war tatsächlich der Name Dimitri Girschkow verzeichnet. Hier stand zu lesen, daß dieser im Jahre 1746 auf dem Wege zur Trauung in der Nähe des Friedhofes angehalten hatte, um dort am Grabe seines Freundes ein Gebet zu sprechen. Dabei sei er auf unerklärliche Weise verschwunden. Die Suche nach ihm war ergebnislos verlaufen. Niemand konnte ahnen, daß Dimitri ein Gefangener des unergründlichen Phänomens »Zeit« geworden war – ein Zeitreisender wider Willen, ein Heimatloser – vielleicht bis in alle Ewigkeit.

Der Tinning-Penny

Jahr für Jahr werden Menschen mit Funden konfrontiert, die sich auch nicht annähernd in den gewohnten zeitlichen Ablauf – unser Weltbild – einordnen lassen. Es sind Gegenstände am falschen Ort, zur falschen Zeit – Funde, die es gar nicht geben dürfte. Fachleute gehen achselzuckend über sie hinweg. Ihr Erklärungskatalog ist ausgereizt.

Im Fall der JoAnne Tinning aus Gore im US-Bundesstaat Oklahoma war es anders. Sie frönt, wie so viele Amerikaner, einem modernen Hobby: dem Aufspüren verlorengegangener Münzen mittels eines elektronischen Metalldetektors, wie sie von der Armee zur Lokalisierung von Minen benutzt werden.

Während eines Ausflugs am 1. August 1990 fand sie an einem Rastplatz etwa 15 Zentimeter unter der Erde eine abgegriffene Münze – einen »Weizen«-Penny. Er heißt so, weil auf seiner Vorderseite Weizenhalme abgebildet sind. Vor vielen Jahren waren solche Pennystücke schon einmal im Umlauf. Der von Frau Tinning gefundene Penny aber wies die Jahresprägung 1992-D auf. Ein Penny aus der Zukunft – zwei Jahre zu früh erschienen?

Zahlreiche Münzexperten begutachteten das ungewöhnliche Geldstück, betrachteten es unter starken Lupen, selbst unter dem Mikroskop. Resultat: kein Hinweis auf mechanisches Nachbearbeiten, auf eine Fälschung. Auch heute noch steht man vor einem Rätsel. Der Penny ist echt. Es ist auch kaum denkbar, daß bei einer Neuauflage des Weizen-Penny 1992 einige Exemplare bereits 1990 gestohlen und als Zahlungsmittel benutzt wurden. Sein geringer Wert spricht eindeutig dagegen. Hinzu kommt, daß im neuesten amerikanischen Münzkatalog für das Ausgabejahr 1992 kein Weizen-Penny vermerkt ist.

Vielleicht stammt der Tinning-Penny aus einer der unendlich vielen zeitlich parallelen Zukünfte – einer anderen Realität –, in der es 1992 tatsächlich wieder einen Weizen-Penny geben wird – oder sollte man nicht besser sagen: bereits gibt. Unvorstellbar, aber nach den neuesten Erkenntnissen der Physik sind solche »Ausreißer« der Natur dennoch denkbar.

Zeitgenossen, die, von unerklärlichen geheimnisvollen Funden fasziniert, nach dem Zustandekommen jener Anachronismen – Widersprüchen im zeitlichen Ablauf – fragen, werden sich noch eines prähistorischen Bisonschädels erinnern, der im Museum für Paläontologie in Moskau ausgestellt ist. Er weist ein frontales Einschußloch auf. Die von normalen Schußverletzungen her bekannten radial verzweigten Randlinien fehlen. Wissenschaftler schätzen das Alter des Schädels auf mindestens 4000 Jahre.

Ebenso wurde vor Jahren bei Ausgrabungen in Zimbabwe (südliches Afrika) ein 40 000 Jahre alter menschlicher Schädel mit einem ähnlichen Einschußloch entdeckt. Das Geschoß hatte sogar den Hinterkopf durchschlagen. Pfeile – sie waren damals noch gar nicht bekannt – könnten einen glatten Durchschuß ohnehin nicht verursacht haben. Das Merkwürdige: Schußwaffen von derartiger Brisanz kennt man erst seit dem 16. Jahrhundert. Wer, so fragt man sich, könnte solche Einschüsse herbeigeführt haben: Erich von Dänikens »Astronautengötter« aus anderen Sternensystemen oder etwa Zeitreisende aus unserer eigenen Zukunft, die gewollt oder ungewollt in die fernste irdische Vergangenheit verschlagen wurden?

Es gibt aber noch viele andere Ungereimtheiten dieser Art.

In Blue Lick Springs (Kentucky) förderten Paläontologen die Knochen eines schon seit Urzeiten ausgestorbenen Urelefanten zu Tage. Etwa einen Meter darunter entdeckte man ein breit angelegtes Steinpflaster. Es bestand aus fein behauenen, exakt ineinandergepaßten Steintafeln. Ein ähnliches Pflaster wurde vor einiger Zeit im Bundesstaat Colorado gefunden ... in der gleichen Miozän-Schicht (Jungtertiärzeit), die Fossilien eines dreizehigen Pferdes enthielt. Kunstvoll bearbeitetes Steinpflaster schon vor sieben bis 25 Millionen Jahren? Eine unglaubliche Vorstellung.

Doch damit nicht genug. Ein Metallwürfel, der nur von Menschenhand geschaffen sein konnte, wurde 1885 in einer polnischen Kohlengrube gefunden. Der Kohlebrocken, in dem dieser Würfel eingebettet war, entstand vor rund 300 Millionen Jahren. Zum Vergleich: Die ersten primitiven Säugetiere sind »nur« 70 Millionen Jahre alt.

Nicht wenig erstaunt war der Farmer M. A. Kurtz aus Nampa (Idaho), der beim Bohren nach Wasser in 100 Meter Tiefe ein Figürchen aus gebranntem Ton fand, das einen Mann darstellen sollte. Fachleute schätzten das Alter dieses Fundes auf etliche zehntausend Jahre: Künstler unbekannt.

In einer Kohleader im Pershing County (Nevada) stießen Bergarbeiter auf den Abdruck einer Sandale. Die Nahtstellen waren deutlich erkennbar. Das Alter der Ader soll etwa 300 Millionen Jahre betragen. Ein ähnlicher Schuhabdruck wurde in einem Sandsteinbrocken in der Wüste Gobi entdeckt. Sein Alter wird ebenfalls auf mehrere Millionen Jahre geschätzt.

Wie solche »Dinge« in die graue Vorzeit geraten konnten, ist unseren Archäologen, die auf solche Funde stoßen, schleierhaft. Sie werden nur allzu oft als nichtkatalogisierbar beiseite gelegt. Letztlich geraten sie in Vergessenheit: »... da nicht sein kann, was nicht sein darf.«

Geld vom Himmel

Vor nunmehr 25 Jahren berichtete die englische Tageszeitung »Daily Mirror« über einen ungewöhnlichen Pennyregen, der am 7. Dezember 1968 in Ramsgate, Grafschaft Kent, niedergegangen war. Der Kleingeldsegen hielt etwa 15 Minuten an und ließ in kurzen Abständen etwa 50 dieser Münzen zusammenkommen. Hausfrauen berichteten, man habe in Wirklichkeit keine der Münzen »fallen« sehen, sondern nur deren Aufprall auf das Pflaster vernommen. Manipulationen eines spendablen Witzboldes dürften ausgeschlossen sein. In unmittelbarer Nähe des Geschehens gab es kein Gebäude und keine Erhöhung, von denen herab das Geld hätte geworfen werden können. Auch habe – nach Aussagen zuverlässiger Zeugen – zu dieser Zeit kein Flugzeug die Stadt überflogen. Interessant erscheint dagegen die Feststellung einiger Anwesenden, daß die Münzen vom »Aufprall« verbeult gewesen seien.

Waren die Münzen während ihrer Reise jenseits unserer Raumzeit für die Zeugen dieses Vorfalls zunächst unsichtbar und materialisierten sie sich etwa erst bei Bodenberührung? Wem mögen sie abhanden gekommen sein? Dem Milchmann, dem Zeitungsjungen, einer Marktfrau oder einem Bettler? Und wann mag sich dies zugetragen haben?

An einem sonnigen Oktobernachmittag des Jahres 1958 war das englische Ehepaar McGee mit dem Säubern ihres Gartens beschäftigt, als etwas Glitzerndes direkt in den Abfalleimer fiel. Zu ihrem größten Erstaunen fanden sie zwischen Laub und dürrem Gras eine Zwei-Franc-Münze, deren Herkunft ihnen völlig schleierhaft war. Zum fraglichen Zeitpunkt hielt sich niemand in ihrer Nähe auf. Kein Flugzeug hatte das Grundstück überflogen, von dem es hätte stammen können. Es war ganz plötzlich aus dem Nichts aufgetaucht. Ein Gruß von einem anderen Ort, aus einer anderen Zeit?

Sofern es im Freien Geldstücke regnet, lassen sich natürliche Ursachen freilich nicht mit letzter Sicherheit ausschließen. In geschlossenen Räumen dürfte es hingegen schwerfallen, einen zweibeinigen Verursacher für das sonderbare Geschehen verantwortlich zu machen.

Im Januar und Februar des Jahres 1901 hatte es in der Wohnung eines Londoner Bürgers namens Steward nicht nur Geldstücke geregnet. Die Kupfermünzen, denen bald weniger brauchbare Dinge wie Steine, Schrauben, Bolzen und alte Nägel folgten, schienen von der Decke herabzufallen. Hatte irgend jemand unter Einsatz geistiger Kräfte, also auf psychokinetischem Wege eine Eisenwarenhandlung »geplündert«? Waren diese Objekte vielleicht den Händen eines unachtsamen Verkäufers entglitten und nicht etwa zu Boden, sondern durch einen »Riß« in unserer Welt gefallen, um im gleichen Augenblick in Stewards Wohnung zu landen?

Im März 1963 war es in Wellington, der Hauptstadt von Neuseeland, zu einem ähnlichen Zwischenfall gekommen. Ein Pensionsinhaber und 15 seiner Gäste beobachteten, wie ein Neuseeland-Penny das Verandafenster durchschlug und auf den Fußboden fiel. Sein Erscheinen war der Auftakt zu einem fast acht Stunden dauernden Bombardement, in dessen Verlauf sich wieder einmal nicht nur Münzen, sondern auch Steine materialisierten. Die Pensionsgäste mußten, um nicht verletzt zu werden, vorübergehend in der Küche Schutz suchen. An den beiden darauffolgenden Tagen kam es erneut zu ähnlichen Manifestationen. Wieder hagelte es Münzen und Steine. Zeitweilig waren es mehr als fünfhundert Personen, die – durch entsprechende Pressemeldungen aufmerksam gemacht – herbeigeeilt kamen, um das ungewöhnliche Spektakel aus nächster Nähe zu beobachten.

Die Polizei setzte Spürhunde ein, um die vermeintlichen Auslöser dieses ungewöhnlichen Bombardements zu finden. Vergebens. Die Ermittlungen verliefen im Sande. Verursacher, zumindest solche, die man für die angerichteten Schäden hätte haftbar machen können, gab es nicht. Paranormale Phänomene wie diese haben ihre eigenen Gesetzmäßigkeiten.

Im Januar 1928 regnete es in den Wohnräumen der Robinsons in Battersea nahe London jede Menge Kupfermünzen, die zusammen mit kleinen Kohlebrocken von der Decke herabzukommen schienen. Dieser Fall wirbelte damals viel Staub auf. Wie englische und amerikanische Reporter zu berichten wußten, wurden die Robinsons von ihren Nachbarn als äußerst korrekte Zeitgenossen geschildert, die diese Vorkommnisse keinesfalls mit übernatürlichen Kräften in Verbindung gebracht haben wollten. Dennoch waren sie über das unerklärliche Geschehen höchst beunruhigt. Da sowohl die Türen als auch die Fenster verschlossen waren, schieden äußere Einflüsse von vornherein aus.

Fälle von spontanem Geldregen wurden auch auf der Farm von John McDonald in dem Ort Baldoon in der kanadischen Provinz Ontario beobachtet. Die Manifestationen, die 1829 begannen, sollten insgesamt drei Jahre dauern. In einem Fall konnte man sogar feststellen, woher das Geld stammte. Ein durchreisender Hausierer, Patrick Tobin, hatte bei den McDonalds übernachtet. Beim Anziehen mußte er feststellen, daß zwanzig Halbdollar-Münzen aus seiner Brieftasche verschwunden waren. Später, als er am Frühstückstisch saß, prasselten 19 an die Fensterscheibe, durchdrangen diese auf unerklärliche Weise und landeten eine nach der anderen direkt auf seinem Teller. Die zwanzigste Münze aber blieb verschwunden.

Wissenschaftler sprechen in solchen Fällen vom Poltergeist-Phänomen, das häufig mit Jugendlichen in Verbindung gebracht wird, die sich in der Pubertätsphase oder in einer Art seelischem Spannungszustand befinden. Es tritt immer dann in Erscheinung, wenn das menschliche Bewußtsein korrigierend in unsere materielle Welt hineinzuwirken versucht.

Fallout aus anderen Dimensionen?

Im Herbst 1972 zog George Dean aus Bacton (England) beim Fischen einen Dorsch an Land, in dessen Magen er eine uralte Bronzemünze fand. Archäologen einer nahegelegenen Universität, denen er später seinen seltsamen Fund präsentierte, hielten diese für eine römische Münze aus dem vierten Jahrhundert. Ihr Wert wurde damals auf über 200 englische Pfund geschätzt.

Wie aber gelangte diese wertvolle Münze in den Magen eines Fisches, der bis zu diesem Zeitpunkt höchstens einige wenige Jahre alt war, der seine Nahrung fast ausnahmslos an der Wasseroberfläche aufstöbert? Daß er den Boden des Gewässers absucht, um sich eine dort seit mehr als 1600 Jahren im Schlick ruhende und für ihn völlig ungenießbare Münze einzuverleiben, erscheint höchst unwahrscheinlich. Gegenstände, die in offenen Gewässern verlorengehen, sind zudem schon nach wenigen Jahren von allerlei Ablagerungen wie Tang, Seepocken, Muscheln und Kleintierchen überwuchert. Eine mögliche, wenn auch phantastische Erklärung wäre, daß ein hobbymüder Münzsammler seine Schätze zweckentfremdet dem Meer überantwortete und unser hungriger Dorsch eines der kostbaren Stücke rein zufällig aufschnappte. Ein paar Zufälle und Unwahrscheinlichkeiten zu viel, wird man zugeben müssen.

Gibt es vielleicht noch eine andere Erklärung für diesen ungewöhnlichen Fund? Könnte es nicht so sein, daß die Münze während der Zeit des römischen Imperiums einem feilschenden Händler »zufällig« aus der Hand glitt, daß sie im wahrsten Sinne des Wortes »ins Bodenlose«, in ein »Nichts« fiel ... in eine Welt jenseits der unsrigen, um dann 1600 Jahre später wieder in unsere Raumzeit-Realität zurückgeschleudert zu werden, um sich letztendlich im 20. Jahrhundert im Magen eines Dorsches zu materialisieren? Was wissen wir denn schon über die wahren Zusammenhänge zwischen unserer und der übergeordneten Realität, über mögliche Schwachstellen und natürliche Transitkanäle im vierdimensionalen Universum?

Gelegentlich treten aber auch viel größere Objekte an Orten in Erscheinung, wo sie niemand vermuten würde. In den sechziger Jahren wollen Eingeborene mitten im dichtesten Dschungel von Neuguinea ein Auto entdeckt haben. Daraufhin unternahm eine Gruppe europäischer Forscher, die dort lebten, eine Expedition zum Fundort, um der Sache auf den Grund zu gehen. Etwa 25 Kilometer von der Küste entfernt fand man, eingebettet in der ewigen Wildnis, umschlossen von einer grünen Mauer des Vergessens, tatsächlich die Überreste eines französischen Kraftfahrzeugmodells aus dem Jahre 1961. Kein Weg, keine Karte führte in diese grüne Hölle.

Dr. Per Windler, der diese Expedition anführte, wußte keine Erklärung dafür, wie ein noch verhältnismäßig neues Modell dorthin gelangen konnte. Selbst geländegängige Landrover versagen häufig beim Durchqueren weniger stark bewachsener Urwaldregionen. Der Fund machte absolut keinen Sinn.

Es drängt sich die Frage auf, ob vielleicht ein Transportflugzeug in einer Notsituation unnötigen Ballast abwarf, um wieder an Höhe zu gewinnen. Rückfragen bei der dortigen Flugbehörde verliefen ergebnislos. Entsprechende Meldungen von Flugzeugbesatzungen lagen nicht vor.

Warum aber sollte jemand ein Auto einfach über einem

weglosen Urwaldgebiet abkippen? Nur so zum Spaß? Ein recht kostspieliger, wenn man den aufwendigen Lufttransport hinzurechnet.

Am 27. Oktober 1956 bescherte der »San Francisco Chronicle« seinen Lesern eine unglaubliche, provozierende Headline: »Wer schleudert Affen zur Erde?« Mrs. Faye Swanson aus Broadmoor (Kalifornien) machte am Morgen des 26. Oktobers, als sie den Hinterhof ihres Anwesens zum Wäscheeinholen betrat, eine grausige Entdeckung. Auf dem Boden hingestreckt lagen die kärglichen Überreste einer Affenleiche. Das arme Tier mußte in der Nacht mit aller Wucht auf die Wäscheleine geprallt sein, da der zur Befestigung der Leine errichtete massive Pfosten vollkommen zersplittert war.

Neugierige Journalisten, die diesen Fund mit einer Panne im Luftfrachtsystem in Verbindung brachten, erkundigten sich bei der Aufsichtsbehörde des Internationalen Flughafens von San Francisco, ob sich in der Nacht zuvor an Bord irgendeines Flugzeuges, das diese Gegend überflogen habe, eine Ladung Affen befunden hätte. Negativ. Der Fall konnte nie aufgeklärt werden.

Noch ominöser erscheint das Erlebnis eines Mr. Hill, Besitzer einer privaten Rundfunkstation in North Greenbush, nahe New York. Am 24. Juli 1973, gegen 16.15 Uhr Ortszeit, trat dieser vor die Tür seines Sendegebäudes, um ein wenig frische Luft zu schnappen, als er in einiger Entfernung etwas vom Himmel fallen sah. Die Sicht war hervorragend. Kein Flugzeug weit und breit. Mit seinem Fernglas verfolgte er geraume Zeit den Niedergang des Objektes. Dann fuhr er los, um sich auf die Suche zu machen. Er erreichte die »Landungsstelle« gerade noch rechtzeitig, um den Gegenstand seiner Beobachtung von anderen unbemerkt an sich nehmen zu können: ein dickes Bündel Papiere, die komplizierte mathematische Berechnungen enthielten. Absender unbekannt.

Das Rätsel um die Herkunft der wissenschaftlichen Papiere ließ Hill keine Ruhe. Er bat mehrere Universitätsdozenten um eine wissenschaftlich fundierte Stellungnahme zu diesem Fund. Man konnte ihm nach eingehender Prüfung lediglich sagen, daß in den Ausarbeitungen von »Licht« die Rede sei, das »außer Phase gebracht werde und sich dadurch selbst auslöschen soll ...«

Hochaktuelle Forschungsunterlagen, herabgeweht aus dem Nichts, niedergegangen auf einem Brachfeld außerhalb der Stadt. Woher stammen sie?

Hill befragte auch die Bundesluftfahrtbehörde, den Nationalen Wetterdienst, das FBI und das Personal des Kontrollturms auf dem Flugplatz von Albany. Niemand vermochte auch nur den kleinsten Hinweis zu geben, niemand schien auf die offenbar brisanten Papiere Anspruch zu erheben.

Weshalb gingen sie ausgerechnet in einem abgelegenen Gebiet nieder? Stammen sie etwa aus einer anderen, zukünftigen Zeit? Sind sie deshalb für unsere Wissenschaftler von heute völlig unverständlich?

Aus dem Logbuch der Verdammten

Es gibt immer mehr Beweise dafür, daß mitunter Dinge vom Himmel fallen, deren Herkunft sich niemand erklären kann. Über dieses merkwürdige Phänomen wird schon seit Jahrhunderten selbst in naturwissenschaftlichen Blättern ausführlich berichtet.

In der englischen Wissenschaftszeitschrift »New Scientist« vom 2. Juni 1988 berichtet Derek Elson über einen Fisch-»Fall« auf dem Grundstück eines Ron Langton im Londoner Stadtteil Eastham. Langton hatte es sich im Mai 1984 spät abends vor seinem Fernseher bequem gemacht, als er von draußen laute Klatschgeräusche vernahm. Am anderen Morgen fand er auf seinem Dach und im Hinterhof ein halbes Dutzend kleiner Fische, 10 bis 15 Zentimeter lange Flundern und Weißfische.

Im nahegelegenen Canning Town wollen zur gleichen Zeit zwei Einwohner 30 bis 40 Fische über ihre Gärten verteilt gefunden haben.

Etwa einen Monat später fand der Besitzer einer Reparaturwerkstatt nahe dem Ort Thirsk im nördlichen Yorkshire (England) auf seiner betonierten Garagenzufahrt und dem Vordach seines Hauses zahlreiche Uferschnecken und Seesterne. Wie sie dort hingekommen waren, wußte niemand zu sagen. Thirsk liegt immerhin etwa 50 Kilometer vom Meer entfernt. Die Uferschnecken waren salzüberkrustet und lebten noch, als der Mann sie fand.

Berichte über ähnliche »Niederschläge« sind im Besitz der privaten Tornado- und Sturmforschungsorganisation TOR-

RO, die in England unter anderem Wirbelwindphänomene untersucht. TORRO macht für Fisch- und Frosch-»Regen« mehr Tornados, Wasserhosen und andere »natürliche« Ursachen geltend. Dennoch: Diese Erklärungen sind nicht ganz unproblematisch.

»New Scientist« verweist übrigens auf die »Reinheit« dieser Meerestier-»Niederschläge«. Man hat nämlich festgestellt, daß beim Abregnen z. B. von Fröschen nur selten Wasserpflanzen, Erde, Steine usw. mit niedergeschlagen werden.

Der Autor des »New Scientist«-Beitrages meint dazu, daß »entweder der Transportmechanismus eine sorgfältige Auswahl treffe oder, was wahrscheinlicher sei, die mitgerissenen Objekte noch während des Fluges, je nach Gewicht und Form, voneinander getrennt würden«.

Das herabfallende Tierzeug konzentriert sich in der Regel an bestimmten Stellen. Es verteilt sich meist ellipsenförmig über Flächen mit einer maximalen Breite von 30 Metern. Merkwürdigerweise gehen die deplazierten Objekte meist in beträchtlicher Entfernung vom Meer nieder.

Nach einem heftigen Gewitter fand man nahe Dilhome, 80 bis 120 Kilometer südöstlich von Dee Estuary (England) winzige Muschelschalen über eine Fläche von 20 mal 50 Meter verstreut. Paul Swinhoe von TORRO ließ sie von Naturwissenschaftlern des Museums in Bristol untersuchen. Ergebnis: Es handelt sich bei diesem Fund um »Tauben«-Muscheln, wie man sie in den seichten Gewässern tropischer Meere, vorwiegend in phillipinischen Küstenregionen findet. Das Seltsame daran war, daß diese Muscheln so aussahen, als ob sie für die Schmuckherstellung bearbeitet worden waren. Ihre Herkunft ist bis heute unbekannt.

Zweifel machen sich breit, wenn Wasser- oder Windhosen

ganze Schwärme von Fischen, Muscheln, Fröschen usw. aufsaugen, sie über viele Kilometer transportieren und dabei feinsäuberlich von anderen Objekten trennen sollen, um sie dann auf kleinster Fläche »herabregnen« zu lassen. Mit was aber haben wir es bei dieser Erscheinung dann zu tun, wenn natürliche Erklärungen häufig versagen?

Der Amerikaner Charles Hay Fort – ein intellektueller Rebell und Einzelgänger – hatte es sich schon in jungen Jahren zu seinem Lebenswerk gemacht, Tausende solcher und ähnlicher Vorkommnisse zu sammeln und zu katalogisieren. Ein Gutteil dieser unerklärlichen, von der Schulwissenschaft ignorierten Fälle hat er in seinem Buch »The Book of the Damned« (Das Buch der Verdammten) veröffentlicht. In diesem berichtet er unter anderem auch über fünf Fisch-»Schauer«, die er mit dem »Bersten eines ›supergeographischen‹ Meeres« zu erklären versuchte, ohne allerdings dessen Lage beschreiben zu können. Offenbar meint er hiermit einen Bereich jenseits unserer Raumzeit-Welt.

Am 24. August 1918 fielen an einem Küstenstrich im Nordosten Englands Aale vom Himmel. Hunderte von ihnen bedeckten eine Fläche von schätzungsweise 1800 Quadratmeter. Sie waren allesamt tot – steif und hart –, als man sie anrührte. Die Tiere mußten schon eine ganze Weile durch die Luft getrieben sein, als man sie fand.

Lebende Eidechsen fielen am 8. Juli 1857 in Montreal (Kanada) vom Himmel. Und am 8. Juli 1886 »regnete« es in Redruth (England) soviel Schnecken, daß die Leute sie mit vollen Händen aufsammeln konnten.

Am 9. August 1892 erschien über Paderborn eine unheimliche gelbe Wolke. Sintflutartiger Regen ließ in der Folge Hunderte kleiner Muscheln niedergehen. Herkunft unbekannt.

Eula Yonder verbrachte ihre Kindheit auf einer Farm im

Südwesten Oklahomas. Sie erinnert sich noch recht gut an jenen schrecklichen Wolkenbruch, der im Jahre 1910 weite Teile des Landes heimsuchte. Zusammen mit den sintflutartigen Niederschlägen fielen auch Fische, Frösche, Schlangen und Steinbrocken vom Himmel. Einige der Tiere hatten bei Bodenberührung sogar noch gelebt, waren aber kurz darauf eingegangen. Fast alle waren farblos und bis zu einem gewissen Grad sogar durchsichtig wie »Götterspeise« gewesen.

Handelte es sich hierbei etwa um Urformen der animalischen Evolution, um Opfer einer Raumzeit-Verschiebung, die sich im Jahre 1910 auswirkte? Stand ihr Erscheinen mit dem plötzlich hereinbrechenden Unwetter womöglich gar nicht in unmittelbarem Zusammenhang? Und waren diese atmosphärischen Störungen vielleicht erst durch eben diese Veränderungen in der Raumzeit ausgelöst worden? Genauer noch: Hatte man es bei den damals niedergegangenen Kleintieren unter Umständen mit Spezies zu tun, die vor Millionen von Jahren von ihren angestammten Brut- und Laichplätzen verschwanden, um dann unvermittelt und übergangslos im Jahre 1910 aufzutauchen? »Niederschläge« aus anderen Zeiten, wenn man so will.

Es dürfte einer künftigen, viel umfassenderen Physik vorbehalten sein, plausible, natürliche Erklärungen für dieses unglaubliche Geschehen zu finden.

Mysteriöse Regenfälle

Der französische Astronom und Schriftsteller Camille Flammarion (1842–1925) hat in seinem Buch über die »Atmosphäre« eine lange Liste über unnatürliche Regenfälle zusammengestellt. Es enthält allein 40 Berichte über »Blutregen« vor dem Jahr 1800 und 21 im 19. Jahrhundert. Farbige Niederschläge wurden in unterschiedlichen Teilen der Welt beobachtet und versetzten die Menschen früherer Zeiten in Angst und Schrecken, zumal manche im Zusammenhang mit unerklärlichen Himmelsphänomenen einhergingen.

Solche »Regenfälle« brachte man häufig mit Warnungen vor drohendem Unheil bzw. dem Tod hochgestellter Persönlichkeiten in Verbindung. Als Papst Hadrian II. im Jahre 872 verstarb, hatte es zuvor drei Tage und Nächte ununterbrochen »Blut« geregnet. Für die Menschen von damals ein untrügliches »Zeichen« des Himmels.

Roter Regen, vom einfachen Volk fälschlicherweise mit Blut verwechselt, hat in früheren Jahrhunderten mehr Unruhe ausgelöst als Regen von anderer Farbe. Homer wußte zu berichten, daß Schauer von Blut auf die griechischen Helden von Troja regneten. Für sie war dies ein Omen für ihren Tod in der Schlacht. Berichte von »Blutregen« in römischer Zeit lassen den Schrecken erahnen, den er bei der Bevölkerung verursachte. Gregor von Tours, der fränkische Geschichtsschreiber aus dem 6. Jahrhundert, berichtet, daß im Jahre 528 n. Chr. über dem Gebiet von Paris »echter blutiger Regen aus einer Wolke auf die Kleidung der Menschen fiel und diese durch geronnenes Blut so steif machte, daß sie diese voller Abscheu von sich warfen«.

In einigen wenigen Fällen scheint es tatsächlich schon Blut geregnet zu haben. Am 15. Mai 1890 fiel in Messignadi (Provinz Kalabrien) roter Regen, der vom Italienischen Meteorologischen Institut als regenwasserverdünntes Blut identifiziert wurde. Das Blut stammte allerdings von Zugvögeln, die, so die amtliche Verlautbarung, »von Sturmböen erfaßt und in Stücke gerissen worden waren«. Dem steht jedoch entgegen, daß zum Zeitpunkt des Ereignisses dort keine Stürme tobten. Außerdem wurden am Ort des Geschehens keine zerfetzten Vogelkadaver entdeckt.

Der Naturforscher Philip Henry Gosse beschrieb in seinem Buch »The Romance of Natural History« (Die Romantik der Naturgeschichte) einen Fall aus dem Jahre 1553, in dem Bäume, Hecken, Steine und Kleidungsstücke mit einer roten Flüssigkeit bespritzt worden waren, die vom Himmel kam. Was man zunächst für Blut gehalten hatte, erwies sich schon bald als rötliche Ausscheidung eines ungewöhnlich großen Schwarmes von Schmetterlingen.

Zu einem ähnlichen Ergebnis kam Monsieur Peiresc, als er im Jahre 1608 nach einer Erklärung für die zahlreichen roten Flecken auf den Wänden und Mauern der französischen Stadt Aix-en-Provence suchte. Dabei kam ihm der Zufall zu Hilfe. Kurz vor dem »Blutregen« hatte er eine Schmetterlingspuppe gefunden, die er zwecks späterer Identifizierung in eine Schachtel steckte. Als Peiresc sie nach einigen Tagen öffnete, fand er darin einen hübschen Schmetterling und ... rote Flecken, die denen draußen in der Stadt glichen. Diese Schmetterlingsart war damals in ungewöhnlicher Massierung in den Randbezirken von Aix-en-Provence gesehen worden. Was für Peirescs Ausscheidungstheorie spricht: Die roten Flecken gab es nur auf den

1

1 Doppeldecker vom Typ »Harrow II«, der 1924 von den Engländern für Aufklärungsflüge über dem Irak eingesetzt wurde. In dem hier aufgeführten Fall verließen die beiden Piloten die völlig intakte Maschine aus unerfindlichen Gründen. Man hörte nie wieder von ihnen.

2 a) Der Leuchtturm von Eilean Mor. Aus ihm verschwand im Dezember 1900 auf unerklärliche Weise die dreiköpfige Besatzung.
b) Zum letzten Mal wird das Leuchtfeuer von Hand gezündet.

2 b

2 a

3 Am 16. August 1942 verschwanden Lt. Ernest D. Cody und Lt. zur See Charles E. Adams aus dem Marine-Luftschiff L-8, das vom Flugplatz Moffett an der amerikanischen Westküste gestartet war. Niemand hatte die Offiziere aus der Gondel stürzen sehen. Die beiden Männer waren mit Schwimmwesten ausgerüstet. Nach einem längeren Irrflug war das Luftschiff dann von selbst am Strand von Fort Funstone niedergegangen.

4 Der Londoner Trafalgar Square. Schauplatz eines tragischen Verkehrsunfalls, bei dem im Jahre 1950 ein Mann ums Leben kam, der genau 71 Jahre zuvor während eines Spaziergangs auf mysteriöse Weise verschwunden war. Das Geheimnis seines Aufenthalts während all der Jahre nahm er mit ins Grab.

5 Nie geklärt wurde das Verschwinden des jungen Karrierediplomaten Benjamin Bathurst im November 1809. Er war damals britischer Gesandter in Wien. Bei einer Rast im brandenburgischen Perleberg begab er sich für einen Augenblick hinter die Postkutsche ... und verschwand, ohne eine Spur zu hinterlassen. Eine gut geplante Entführung oder mehr als das?

6 Das in der kleinen englischen Ortschaft Woolpit (Suffolk) aufgestellte Schild erinnert an zwei Kinder mit »grüner Hautfarbe«, die vor Jahrhunderten aus einer in der Überlieferung nicht näher bezeichneten Höhle gekommen sein sollen. Ihre Herkunft konnte nie ermittelt werden.

7 Vorder- und Rückseite eines »Wheat-Penny« aus dem Jahre 1956. Ein ähnlicher Penny mit der Jahresprägung 1992-D wurde bereits 1990 von Mrs. JoAnne Tinning an einem Rastplatz nahe Gore (Oklahoma) mit einem Metalldetektor in 15 Zentimeter Tiefe entdeckt. Das Unerklärliche: Diese Art von Penny wurde schon seit Jahren nicht mehr geprägt.

6

7

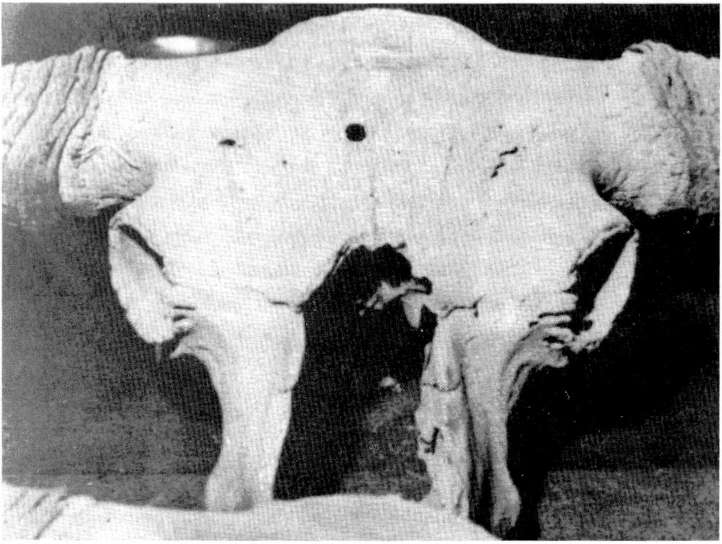

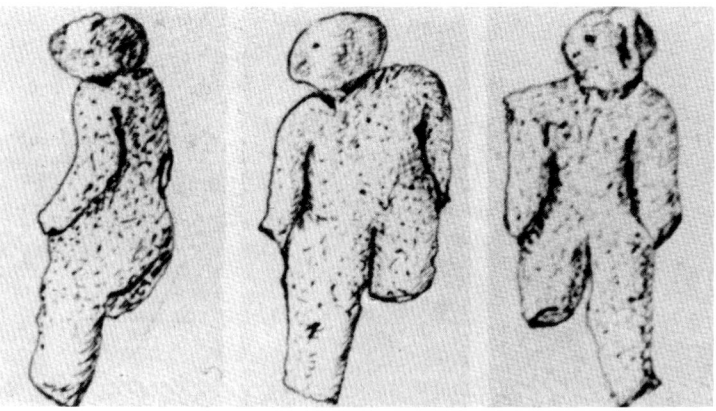

8 Prähistorischer Bisonschädel mit einem Einschußloch, von dem niemand weiß, wer es verursacht hat. Der im Moskauer Museum für Paläontologie ausgestellte Schädel soll nach Meinung von Experten mindestens 4000 Jahre alt sein.

9 Im August des Jahres 1889 förderte der Farmer M.A. Kurtz aus Nampa (Idaho, USA) beim Bohren nach Wasser einen merkwürdig geformten Lehmklumpen zutage. Beim Wegbrechen der Außenschicht fand er ein Tonfigürchen, dessen Alter auf etliche zehntausend Jahre geschätzt wird. Wie es dort hingekommen ist, weiß niemand.

höhergelegenen Teilen der Mauer, auf einer Ebene also, wo sich die Schmetterlinge für gewöhnlich herumtummeln.

Der Biologe Waldo L. McAtee vermerkte in einem vielbeachteten Beitrag in der Zeitschrift »Monthly Weather Review« (Nr. 45, Mai 1917), daß es sich bei manchen »Blutregen« ganz einfach um Mohnsaft handele, der von bestimmten Schmetterlingen ausgeschieden werde. In der Londoner »Times« vom 24. Januar 1871 berichtete ein italienischer Chemieprofessor Giovanni Campani von der Universität Siena über mehrere rote Regenschauer, die am 28. Dezember 1860 über dem nordöstlichen Teil der Stadt niedergegangen waren. Der erste Guß begann um sieben Uhr früh und dauerte zwei Stunden. Ihm folgten weitere Schauer um elf und 14 Uhr. Am 31. Dezember und 1. Januar 1861 wiederholte sich das Phänomen, das auch diesmal wieder wie abgezirkelt auf die nordöstlichen Stadtteile beschränkt blieb. Meteorologen wollen herausgefunden haben, daß der gelegentlich auch heute noch in Europa niedergeschlagene rote Regen auf hochgewirbelten rötlichen Sand und Staub aus der Sahara zurückzuführen ist. Sand und Staub werden in der Luftströmung über Tausende von Kilometern mitgerissen und in Niederschlagsgebieten abgeregnet.

Blutähnliche Niederschläge können aber auch durch drei bis vier Zentimeter lange Blutwürmer verursacht werden, die aus Schlammpfützen herausragen. Ihre sichtbaren Blutgefäße erwecken den Eindruck, als ob die Pfützen mit Blut gefüllt seien. Ähnliche Effekte werden übrigens auch durch einzellige, rötliche Organismen – Algen, Pilze, Wimpertierchen usw. – ausgelöst.

Indes bleibt das Phänomen ungewöhnlicher Niederschläge nicht auf roten Regen beschränkt. Schwarzen Regen führt man meist auf Rauch zurück, der von Fabrikschornsteinen ausgestoßen und von der Luftströmung mitgeführt wird, um dann mit dem Regen herunterzukommen.

In der Kapregion Südafrikas gab es am 14. August 1888 einen heftigen schwarzen Regen, dessen Entstehung zunächst nicht erklärt werden konnte. Wissenschaftler behaupteten später, das Regenwasser sei durch den Rauch eines in dieser Gegend wütenden Waldbrandes dunkel gefärbt worden. Dies erscheint jedoch unwahrscheinlich, weil während des Brandes der Wind aus einer ganz anderen Richtung wehte. Hinzu kommt, daß Rauch Regen nicht schwarz »wie Tinte« färben kann.

So unheimlich farbige Regengüsse auch erscheinen mögen, ihre Ursachen sind weniger mysteriös, als man annehmen möchte. Mit dem weiteren Ausbau des meteorologischen Datennetzes und dessen Computerisierung dürften sich in Zukunft die Ursachen solcher Phänomene rasch aufklären lassen.

Souvenirs von Übermorgen

Seit den sechziger Jahren fallen in verschiedenen Teilen der Welt sonderbare Metallkugeln vom Himmel. Drei solcher Kugeln wurden 1963 in einem verlassenen Wüstenabschnitt Australiens entdeckt. Ihr Durchmesser betrug etwa 35 Zentimeter. Mit diesen hochglanzpolierten »Wunder«-Kugeln hatte es seine besondere Bewandtnis. Denn: Am 30. April 1963 ließ der australische Versorgungsminister Allen Fairhall Mitglieder des Repräsentantenhauses wissen, daß alle Bemühungen, diese Kugeln zu öffnen, fehlgeschlagen seien. Gerüchteweise war später zu erfahren, daß sie der US-Luftwaffe zur Untersuchung übergeben worden waren.

In Monterrey (Mexiko) und Conway (Arkansas) sollen im Jahre 1967 ähnliche Kugeln aus Edelstahl bzw. Titan gefunden worden sein. Aus Afrika und Argentinien liegen weitere Fundmeldungen vor.

Kleinere, farbige Kugeln tauchten in den Jahren 1966 und 1967 auch an vielen Orten Frankreichs auf. Über die Herkunft und den Verwendungszweck dieser Objekte war bislang nichts zu erfahren; man schweigt sich aus.

Spekulationen, daß es sich bei den Hohlkugeln um Raketenbauteile gehandelt haben könnte, werden von Werkstoffspezialisten zurückgewiesen. Diese wären nach Beendigung ihrer Mission im Weltraum in der Erdatmosphäre verglüht.

Ein Fall aber sollte für Furore sorgen, die Öffentlichkeit lange Zeit beschäftigen. Antoine und Gerri Betz aus Jacksonville (Florida) hatten Anfang der siebziger Jahre auf

Fort George Island, ganz in ihrer Nähe, ein etwa 35 Hektar großes Waldstück erworben. Nachdem dort tagelang ein Feuer gewütet hatte, fuhren sie am 27. Mai 1974 mit ihrem Sohn Terry Matthews – damals Medizinstudent am Florida Junior College – nach dort, um den angerichteten Schaden festzustellen.

Der Junge bemerkte die ungewöhnliche Kugel als erster. In versengten Grasbüscheln eingebettet reflektierte die glänzende Metallkugel das grelle Licht der Mittagssonne. Terry Matthews nahm sie mit nach Hause und bewahrte sie zunächst in einer Truhe auf, nichtsahnend, um was es sich hierbei handelte. Als der Junge tags darauf seine Gitarre stimmte, reagierte die Kugel auf ungewöhnliche Weise mit Resonanzeffekten. Sie vibrierte in Übereinstimmung mit dem Anschlag der Saiten, so, als ob sie ein musikalisches »Innenleben« besäße. Dieser Vorfall machte die Familie Betz neugierig: Sie begann mit der geheimnisvollen Kugel zu experimentieren.

Als man sich von den außergewöhnlichen Eigenschaften der Kugel selbst überzeugt hatte, wurde der Reporter Lou Egner vom »Jacksonville Journal« ins Vertrauen gezogen. Dieser verfaßte auch einen ersten Bericht über das allen physikalischen Gesetzen zuwiderlaufende Verhalten der Kugel: »Sie (Frau Betz) sagte mir, ich solle die Kugel auf den Boden legen und ihr einen Stoß versetzen. Das Objekt entfernte sich von mir und blieb, wie nicht anders zu erwarten war, in einiger Entfernung stehen. Nach etwa einer Minute aber drehte sie sich von selbst nach rechts, um dann etwa 1,20 Meter weiterzurollen. Nach einem kurzen Stopp vollführte sie eine elegante Drehung nach links, rollte etwa 2,5 Meter weiter in diese Richtung, beschrieb dann einen großen Bogen und kam schließlich direkt vor mir zum Stehen.«

In den zurückliegenden Jahren haben sich weit mehr als hundert Personen, Presseagenturen und Fernsehgesellschaften mit dem geheimnisvollen Objekt befaßt. Es wurde von Technikern und Wissenschaftlern der amerikanischen Kriegsmarine, der NASA sowie etlichen privaten Forschungsstellen vermessen, fotografiert, geröntgt und anderweitig zerstörungsfrei untersucht. Die Marine veröffentlichte zwar das Ergebnis der Untersuchungen, nahm aber in keiner Weise zur Herkunft und zum Einsatz der knapp zehn Kilogramm schweren Wunderkugel aus rostbeständigem Stahl Stellung.

Dr. Carl Williston, Mitarbeiter einer damals in Louisiana niedergelassenen wissenschaftlichen Institution »Omega Minus One« machte einige sensationelle Entdeckungen: Die Kugel besitzt ungewöhnliche magnetische Eigenschaften. Sie hat neben einem Nord- und einem Südpol offenbar einen dritten, möglicherweise sogar einen vierten Magnetpol. Drei- oder vierpolige Magnete aber wären geradezu eine physikalische Ungeheuerlichkeit, eine Kräftekonstellation, die es nach unserem heutigen Erkenntnisstand einfach nicht geben darf. Williston war es auch völlig unbegreiflich, warum sich die Kraftliniendichte des Magnetfeldes fortlaufend änderte, warum die Feldstärke (Leistung des Magneten) in einem bestimmten Rhythmus an- und abschwoll. Wer oder was steuerte diesen Vorgang?

Röntgenaufnahmen vom Kugelinneren zeigten unter anderem drei ähnlich aussehende kugelförmige Gebilde mit einem Durchmesser von etwa drei Millimeter sowie ein viertes »Objekt« mit einer anderen Dichte. Bei genauer Betrachtung konnte man um einige dieser Objekte sowie um deren Zusammenballung im Kugelzentrum seltsame Leuchterscheinungen wahrnehmen, sogenannte Halos.

Über den Verbleib der Kugel ist nichts bekannt. Sollte sie

von einer der amerikanischen Militärbehörden requiriert worden sein, wäre dies nur allzu verständlich. Handelt es sich bei der Betz-Kugel etwa um ein in der Zeit abgedriftetes Instrument einer technischen Hochzivilisation – eines, das in unserem Jahrhundert gar nichts verloren hatte?

Im April 1970 will der inzwischen verstorbene Elektriker Max Krauss acht Kilometer nördlich von Biberach in Nähe der Bahnlinie Ulm – Friedrichshafen eine transparente Kugel mit einem Durchmesser von etwa 40 Zentimetern gesehen haben. Das Ding schwebte immer in unmittelbarer Bodennähe lautlos und langsam die Straße entlang. Krauss: »Von einem dunklen, kugeligen verschwommenen ›Kern‹ gingen acht ›Speichen‹ aus, die sich nach außen verjüngten und mit ihren Spitzen die fast glasklare reflexfreie Kugel begrenzten. Das Ding rotierte in waagerechter Drehachse, von mir aus gesehen im Gegenuhrzeigersinn.« Die Beobachtung erfolgte aus einer Entfernung von nur 4,5 Metern. Irrtum ausgeschlossen.

Sonden vom »Großen Bruder«

Es geschah an einem trüben, regnerischen Novemberabend im Jahre 1971 auf der Johnson-Farm nahe der amerikanischen Kleinstadt Delphos (Kansas). Ronald, der 16jährige Sohn der Johnsons war noch einmal in den Stall gegangen, um nach den Tieren zu sehen, die irgend etwas zu beunruhigen schien. Seine Mutter hatte ihn bereits mehrmals zum Abendessen gerufen. Als Ronald nicht antwortete, schauten die Eltern nach draußen. Was sie sahen, war geradezu ungeheuerlich. Im Hof stand ihr Sohn und starrte unentwegt, wie in Hypnose, auf ein rotierendes, kugelförmiges Gebilde – ein verwirrendes Kaleidoskop aus roten, blauen und organgefarbenen Lichtern.

Die Strahlungsintensität des Objekts war so stark, daß die Johnsons nur dessen Umrisse erkennen konnten. Sie schätzten seinen Durchmesser auf etwa 2,5 bis 3 Meter. Die »Kugel« gab ein entnervendes, sirrendes Geräusch von sich, ähnlich einer »vibrierenden alten Waschmaschine«. Sie schwebte, wie von unsichtbarer Hand gehalten, nur etwa einen Meter über dem aufgeweichten Boden. Der Junge stand da, wie gelähmt. Seine Augen schmerzten. Es mochten ungefähr fünf Minuten vergangen sein, als das Objekt plötzlich in einem fast unerträglich grellen Weiß erstrahlte, um augenblicklich steil nach oben zu ziehen. Die Vibrationsgeräusche gingen dabei in einen hohen Jaulton über.

Skeptische Journalisten, die an der Aufklärung dieses Falles interessiert waren, übergaben Bodenproben von der Stelle, über der die »Delphos-Kugel« geschwebt hatte, dem bekannten holländischen Medium Peter Hurkos, ohne ihn in das Geschehen einzuweihen. Die Proben steckten in versiegelten Kuverts. Hurkos besitzt die außergewöhnliche Fähigkeit, mit hoher Präzision über Herkunft und Bestimmung von Objekten, sowie auch über ihre Vorbesitzer, Auskunft zu geben. Er braucht sie nur anzufassen. Parapsychologen bezeichnen dies als Psychometrie.

Unmittelbar nach Empfang der Kuverts meinte Hurkos: »Dies hat mit einem offenen, schlammigen Feld zu tun, nicht gerade sumpfig, aber mit Wasser auf dem Boden. Dieses Objekt hier war defekt ... beschädigt. Der Schaden hängt mit der Gravitation zusammen, mit der Beschädigung des Gravitationssystems. Kein Schwindel; es ist Realität! Das Objekt hatte ein Problem. Es landete und hatte Schwierigkeiten mit der Gravitation, die als Antrieb diente. Da lief etwas schief, dann aber startete es wieder. Auf dem Boden entstand ein Kreis. Das Objekt war dort, um zu observieren. In seiner Nähe ist eine Farm. Es entfernte sich nicht wie ein Flugzeug, sondern stieg kerzengerade nach oben und fiel dann nach unten, um die Gravitation auszugleichen ...«

Hurkos sollte recht behalten. Unweit der Farm, wo das havarierte Objekt aufgetaucht war, entdeckte man einen Kreis mit einem Durchmesser von etwa 2,50 Metern, der nachts unheimlich glühte. Das untere Geäst der Bäume, die sich in unmittelbarer Nähe des Objekts befunden hatten, leuchteten in der Dunkelheit. Innerhalb des seltsamen Leuchtkreises fand man auch eine weißgraue Substanz, die beim Berühren die Fingerspitzen taub werden ließ. Über Herkunft und Zweck der »Delphos-Kugel« wird noch heute gerätselt.

Mysteriöse fliegende Mini-Objekte tauchen gelegentlich auch in Innenräumen auf. Dave Thompson aus Otterbourne, Grafschaft Hampshire (England), saß an einem Januarabend 1977 mit Frau und Tochter vor dem eingeschalteten Fernsehempfänger. Als Dave für einen Moment zum Fenster blickte, sah er dort plötzlich eine kleine Kugel etwa 20 Zentimeter über dem Boden in Richtung des Fernsehers schweben. Das verschwommen-grau wirkende Objekt war kleiner als ein Tennisball. Sein Umriß war jedoch deutlich zu erkennen. Sprachlos beobachtete Dave, wie die unheimliche Kugel unter dem Tisch neben einem der Seitenfenster verschwand. Der ganze Vorgang hatte nur zehn bis zwölf Sekunden gedauert. Thompson später: »Ich schaute meine Tochter an, die immer noch ungläubig dem inzwischen verschwundenen Ding nachstarrte und sagte: ›Hast du das gesehen?‹ Um sie nicht weiter zu beeinflussen, fragte ich sie, was sie gesehen habe. Aufgeregt antwortete sie: ›Es war eine Kugel, so groß wie eine Löwenzahnblüte.‹ Meine Frau, die all die Zeit über mit ihrem Strickzeug beschäftigt war, hatte den Vorfall gar nicht einmal mitbekommen und war darüber sehr verärgert.« Das ganze hatte sich völlig geräuschlos abgespielt. Der Fernsehempfang war durch das Erscheinen der Mini-Kugel nicht beeinträchtigt gewesen, so daß elektromagnetische und Kugelblitzphänomene wohl auszuschließen sind.

Man muß sich fragen, wer wohl der Absender solcher »Sonden« sein mag – von Objekten, die offenbar intelligent gesteuert werden.

Für die Realität ungewöhnlicher Objekte von »irgendwo« gibt es auch handfeste Beweise. Ein angesehener Farmer namens George Park und dessen Ehefrau sahen Anfang April 1897 in der Nähe von Battle Creek (Michigan) in 30 Metern Höhe ein glänzendes Objekt auf sich zukommen. Beim Überfliegen des Ehepaares ließ der geheimnisvolle Flugapparat einen Gegenstand fallen, der sich durch die

Wucht des Aufpralls tief in das lockere Erdreich bohrte. Am anderen Tage legte Park mit Hacke und Schaufel einen recht ungewöhnlichen Gegenstand frei: ein aus Aluminium gefertigtes »Rad« mit einem Durchmesser von etwa 1,20 Metern, das die Form einer Turbine besaß. Er behielt das Aluminium-»Rad« zur Erinnerung an ein Erlebnis, für das damals, vor Erfindung des Motorflugzeuges, niemand eine Erklärung fand.

Vielleicht handelt es sich bei all diesen Objekten um »Besucher« aus einer anderen Zeit, aus einer anderen Realität als der unsrigen. Möglicherweise sind es auch absichtlich entsandte »Beobachter« einer höheren Intelligenz jenseits unseres Vorstellungsvermögens – Sonden vom »Großen Bruder«?

Morsezeichen aus der
Vergangenheit

Gordon Cosgrave war ein begeisterter Funkamateur, dessen Haus und Garten in dem südlich der Themse gelegenen Londoner Stadtteil Woolwich von zahlreichen Funkantennen überzogen waren. Sein Hobby verband ihn mit Funkfreunden in aller Welt.

Für die Sendeanlage hatte Cosgrave im Laufe der Zeit mehr als 200 Pfund ausgegeben, was im Jahre 1936 für einen kleinen Versicherungsangestellten, der wöchentlich nicht mehr als fünf Pfund verdiente, eine Menge Geld war. Aber keine noch so aufwendige Station hätte ihm unter normalen Empfangsbedingungen jene Funksprüche beschert, die er 1936 in den Monaten Juni und Juli abhörte. Während dieser Zeit empfing er insgesamt sechsmal Morsebotschaften, deren Inhalt letztlich keinen anderen Schluß zuließ, als daß sie von Schiffen stammten, die viele Jahre zuvor in eine schreckliche Katastrophe verwickelt waren.

Dreimal zeichnete Cosgrave in Gegenwart morsekundiger Zeugen die empfangenen Kodes auf. Im Klartext erwiesen sie sich als wortgetreue »Kopien« der Funksprüche, die der am 15. April 1912 durch einen Zusammenstoß mit einem Eisberg im Atlantik gesunkene englische Schnelldampfer »Titanic« und die ihm zur Hilfe geeilte »Carpathia« abgesetzt hatten. Der Luxusliner der Cunard Line (47 000 BRT) hatte damals in Schiffahrtskreisen als unsinkbar gegolten. Die Katastrophe kostete 1517 Menschen das Leben.

Wenn es sich bei den von Cosgrave aufgefangenen Meldungen um einen üblen Scherz verantwortungsloser Funkamateure gehandelt haben sollte, hätte sich die durch ihn ausgelöste Sensation für niemanden gelohnt. Als der Fall in der Öffentlichkeit bekannt wurde, erntete Cosgrave nichts als Hohn und Spott. Hinzu kam, daß er auch noch seinen Arbeitsplatz verlor; einen Spinner wollte die Versicherungsgesellschaft nicht beschäftigen.

Unabhängig von der Reaktion der Öffentlichkeit trafen bei Cosgrave auch weiterhin Meldungen aus der Vergangenheit ein, ließen ihn an einer Tragödie teilhaben, die er nicht verhindern konnte, da sie sich schon 24 Jahre zuvor zugetragen hatte.

Cosgrave konnte sich übrigens an den Untergang der »Titanic« nur sehr vage erinnern, da er zum Zeitpunkt des Geschehens erst neun Jahre alt war. In seiner Jugend beschäftigte er sich mit anderen Dingen, die ihn mehr interessierten. Er behauptete, über die Schiffskatastrophe und die Umstände, die zum Sinken des Ozeanriesen führten, kaum etwas gewußt zu haben. Mit dem Empfang des Funkspruchs sollte sich dies schlagartig ändern.

Gordon Cosgrave war mit seinen 33 Jahren ein ziemlich humorloser Mann. Alle, die ihn kannten, glaubten zu wissen, daß er der letzte sei, dem sie einen üblen Scherz, ein abgekartetes Spiel zutrauten. Cosgrave selbst beanspruchte nichts anderes, als jene ominösen Funksprüche empfangen und im Klartext niedergeschrieben zu haben, Botschaften, mit denen er zunächst gar nichts anzufangen wußte.

An einem Samstagmorgen im Juni 1936 begab sich Cosgrave nach dem Rasenmähen ins Schlafzimmer, wo seine Funkgeräte installiert waren. Er versuchte gerade, die schwachen Signale eines Funkfreundes in Nova Scotia aufzunehmen, als auf der benutzten Frequenz ein ungewöhnlich starkes Morsesignal zu empfangen war. Automatisch

griff Cosgrave zum Schreibblock, um den Funkspruch festzuhalten. Er kam von dem Linienschiff »Carpathia«: »Wir
sind noch 70 Seemeilen entfernt und werden durch Eis be-
hindert, bewegen uns aber mit Höchstgeschwindigkeit.«
Mit geringerer Lautstärke traf dann eine weitere Meldung
ein, die die Position des Schiffes betraf. Dann waren deutlich SOS-Zeichen zu vernehmen. Der Name des havarierten
Schiffes war nicht zu verstehen. Die Sendung wurde plötzlich von statischen Störungen überlagert. Dann ebbten die
Durchgaben allmählich ab.
Atemlos hatte Cosgrave das Gehörte niedergekritzelt. Danach eilte er rasch zur nächstgelegenen Telefonzelle am Ende der Straße, um den Vorfall der Polizei zu melden. Die
Beamten verwiesen ihn zuständigkeitshalber an den diensthabenden Offizier der Admiralität.
Als Cosgrave dort anrief, die Position des Schiffes und den
Namen »Carpathia« erwähnte, wich das anfängliche Inter-
esse dieses Mannes einer eher sarkastischen Haltung. Belu-
stigt meinte der Offizier, daß er genau 24 Jahre zu spät gekommen sei, denn er habe Funksprüche der im Nordatlan-
tik versunkenen »Titanic« abgehört. Überzeugt davon, einen Betrunkenen oder Verrückten vor sich zu haben, hing
der Offizier verärgert auf. Cosgrave war durch die Reaktion
des Mannes maßlos erstaunt. Er stellte sich die Frage, was
er nun wirklich empfangen hatte. War er zufällig Zeuge einer geheimen Übung der Kriegsmarine geworden, eines
Manövers, über das die Öffentlichkeit nichts erfahren sollte? Dies konnte nicht sein, da für militärische Zwecke andere Frequenzen benutzt wurden. Cosgrave spekulierte
weiter, ob er mit seinem Gerät vielleicht eine dokumentari-
sche Sendung der British Broadcasting Corporation – des
staatlichen Rundfunks – über die »Titanic«-Katastrophe
aufgefangen hatte. Eine Rückfrage bei der Sendegesell-

schaft ergab jedoch, daß an jenem Tag nichts dergleichen ausgestrahlt worden war.

Nachdem Cosgrave allmählich selbst davon überzeugt war, daß ihm seine Phantasie einen Streich gespielt hatte, versuchte er, den Vorfall schnellstens zu vergessen. Vergebens. Vier Tage später empfing er erneut eine Morsebotschaft aus dem gleichen Seegebiet wie zuvor. Es war ein weiterer SOS-Ruf, diesmal vom 11. April 1912. Er besagte, daß man 16 Rettungsboote ausgesetzt habe, aber mehr als 1000 Passagiere befänden sich noch an Bord.

Wenn es sich hierbei tatsächlich um die »Titanic« jener Tage handelte, müßte der Notruf etwa eineinhalb Stunden nach der Kollision mit dem mächtigen Eisberg abgesetzt worden sein. Dieser hatte die doppelte Rumpfhülle der »Titanic« aufgerissen.

Um Gewißheit zu erlangen, suchte Cosgrave die Stadtbibliothek auf, wo er sich über die Position der »Titanic« zur Zeit ihres Unterganges und über den Hergang der Katastrophe informierte. Zu Hause verglich er die zusammengetragenen Fakten mit seinen eigenen Aufzeichnungen und stellte erstaunt fest, daß diese selbst in Details mit dem tatsächlichen Geschehen übereinstimmten.

Cosgrave zögerte zunächst, die Öffentlichkeit über den Inhalt der empfangenen Mitteilungen zu informieren. Als jedoch weitere Funksprüche von der »Carpathia« bei ihm eintrafen, nahm er mit dem Herausgeber einer Rundfunkzeitschrift Verbindung auf, um dessen Rat einzuholen. Dieser glaubte anfangs, einen publicitysüchtigen Zeitgenossen vor sich zu haben. Cosgrave konnte ihn zu einem Besuch in seiner Funkbude bewegen, wo er am 2. Juni zusammen mit einem weiteren Redaktionsmitglied eintraf. Während der ersten Stunde ihrer Anwesenheit geschah nichts. Gerade, als sie die Suche aufgeben wollten, wurde Cosgrave fündig.

Er übergab dem Chefredakteur seine Kopfhörer. Dieser notierte die Morsezeichen, um sie sofort in Klartext zu übertragen. Alles deutete daraufhin, daß sie von der »Titanic« stammten. Die Nachricht besagte, daß man die letzten Signalraketen abgefeuert habe und daß jetzt der Dampf aus den Kesseln abgelassen werde, um Explosionen zu vermeiden.

Die beiden Journalisten waren auch an den darauffolgenden Wochenenden Zeugen des unerklärlichen Geschehens. Inzwischen hatte sich auch die Tagespresse der Angelegenheit angenommen. Cosgrave machte schnell Schlagzeilen, stieß aber mit seinen Darlegungen auf Unverständnis und Ablehnung. Über die Reaktion seiner Mitmenschen zutiefst enttäuscht, gab er nach dem Verlust seines Arbeitsplatzes die Funkerei auf. Später zog er in einen anderen Stadtteil Londons, wo er im Alter von 64 Jahren starb.

Beruhte dieser Fall vielleicht doch nur auf arglistiger Täuschung, auf einem abgekarteten Spiel verantwortungsloser Funkamateure? Zuerst schloß man diese Möglichkeit nicht aus. Neuere Untersuchungen auf dem Gebiet der Ausbreitung elektromagnetischer Wellen ergaben jedoch, daß Radiowellen durchaus in eine Art »Warteposition« jenseits von Raum und Zeit abgedrängt und dort »konserviert« werden können, um später – unter besonderen physikalischen Bedingungen – wieder in unserem Kontinuum, gewissermaßen als »Nachhall«, in Erscheinung zu treten. Dann werden Menschen wie Cosgrave noch nach vielen Jahren ungewollt Zeuge tragischen Geschehens, das bereits der Zeitgeschichte angehört. Vielleicht war es das, was Cosgrave damals aufgezeichnet hat.

Der Baby-Spuk

Tom von Hundertmark hatte im Jahre 1976 einen fast neuwertigen Ford »Mustang« für nur ein Drittel seines ursprünglichen Preises erstanden. Der Besitzer gab vor, dringend Bargeld zu brauchen. Der einzige Mangel, den der Wagen zu haben schien, war eine Beule in der Konsole zwischen den beiden vorderen Sitzschalen.

Das Wohnhaus der von Hundertmarks liegt abseits anderer Häuser in einer ruhigen, dörflich anmutenden Nebenstraße. Eines Abends, es war etwa drei Wochen nach dem Kauf, parkte Tom, der in einem anderen Ort als Kellner arbeitete, seinen Wagen wie üblich gegen 23 Uhr auf der Zufahrt zum Haus. Etwa zwei Stunden, nachdem er zu Bett gegangen war, hörten Toms Eltern, deren Schlafzimmer der Zufahrt genau gegenüberliegt, das laute, verzweifelte Schreien eines Kleinkindes. Dies war wegen der isolierten Lage ihres Hauses recht ungewöhnlich. Es bestand kein Zweifel, daß die Schreie aus dem Auto kamen. Besorgt liefen die Eltern nach draußen. Toms Vater riß die Wagentür auf: Sofort verstummten die Schreie. Er suchte den ganzen Wagen ab, schaute unter die Vorder- und Rücksitze, jedoch ohne etwas Verdächtiges zu bemerken. Doch sofort nach Schließen der Wagentüren setzte das herzzerreißende Jammern, das gelegentlich in ein verzagtes Wimmern überging, erneut ein. Da nicht auszuschließen war, daß jemand im Kofferraum des Wagens ein Baby ausgesetzt hatte, weckten sie ihren Sohn, um sich die Wagenschlüssel geben zu lassen.

Sobald Toms Eltern den Kofferraum öffneten, hörte das Schreien des Kindes auf. Sie fanden dort ebensowenig ein Baby, wie im Wageninneren. Da die Eltern für dieses Phänomen keine logische Erklärung fanden, beschlossen sie, die Hunde auf die Spur des Kindes zu setzen. Sie riefen nach »Pixie« und »Babe«. Für Autofahrten waren die beiden immer zu haben. Die Hunde stürmten auf sie zu, blieben aber knapp zwei Meter vor dem Wagen unvermittelt stehen. Aus ihren Kehlen drang verhaltenes, tiefes Knurren, und ihre Nackenhaare sträubten sich. Auch sie vernahmen das Schluchzen des Kindes, und sie weigerten sich, dem Wagen auch nur einen Schritt näherzukommen. Da sie nichts weiter ausrichten konnten, gingen Toms Eltern ins Haus zurück, um für das Heil des unsichtbaren Wesens zu beten. Das Wimmern und Schreien des Kindes sollte noch zwei weitere Stunden anhalten, und während dieser Zeit konnten die von Hundertmarks keine Ruhe finden. Auch Tom konnte sich am nächsten Tag keinen Reim auf dieses merkwürdige Geschehen machen.

Es stellt sich die Frage, ob der frühere Fahrzeughalter mit diesem Wagen vielleicht in einen tragischen Unfall verwickelt war, bei dem ein Kleinkind ums Leben kam. Möglicherweise wurde das Fahrzeug beim Aufprall auf ein anderes Objekt mit der psychischen Energie eines dabei ums Leben gekommenen Babys imprägniert, wodurch später ein fahrzeuggebundenes akustisches Spukphänomen in Erscheinung trat.

Der Poltergeist von Leesbury

In Verbindung mit dem berüchtigten Telefon-Spuk von
Leesbury im amerikanischen Bundesstaat Florida traten
während einer späteren Phase auch sogenannte Poltergeistphänomene in Erscheinung, die wegen ihrer Aggressivität
die Nerven der hiervon betroffenen Familie arg strapazier-
ten. Der Spuk ereignete sich im Haus einer vierköpfigen Familie, in dem Mutter, Großmutter und zwei Töchter aus
unterschiedlichen Ehen – damals sechs und zehn Jahre alt –
zusammenwohnten.
Ganz am Anfang – im Januar 1978 – äußerten sich die
Spukphänomene durch unerklärliche Stimmen über das Telefon. Später, während sich die Telefonbelästigungen weiter
fortsetzten, waren besagte Stimmen auch durch die Wände
hindurch zu vernehmen. Schließlich, im August des gleichen Jahres, manifestierten sich die Stimmen unmittelbar
durch die zehnjährige Tochter S.
Während normaler Telefongespräche meldete sich abrupt
eine fremde Stimme, um die betreffende Person zu identifizieren und den Zweck des Anrufes zu nennen, noch bevor
sich der Teilnehmer hierzu auch nur andeutungsweise äu-
ßern konnte. Manchmal wurden auch die Bekleidung des
Anrufers und dessen Aktivitäten beschrieben.
Am 13. August kam es dann zu ersten psychokinetischen
Manifestationen, die nach und nach bizarre Formen annah-
men.
Das Mittelstück des zusammenschiebbaren Küchentisches
besagter Familie war ohne nähere Ursachen herausgefallen.

Ein Tischtuch hob sich von selbst vom Tisch. Gleichzeitig schlitterten neben dem Tisch stehende Stühle durch den Raum, ohne von jemandem angerührt worden zu sein. Am gleichen Tag fiel ein im Wohnzimmer aufgestellter Schrank nach vorn um. Die Poltergeistaktivitäten wurden immer heftiger.

Ein Polizeibeamter, der eine ganze Nacht in dem Spukhaus ausgeharrt hatte, will mit eigenen Augen gesehen haben, wie sich eine Parfümflasche selbständig machte. Sie schwebte, wie von unsichtbarer Hand gehalten, aus der Toilette in einen benachbarten Raum und von dort wieder zurück zu ihrem Ausgangspunkt.

Polizeichef Ralph Perry bestätigte die Aussagen seines Beamten, und er fügte hinzu: »Als ich mich dort aufhielt, begann der Stuhl, auf dem das Mädchen saß, sich von selbst hin und her zu bewegen. Ich sah es ganz deutlich, und als ich ihn mit Gewalt festzuhalten versuchte, war dies nicht möglich. Er kippte nach hinten und dann wieder nach vorn. Der schwere, aus Eiche und Mahagoni gefertigte Tisch im Eßzimmer teilte sich von selbst, so als ob jemand des Mittelstück einsetzen wollte. Niemand im Haus konnte das getan haben. Der gesamte ›Spuk‹ dauerte 15 bis 20 Minuten. Aschenbecher fielen, ohne angerührt worden zu sein, vom Tisch und schwebten von selbst an ihren früheren Platz zurück.«

Essen wurde den verblüfften Familienmitgliedern vor dem Munde weggeschnappt, und Haushaltsgegenstände schwebten häufig um sie herum. Reporter Sanchez sah, wie eine Vase herunterfiel, um gleich darauf wieder ihre ursprüngliche Position auf dem Tisch einzunehmen. Die zehnjährige Tochter S. sagte, daß sämtliche Handtücher vom Halter fielen, sobald sie das Bad betrat. Offenbar war sie der Auslöser dieses Phänomens.

Am 20. August bekam das Mädchen plötzlich Schreikrämpfe. Man brachte sie in die Ambulanz des Krankenhauses von Leesbury und später in das Orlando-Hospital. S. rollte, wie besessen, mit den Augen; sie hatte Muskelspasmen in ihren Füßen. Stimmen manifestierten sich durch sie, und sie bekam weitere Schreikrämpfe. Das Mädchen blieb eine Woche im Krankenhaus, wo sie unter psychiatrischer Beobachtung stand, aber die Ärzte konnten an ihr keine pathologischen Veränderungen feststellen. Dessen ungeachtet traten die Symptome immer noch sporadisch auf.

Die durch das Mädchen auftretenden Stimmen äußerten sich manchmal zusammenhanglos; danach war die Artikulation des Kindes wieder ganz normal, und es vermochte später, seine Äußerungen genau zu erklären. Gegenüber der Parapsychologin Joan Krieger, die sich mit diesem Fall ausführlich befaßte, meinte S., daß sie von irgend jemandem »kontrolliert« werde. Genauer gesagt: Sie identifizierte zwei lebende Personen (aus ihrem Bekanntenkreis), von denen sie annahm, daß diese Voodoo und »Zauberei« anwandten, um durch sie zu sprechen. Joan Krieger, die einige der hier geschilderten Phänomene selbst miterlebte und die auch im Hause der geplagten Familie einige Experimente durchführte, glaubt, daß hier ein echter Poltergeistfall vorlag, der auf das besonders gespannte Verhältnis im Zusammenleben zwischen Mutter und Großmutter zurückzuführen sei. Als »Epizentrum« der Phänomene vermutet sie die ältere Tochter S. Die Erscheinungen, mit denen man es hier zu tun habe, deuten ihrer Meinung nach auf einen Fall wiederkehrender, spontaner Psychokinese, d.h. Poltergeistphänomene, hin.

Kräfte der Zerstörung

Die in Reading, Berkshire (England), wohnende Mrs. Adams und ihre ledige Tochter Paula wurden von Ende 1979 bis etwa Mitte 1980 mit bösartigen, entnervenden Spukphänomenen konfrontiert, für die sie keine Erklärung fanden. In Abwesenheit der beiden Frauen – die Tochter geht tagsüber einer geregelten Bürotätigkeit nach, und Frau Adams macht vormittags Einkäufe – wurden in ihrem Haus wahllos Schubläden aufgezogen, Stühle umgekippt, Möbel von einem Raum in einen anderen versetzt, wurden Plattenspieler, Lampen und Tische sowie anderes Mobiliar durch die Luft in den Flur oder gegen die Wände geschleudert. Dies aber war nur der Auftakt zu einem viel unheimlicheren Geschehen.

Einmal mußten Mutter und Tochter hilflos zusehen, wie Rundfunk- und Fernsehempfänger langsam durch das Zimmer schwebten, wie sie plötzlich – von unsichtbarer Hand kräftig geschüttelt – zu Boden gingen und dort zerbrachen. Solche Zwischenfälle wiederholten sich in der Folge öfter. Großzügige Nachbarn schenkten den beiden Frauen stets Ersatzgeräte. Doch sollte ihre Freude hierüber nie von langer Dauer sein. Sechs Radios und zwei Fernseher wurden während der 18 Monate dauernden Spukbelästigung zerstört. Der unsichtbare Angreifer schien im Laufe der Zeit ein immer größeres Maß an Zerstörungswut zu entwickeln. Frau Adams und ihre Tochter wurden, wenn sie sich abends in einem der Parterreräume aufhielten, häufig mit Haushaltsgeräten – meist Porzellan und Glaserzeugnisse –

bombardiert. Seltsamerweise erlitten sie niemals ernsthafte Verletzungen. Nach und nach ging so ihr gesamtes Geschirr zu Bruch.

Eines Abends vernahmen die beiden Frauen Geräusche, die vom Eßzimmer herkamen. Als sie sich umdrehten, sahen sie gerade noch, wie ihre schwere Anrichte in tausend Stükke zerschmettert wurde. Nur wenige Tage danach sollten vier Eßzimmerstühle, ein Eßtisch und zwei Lehnstühle auf ähnliche Weise zerstört werden.

Dann aber kam es zu unerklärlichen Stromausfällen in verschiedenen Räumen und im gesamten Haus. Elektriker des Thames Valley Electricity Board, die mit der Überprüfung der Leitungen beauftragt worden waren, konnten weder im Haus, noch an den unterirdischen Zuleitungen im Hof irgendwelche Störungen feststellen. Sie beobachteten zusammen mit den Adams eine ganze Nacht lang, wie die Stromzufuhr unterbrochen und wie sie dann plötzlich wiederhergestellt wurde, ohne hierfür auch nur die geringste Erklärung zu finden.

Hiermit aber war der Fundus an Poltergeist-Schikanen, denen die beiden leidgeprüften Frauen ausgesetzt waren, noch lange nicht erschöpft. Sämtliche Uhren blieben ohne erkennbare Ursache stehen. Sie reparieren zu lassen oder auch nur aufzuziehen war sinnlos, da sie schon kurz darauf wieder stehenblieben. Deckenleuchten begannen von selbst gefährlich hin und her zu schwanken, Besucher wurden mit Milchflaschen beworfen, und Waschpulverpackungen machten sich selbständig, indem sie ihren Inhalt über Teppiche und Möbel entleerten.

Mitunter entbehrte die Situation nicht einer gewissen Komik. Aus dem Küchenschrank verschwanden unbemerkt zahlreiche Haushaltsutensilien, um dann, wenig später, auf dem Fußboden der Diele sorgfältig aufgereiht, aufzutauchen. Ein im Flur abgestelltes Fahrrad machte sich selbständig, fuhr in den unteren Räumen umher und versuchte die Treppe hinaufzufahren, wobei sich allerdings die Lenkstange im Treppengeländer verfing. Für viele dieser Zwischenfälle gibt es Zeugen, darunter auch kritisch eingestellte Personen, die zuvor die Existenz jeglichen Spukgeschehens angezweifelt hatten.

In ihrer Not wandten sich die beiden Frauen schließlich an eine spiritistische Gruppe, die Abhilfe schaffen und die Phänomene unterbinden helfen sollte. Deren Aktivitäten, die sie auf Distanz ausübten, schienen nach einiger Zeit zu »greifen«. Die zerstörerische Entität – was auch immer sich hinter ihr verbarg – verlor alsbald ihre Kraft, die Störungen ebbten ab, und Ruhe trat in das Haus der Adams ein. Sie sollte jedoch nicht lange anhalten. Schon nach wenigen Monaten traten die lästigen Phänomene erneut auf. Die Frauen machten daraufhin dem Spukgeschehen selbst ein Ende. Sie bezogen ein anderes Haus und blieben von da an bis heute unbehelligt.

Spuk in der Redaktion

Das Bürogebäude der »Isle of Man Times«, einer Zeitung, die in St. Douglas auf der zwischen Schottland und Irland gelegenen Insel Man erscheint, ist in den späten Abendstunden eine Oase der Ruhe. Nur selten ist dort nach 20 Uhr noch jemand anzutreffen.

Sean Kenny, der eine interessante Reportage zu Ende bringen wollte, deren Einzelheiten ihm noch frisch in Erinnerung waren, hatte gar nicht gemerkt, daß es schon auf Mitternacht zuging. Seine Arbeit hatte ihm äußerste Konzentration abverlangt. Außer ihm hielt sich niemand im Verlagsgebäude auf.

Mit einemmal spürte Kenny, wie es im Büro kalt wurde; ihn fröstelte. Und dann beschlich ihn das sonderbare Gefühl, daß er nicht allein im Zimmer war. Ihm war, als ob sich jemand im Schatten jenseits der Schreibtischlampe verbergen würde. Abrupt wandte er sich von seiner Schreibmaschine ab und schaute in die Richtung, in der er den »Eindringling« vermutete. Doch da war nichts. Dennoch – das Gefühl, ständig von jemandem beobachtet zu werden, ließ ihn nicht los.

Der Büroraum vor seinem Schreibtisch lag im Dunkeln, nur die Tischleuchte spendete genügend Licht. Kenny schämte sich ein wenig, von der nur atavistisch zu begründenden Furcht vor der Dunkelheit ergriffen worden zu sein. Er stand auf, um alle Lampen im Büro einzuschalten. Obwohl er ein nüchtern denkender Mann war – allem Übersinnlichen abhold –, konnte er sich eines leichten Unbehagens nicht erwehren. Auch war da immer noch der ungewöhnliche Temperaturabfall im Büro, der ihm zu denken gab.

An der Wand gegenüber Kennys Schreibtisch stand ein alter Safe, in dem fast alle Akten und Unterlagen aus früheren Zeiten aufbewahrt wurden. Als Kenny seinen Artikel beendet und das letzte Blatt aus der Maschine gezogen hatte, fiel sein Blick zufällig in Richtung dieses Safes. Er erschrak und mußte nochmals genauer hinschauen, um sicher zu sein, daß er sich nicht täuschte. In der toten Ecke neben dem Safe erblickte er die Gestalt eines alten, ihm unbekannten Mannes, der ihn mit glasigem Blick anstarrte.

Kenny – wie vom Blitz getroffen – war nicht in der Lage, auch nur einen Finger zu rühren. Sein Puls raste. Angstschweiß rann über sein Gesicht. Als praktizierender Katholik griff er sofort nach dem Rosenkranz in seiner Jackentasche. Im gleichen Augenblick verschwand die unheimliche Erscheinung. Kenny sprang auf, um das Zimmer schleunigst zu verlassen. Noch hatte er die Tür nicht ganz erreicht, als er es hinter sich krachen hörte. Er schaute sich um und sah, daß an der Stelle, wo er die Erscheinung wahrgenommen hatte, ein großer Brocken Mörtel von der Decke abgeplatzt und herabgefallen war. Fluchtartig verließ Kenny die Redaktion.

Als Kenny am nächsten Morgen sein Büro betrat, lagen über den Boden verstreut noch die Mörtelbrocken herum. Demnach konnte er den Vorfall nicht geträumt haben. Ängstlich bemüht, sich nicht lächerlich zu machen, schwieg er zunächst über das am Vorabend Erlebte.

Drei Monate später erfuhr er durch Zufall, daß schon andere vor ihm die Erscheinung wahrgenommen hatten. Frau Elizabeth Leece, die jeden Abend in den Redaktionsräumen putzte, wollte dort die dunkle Gestalt ebenfalls gesehen haben. Ihr begegnete das Phantom allerdings auf einer alten Treppe, die zum zweiten Stock hinaufführte.

Es war an einem Freitagabend gegen 21 Uhr, als Frau Leece mit der Erscheinung konfrontiert wurde. Sie war gerade mit dem Reinigen des Nachrichtenraumes fertig geworden und stand mit dem Rücken zur Tür, um noch einmal nachzuschauen, ob sie etwas vergessen hatte. Plötzlich überkam sie ein merkwürdiges Kältegefühl. Ein eisiger Luftzug, der aus den oberen Stockwerken zu kommen schien, ließ sie bis ins Mark erschauern. Als sie sich umwandte, sah sie die transparente, ätherisch wirkende Gestalt eines kleinen, älteren Herrn, der sie mit einer gewissen Wehmut anstarrte.

Durch das plötzliche Erscheinen eines leibhaftigen Phantoms zu Tode erschrocken, ließ Frau Leece den Mop fallen und flüchtete Hals über Kopf auf die Straße und von dort unverzüglich nach Hause.

Anders als Reporter Kenny schwieg sich Frau Leece über ihr Erlebnis nicht aus. Sie informierte vielmehr den gesamten Redaktionsstab über den Vorfall. Seltsamerweise gab es niemanden, der sie verspottete oder mit abfälligen Bemerkungen bedachte.

Die Leece hatte die meiste Zeit ihres Lebens in Liverpool verbracht, konnte also über die Heimatgeschichte der Isle of Man und ihre Bewohner nicht viel wissen. Nach dem Aussehen des Phantoms befragt, beschrieb sie Gestalt und Gesicht des alten Mannes recht anschaulich. Die älteren Mitarbeiter des Redaktionsstabes wußten sofort, daß es sich bei dieser Erscheinung nur um den früheren Herausgeber der Zeitung handeln konnte, einen rührigen Journalisten, der bis zuletzt sehr aktiv gewesen war. Als man Frau Leece ein Album mit den Fotos sämtlicher früherer Mitarbeiter zeigte, damit sie den Mann, den sie in seiner spektralen Gestalt gesehen hatte, heraussuchen konnte, identifizierte sie sofort den früheren Herausgeber der Zeitung.

Frau Leeces Erlebnis veranlaßte Kenny, seine Zurückhaltung aufzugeben und über sein Erlebnis, das drei Monate zurücklag, zu berichten. Bald begannen auch die anderen ihre Erfahrungen mit dem Phantom auszutauschen.

Es stellte sich heraus, daß noch mehr Personen die Erscheinung gesehen hatten. Einer von ihnen war der Reporter John Quirk, dem das Phantom eines Abends auf der Treppe begegnet war. Zuerst hatte er geglaubt, einen Kollegen vor sich zu haben, der wie er etwas länger im Büro geblieben war. Er vernahm Schritte in den Räumen über sich und wollte nachsehen, wer im oberen Stockwerk noch arbeitete. Als Quirk die Treppe hinaufging, waren die Schritte erneut zu hören, doch sie entfernten sich von ihm. Plötzlich bemerkte er einen Schatten, der die Treppe hochhuschte. Die Erkenntnis, daß die Geräusche von keinem lebenden Wesen verursacht wurden, ließ ihn erschauern.

Alice Haywood Rylance, eine kluge, weltoffene Journalistin – Verlegerin der »Times« in der dritten Generation –, muß mit dem Phantom ihre eigenen Erfahrungen gemacht haben. Ihr Büro lag einen Stock über dem Nachrichtenraum. Dieser war über eine alte Treppe gut zu erreichen. Dennoch vermied sie es, die Treppe zu benutzen, wenn sie sich dort allein aufhielt.

Der Reporter Arthur Moore bezeugte einen weiteren seltsamen Vorfall, der sich bereits vor Frau Leeces Erlebnis zugetragen hatte und mit dem Gesamtgeschehen im Zusammenhang stehen könnte. Eines Abends gegen 22 Uhr betrat Moore mit seinem Freund das Verlagsgebäude, ohne die Beleuchtung anzuschalten. Er wollte nur kurz telefonieren und erkundigte sich bei der Vermittlung nach einem Anschluß in Port Erin. Nachdem er mit dem Teilnehmer verbunden war, vernahm Moore ganz deutlich drei Klopftöne, die von einem der oberen Stockwerke zu kommen schienen. Er bat seinen Freund, den Hörer zu halten, während er nachsehen wollte, ob sich dort jemand unbefugt aufhalte. Seine Suche verlief allerdings ergebnislos. Als er sich daraufhin bei seinem Freund entschuldigte, versicherte dieser ihm, er habe die Klopfgeräusche ebenfalls gehört.

Ein anderes Mal, als sich Moore noch spät am Abend im Büro aufhielt, hörte er in einem der unteren Stockwerke ein Telefon läuten. Er drückte die Nebenanschlußtaste, um das Gespräch zu übernehmen. Als er den Hörer abnahm, war er mit der Vermittlung verbunden. Er fragte den Telefonisten, ob ihn jemand verlangt hätte, was dieser entschieden verneinte. Verblüfft legte Moore den Hörer auf. Wenige Minuten später läutete das Telefon am anderen Ende des Redaktionsraumes. Wieder drückte Moore die Nebenstellentaste, mußte aber erfahren, daß ihn niemand über die Vermittlung angewählt hatte. Als ein drittes Telefon zu läuten begann, rief Moore von einem anderen Telefon aus die Vermittlung an. Während er mit dem Telefonisten sprach, läutete der Apparat in einem fort, so daß jener sich selbst von dem Phantomanruf überzeugen konnte. Der Telefonist versicherte ihm lakonisch, daß er den ganzen Abend über von niemandem angewählt worden sei.

Ältere Mitarbeiter der Redaktion und auch einige Einwohner des Städtchens St. Douglas auf der Insel Man erinnern sich noch gut an den früheren Herausgeber, der sich stets für Gerechtigkeit eingesetzt hatte. Manche waren der Meinung, daß er sich gewissen Veränderungen, die nach seinem Tod im Verlag vorgenommen wurden, heftig widersetzt hätte. So war unter anderem die Zeitschrift von einem Verlag aufgekauft worden, die der Herausgeber zeit seines

Lebens als seine schärfste Konkurrenz bekämpft hatte. Vielleicht war dies der eigentliche Anlaß für das spektrale Geschehen im Verlagsgebäude: eine ruhelose Entität, der immer noch nicht bewußt war, daß ihre körperliche Hülle längst der Vergangenheit angehörte.

Hauchdünn muß sie sein, die »Trennwand« zwischen unserer materiellen und der geistigen Welt – zeitlos in ihrer Beschaffenheit.

Das Ballechin-Rätsel

Der inmitten eines der einsamsten Moore von Pertshire gelegene Herrensitz Ballechin verfügt über zwei wesentliche Attribute englischer Spukhäuser: lange düstere Korridore und eine ansehnliche Ahnengalerie mit unheimlich anmutenden Porträts der Stewarts bis zurück ins 14. Jahrhundert.

Es »spukte« dort schon, bevor Major Donald Stewart Anfang des 19. Jahrhunderts den Besitz übernahm. In alten Aufzeichnungen ist von unglücklichen Nonnen die Rede, die in mondhellen Nächten am Ufer des Flüßchens, das den Stewartschen Besitz durchfließt, wehklagten, die Anwohner in Angst und Schrecken versetzten. Die eigentlichen Schwierigkeiten begannen jedoch erst mit dem Ableben des Majors, der im Jahre 1880 verstarb.

Stewart hatte zwei Brüder und sechs Schwestern. Eine der Schwestern – Frances Helen – hatte schon früh den Ordensschleier genommen. Sie und der Major wurden in der Folge zu den wichtigsten Figuren im Spukgeschehen um das Ballechin-Haus. Stewart war ein ausgesprochener Exzentriker. Er besaß zahlreiche Jagdhunde, die gelegentlich auch Menschen anfielen. Gegenüber seinen Erben soll er einmal geäußert haben, er werde nach seinem Tode den Körper eines Spaniels beseelen, den er besonders liebte. Daher ließen diese nach dem Dahinscheiden des Majors alle seine Hunde töten.

Stewart wurde auf dem Friedhof von Logierait neben dem Grab seiner früheren Haushälterin, der mit 28 Jahren 1873 unter mysteriösen Umständen gestorbenen Sarah, beerdigt. Der Raum, in dem sie gestorben war, wurde später von Spukerscheinungen am häufigsten heimgesucht.

Im Jahre 1899 ging das Anwesen in den Besitz von Malcolm Stewart über. Da es diesem widerstrebte, selbst dort einzuziehen, vermietete er den 1800 Hektar großen Besitz an eine Familie, die ihn vor allem seiner guten Jagdmöglichkeiten wegen bevorzugte. Schon bald nach deren Einzug kursierten Gerüchte über merkwürdige Vorkommnisse auf Ballechin – Mutmaßungen, die später von Harold Sanders, einem dort angestellten Butler, bestätigt wurden. Von ihm war zu erfahren, daß Stewarts Pächter vom Tage ihres Einzugs an zahlreiche erschreckende Spukerlebnisse hatten. Ein Gast, der in Sarahs Zimmer übernachtet habe, sei durch heftige Klopfgeräusche, durch Schreien und Stöhnen aufgeweckt worden. Danach sei keine Nacht vergangen, in der die neuen Bewohner von Ballechin nicht von unheimlichen Geräuschen belästigt worden wären. Mitunter pochte es auch an die Schlafzimmertüren. Wenn man sie öffnete, war niemand zu sehen. Das Pochen steigerte sich manchmal derart, daß die Wandtäfelung riß. Der Sohn und die Tochter des Pächters wurden mitten in der Nacht von etwas erschreckt, das humpelnd um ihre Betten schlich. Nicht lange nach diesem Zwischenfall sah der Junge in Sarahs Zimmer zweimal zu unterschiedlichen Zeiten die spektrale Gestalt des Majors, der sein Bein nachzog. Beide Male kam das Phantom durch die verschlossene Tür. Es glitt quer durch den Raum, um wie selbstverständlich in der gegenüberliegenden Wand zu verschwinden.

Selbst die Hunde des Pächters mieden verschiedene Räume des Hauses, so als ob sie die feinstoffliche Anwesenheit der früheren Bewohner spürten.

Der Spuk erreichte schließlich derart beängstigende Ausmaße, daß die Pächter den Herrensitz verließen, obwohl sie dadurch die vorausgezahlten Pachtbeträge einbüßten.

Aufgrund der Enthüllungen des Butlers zeigte sich die durch ihre kritischen Untersuchungen auf dem Gebiet der Parapsychologie bekannte »Society for Psychical Research« (Gesellschaft zur Erforschung des Paranormalen) an dem Fall interessiert. Ihre Aktivitäten wurden durch den 3. Marquis von Bute ausgelöst, der die Untersuchung finanzierte. Die Gesellschaft beauftragte zwei bekannte Parapsychologen – Oberst a. D. Lemesurier-Taylor und Miss A. Goodrich-Freer – mit den Ermittlungen im Ballechin-Haus.

Besucher und Gäste des Hauses, die mit dem Phänomen konfrontiert worden waren und diesem aufgeschlossen gegenüberstanden, wurden nach dort gebeten, um über ihre Erlebnisse zu berichten.

In der ersten Nacht wurden die beiden S.P.R.-Mitarbeiter gegen drei Uhr durch anhaltende Klirrlaute aufgeweckt. Eine Stunde später vernahmen sie mysteriöse Stimmen. Keines dieser Geräusche ließ sich lokalisieren bzw. rational erklären.

Während der zweiten Nacht wurden erneut Stimmen vernommen. Sie vermittelten den Eindruck, als ob ein Priester oder eine Nonne die Messe lesen würde. In den darauffolgenden Nächten will man sogar Erscheinungen von Nonnen beobachtet haben. Jedes der unerklärlichen Vorkommnisse wurde von den beiden Beobachtern sorgfältig protokolliert. Sie ließen nichts unversucht, für die seltsamen Geräuschmanifestationen natürliche Erklärungen zu finden. Ihre Bemühungen führten jedoch zu keinem brauchbaren Ergebnis. So mußte letztlich angenommen werden, daß das Ballechin-Haus schon seit vielen Jahren von echten Spukphänomenen heimgesucht wurde.

Für das paranormale Geschehen konnte es verschiedene

Ursachen geben. Eine vermutet man in der Person von Frances Helen, der Schwester des Majors, die möglicherweise den Ordensschleier gegen ihren Willen nehmen mußte oder die vielleicht unglücklich verliebt war. Hierauf könnten auch das gelegentliche Erscheinen der spektralen Gestalt eines Priesters und die Manifestation eines Phantom-Kruzifixes hindeuten.

Stewarts junge Haushälterin starb seinerzeit unter Umständen, die niemals geklärt werden konnten. Geht man einmal davon aus, daß der Major den Tod des Mädchens mittelbar oder unmittelbar verschuldet hatte, wäre sein spukhaftes Erscheinen in ihrem Zimmer durchaus erklärbar. Vielleicht war es Schauplatz eines Verbrechens, ein Raum, in dem Todesnöte und freigesetzte Emotionen ein Bewußtseinsengramm (Erinnerungsbild) schufen, das sich dort zeitlos als ortsgebundener Spuk manifestiert.

Das Erscheinen eines Phantomhundes, der Besuchern des dortigen Anwesens gelegentlich die Hände geleckt haben soll, könnte auf die innige Verbundenheit des Majors mit einem seiner Cocker-Spaniels zurückzuführen sein, den er nach seinem körperlichen Tod »übernehmen« wollte. Da nach seinem Ableben alle Hunde getötet worden waren, mag ihm der feinstoffliche Körper des Cockers als Vehikel zur Realisierung seines Vorhabens gedient haben.

Der letzte Wunsch

Mary Hutton stand wie angewurzelt vor der offenen Tür ihres Wohnzimmers. Ihr drei Jahre alter Sohn spielte mit einer in allen Regenbogenfarben glänzenden Kugel. Er stieß sie mit der Hand in die Mitte des Raumes, wo sie liegenblieb. Nur wenige Sekunden später rollte die Kugel, wie von unsichtbarer Hand gelenkt, wieder zu ihm zurück.

Dieser unglaubliche Vorgang wiederholte sich gleich mehrere Male hintereinander, während Frau Hutton, unbeobachtet von ihrem Sohn, sprachlos zuschaute. Erst als sich das Kind mit der Kugel zu unterhalten begann, sie mit »schöne Lady, hübsche Lady« ansprach, reagierte die besorgte Mutter blitzschnell. Sie ergriff ihren Sohn mit beiden Händen und floh mit ihm, wie von Furien gehetzt, aus dem Haus.

Ein Nachbar vernahm ihr ängstliches Weinen, als sie den Rasen überquerte und schnurstracks auf sein Haus zurannte. Als er aus dem Fenster schaute, um der verängstigten Frau beizustehen, sah er, wie sich das Wohnzimmerfenster von selbst öffnete und eine strahlende Kugel herausschwebte.

Man schrieb das Jahr 1913. Das Haus, in dem sich dieser merkwürdige Zwischenfall ereignete, war etwa 40 Jahre zuvor in einer typischen Wohngegend am Rande von Leith, nahe Edinburgh, gebaut worden. Ursprünglich war es im Besitz eines Mr. Kerr, eines Witwers, der es mit seiner Tochter Hilda bewohnte.

Man erzählte sich, daß Hilda und der Sohn eines reichen Grundbesitzers ineinander verliebt waren. Der Vater des jungen Mannes soll diese Verbindung mißbilligt haben. Es ist schwer zu sagen, welchen Verlauf die Liaison genommen hätte, wenn Hildas Freund nicht allzu früh an Tuberkulose gestorben wäre. Hilda selbst starb nur wenige Monate später, an Liebeskummer, wie die Nachbarn zu berichten wußten. Ihr Vater führte während der letzten Jahre seines Lebens ein völlig zurückgezogenes Leben. Da er keine direkten Verwandten hatte, wurde das Anwesen nach seinem Tode einem Vetter zweiten Grades, Colin Paterson, zugesprochen. Dieser war als Schiffsingenieur mehrere Jahre auf einem Walfangschiff tätig gewesen und hatte später in seiner Heimatstadt bei einem Werftunternehmen Anstellung gefunden. Paterson fühlte sich in seinem eigenen Heim sehr wohl, was ihn zum Vermieten des ererbten Hauses bewog. Während der ersten Monate schien alles in Ordnung zu sein. Dann plötzlich kam es dort zu seltsamen, unerklärlichen Vorfällen. Türen und Schubladen öffneten und schlossen sich von selbst. Gegenstände wurden wie von unsichtbarer Hand verschoben, und Schritte waren auch dann zu vernehmen, wenn sich niemand weiter im Hause befand. Bald tuschelten die Nachbarn, daß es dort keine Hausangestellte längere Zeit aushalten würde. Eine Hausangestellte behauptete, sie habe stets das Gefühl gehabt, daß jemand hinter ihr stünde, der sie kritisieren würde. Jedesmal, wenn sie einen Gegenstand woanders hinstellte, fand sie ihn wenig später an seinen ursprünglichen Standort zurückversetzt.

Mary Hutton war die letzte in der Reihe der Mieter, die sich über die Vorgänge in dem Haus beschwerten. Als auch sie kündigte, ließ der zuständige Immobilienmakler Paterson wissen, daß es nach all den Vorfällen mit der Vermietung allmählich schwierig werde, da es in dem Haus spuken solle.

Schließlich entschloß sich Paterson, selbst dort einzuziehen, schon deshalb, weil er allen Gerüchten über den Spuk in seinem Haus ein Ende bereiten wollte. Es sollte jedoch nicht lange dauern, bis er selbst mit ungewöhnlichem Geschehen konfrontiert wurde, mit Vorkommnissen, die auf nervöse oder phantasievolle Gemüter beängstigend wirken mußten. Türen öffneten und schlossen sich von selbst. Paterson versah sie mit neuen, gut funktionierenden Scharnieren und ölte sie, in der Hoffnung, den »Fehler« beseitigt zu haben. Trotz dieser Maßnahme öffneten und schlossen sie sich auch weiterhin von selbst. Ähnliches beobachtete er bei einigen Schubladen von Schränken und Kommoden. Paterson glaubte, diesen Effekt auf eine Bodenschräge zurückführen zu müssen. Eine Überprüfung ergab jedoch, daß sich alle Wände im Lot befanden und der Fußboden völlig eben war.

Gelegentlich konnte man Geräusche vernehmen, die sich wie fließendes Wasser anhörten, obwohl alle Hähne im Haus zugedreht waren. Das Geschirr im Küchenschrank klirrte mitunter vernehmlich, so als ob dort jemand aufräumen würde. Paterson führte dieses Geräusch jedoch auf das Setzen des Fundamentes zurück. Wenn er ein Buch hinlegte und dessen Seiten sich von selbst – wie von unsichtbaren Fingern bewegt – umblätterten, machte er hierfür Zugluft verantwortlich. Kurz darauf mußte er feststellen, daß alle Fenster geschlossen waren.

An einem schönen Sommertag begab er sich an eine Arbeit, die schon lange überfällig war. Im Dachgeschoß gab es eine Menge alter Gegenstände und Kleidungsstücke, die er einer Wohlfahrtsorganisation zukommen lassen wollte. Er packte die Kleider und Schuhe des alten Mannes in einen leeren

Teekarton. Danach kam der Schrank mit Hilda Kerrs Kleidung an die Reihe. Er nahm sie vorsichtig heraus und faltete sie sorgfältig zusammen, um sie in einem anderen Karton zu verstauen. Eines der letzten Kleidungsstücke erschien ihm besonders schwer, obwohl es sich hierbei um ein leichtes Baumwollkleid handelte. Neugierig untersuchte er es. In einer der Taschen fand er ein kleines ledergebundenes Buch und einen Brief. Zögernd nahm Paterson den Brief mit der verblaßten Schrift an sich, um ihn bei besserem Licht am Fenster zu lesen. Er stammte von Hildas Geliebtem. Im letzten Absatz hieß es: »Obwohl die Ärzte es mir verheimlichen, fühle ich, daß ich bald tot sein werde. Es kann sein, daß wir uns in dieser Welt nicht wiedersehen. Wenn ich sterben sollte, bitte ich Dich, ihnen (den Eltern) das Versprechen abzunehmen, daß, wenn auch Du tot sein wirst, wir wenigstens im Grab nebeneinander liegen werden.«

Paterson setzte sich und grübelte darüber nach, warum der Vater des Jungen so sehr gegen diese Verbindung gewesen sein mochte. Dann schlug er das Büchlein auf. In ihm waren vor allem Haushaltserledigungen aufgezeichnet. Hier und da enthielt es auch persönliche Vermerke des Mädchens. Ihre letzte Eintragung lautete: »Heute bat ich meinen Vater, mich nach meinem Tod im Familiengrab neben J. bestatten zu lassen, aber er antwortete mir überhaupt nicht. Ich fürchte, sein Stolz läßt es nicht zu, jemanden um einen Gefallen zu bitten, von dem er weiß, daß ich in dessen Familie unerwünscht bin. Wenn er sich weigert, werde ich einen Weg finden, die Dinge richtigzustellen. Ich werde niemals ruhen, bis mein Wunsch erfüllt sein wird.«

Paterson nahm sich fest vor, den Brief und das Tagebuch dem Vater des Verstorbenen zu zeigen, damit er den letzten Wunsch seines Sohnes erfülle. Von einem ortsansässigen

Geschäftsmann erfuhr er, daß der alte Mann schon sechs Jahre zuvor gestorben war. Wegen seiner Streitsucht hatte ihn niemand leiden können. Der gesamte Besitz des Alten war seinem Neffen zugesprochen worden. Ihn besuchte Paterson, um ihm Brief und Tagebuch zu zeigen. Als er dem Erben die Zusammenhänge geschildert hatte, empfand dieser mit den verstorbenen jungen Leuten tiefes Mitleid. Sofort schrieb er an seinen Anwalt, um die Zusammenlegung beider Gräber zu veranlassen. Schon innerhalb einer Woche wurde Hildas Sarg in die Familiengruft ihres Verlobten überführt. Heute ruht sie neben ihrem Geliebten. Seit der Umbettung ist in dem alten Haus in Leith Ruhe eingekehrt.

Die Straße des Schreckens

Professor Paul Gennett, Inhaber eines Lehrstuhles für Physik an der Universität von Lyon, unterbrach im August 1936 seinen Sommerurlaub im Elsaß, um mit der Bahn für einige Tage nach Troyes zu fahren. Mit sich führte er einen großen Koffer wissenschaftlicher Instrumente.

Er reiste auf Einladung seines Freundes, eines dort ansässigen Rechtsanwalts, um ein Phänomen zu untersuchen, das man den »frostigen Schatten« nannte - eine kurze Wegstrecke zwischen Troyes und Orleans, von der ein geheimnisvoller, tödlicher Einfluß ausging. Zwei Jahre vor Gennetts Besuch wurde der »frostige Schatten« erstmals erwähnt, als drei Personen unabhängig voneinander immer dann eine unerklärliche Angst zu verspüren glaubten, wenn sie sich auf einem bestimmten Abschnitt dieser Straße befanden.

Die Bezirkskrankenschwester - bekannt für ihre nüchterne, weltoffene Einstellung - war offenbar das erste Opfer dieses Phänomens. Nach Passieren der bewußten Wegstrecke war sie derart von Panik ergriffen, daß sie drei Tage lang in einer Klinik mit Beruhigungsmitteln behandelt werden mußte. Danach konnte sie sich an nichts mehr erinnern, außer daß da »ein großes schwarzes Ding« war, das »wie eine Fledermaus« über ihr hing.

Von diesem Zeitpunkt an sind zumindest ein Dutzend Personen von der geheimnisvollen, fremdartigen Präsenz belästigt worden. Am Ende jenes Jahres sollte sie erstmals ein Menschenleben fordern.

Ein gesunder junger Mann namens Simenon – von Beruf Werkzeugeinrichter – befuhr eines Abends mit seinem Fahrrad diesen Straßenabschnitt, als er plötzlich, nur wenige Meter vor einem Auto, dessen Fahrer gerade ein Überholmanöver durchführen wollte, umkippte. Der Autofahrer konnte sich gerade noch an dem gestürzten Mann vorbeilavieren. Er hob ihn auf und transportierte den offenbar Bewußtlosen zum nächsten Bauernhof, wo man allerdings feststellte, daß der Mann bereits tot war. Er wies keine Verletzungen auf und hatte nicht einmal Prellungen. Der von dem Bauern herbeigerufene Arzt gab als Todesursache Tod durch Schockeinwirkung an. Bei der Leichenschau konnten keine weiteren Todesursachen – Drogen, Krankheiten oder Zeichen von Gewalteinwirkung – ermittelt werden.

Schon eine Woche danach ereignete sich auf der gleichen Wegstrecke ein zweiter Todesfall. Eine 25jährige Frau war mit ihren beiden Babys im Kinderwagen auf dem Weg zum Markt. Sie benutzte den Fußweg entlang besagter Straße. Irgend jemand, der dort zu dieser Zeit vorbeikam, sah den Kinderwagen am Straßenrand stehen; das Geschrei der beiden Kleinen war nicht zu überhören. Ihre Mutter lag tot neben dem Wagen, so als ob sie von etwas Schrecklichem überrascht worden wäre. Wieder stellte der Arzt Tod durch Schockeinwirkung fest.

Was Professor Gennett beim Lesen einschlägiger Zeitungsreportagen zu denken gab, war die Feststellung, daß die Luft dort, wo sich die unerklärlichen Vorkommnisse abgespielt hatten, kälter als in der Umgebung dieses Straßenabschnittes gewesen sein mußte. Seine Neugierde als Wissenschaftler war geweckt. Die Einladung seines Freundes kam ihm gelegen, um der Sache auf den Grund zu gehen.

Gennett traf in Troyes gerade während einer sommerlichen Hitzewelle ein. Die Wegstrecke, von der behauptet wurde, daß sie den »frostigen Schatten« beherberge, lag nur etwa zwei Kilometer außerhalb der Stadt in einem engen Tal zwischen kleinen Hügeln. Weit und breit gab es keinen Baum, und die Sonne brannte erbarmungslos auf das Pflaster. Als Professor Gennett langsam die Straße entlangging, glaubte er mit einemmal zu spüren, wie die Luft immer kühler wurde. Bei einer zweiten Visite, als er, um die Temperatur an verschiedenen Stellen der Straße zu messen, einige Thermometer aufstellen wollte, fiel ihm etwas Sonderbares auf. Er hielt seine Beobachtung sogar schriftlich fest: »Ich bemerkte, daß es auf dieser Strecke der Landstraße keine Vögel gab. Nur ein einziger Vogel flog einmal auf die Straße zu. Als er sich ungefähr in Höhe des Straßenrandes befand, drehte er abrupt ab, so als ob sich dort ein Hindernis befände. Während meiner Untersuchungen habe ich niemals einen Vogel die Straße überfliegen sehen.«

Die von Gennett aufgestellten Thermometer zeigten entlang der Experimentierstrecke deutliche Temperaturunterschiede an. Eines Morgens, als die Durchschnittstemperatur der Umgebung bei 21,7 °C lag, betrug die Temperatur auf einer bestimmten Strecke der Straße nur 20,3 °C. Etwa 30 Meter weiter nahm sie wieder den Durchschnittswert von 21,7 °C an.

Noch während der Professor in Troyes weilte, ereignete sich auf der bewußten Wegstrecke eine weitere Tragödie. Ein älteres Ehepaar, das eines Abends gegen 21.30 Uhr diese Straße benutzt hatte, um im nächsten Ort Verwandte zu besuchen, wurde eine Stunde später von einem Motorradfahrer am Boden liegend im Zustand tiefster Bewußtlosigkeit aufgefunden. Der Notarzt konnte nur noch den Tod der Frau feststellen. Ihr Ehemann – ein Endsechziger – starb vier Tage später im Krankenhaus. Als er für wenige Augenblicke bei Bewußtsein war, ließ er die Ärzte wissen, daß etwas ähnlich einer »großen Wolke« über ihnen geschwebt habe. Wörtlich: »Wir versuchten, schleunigst wegzukommen. Meine Frau sagte mir, daß sie nicht mehr atmen könne, daß etwas sie würge. Ich ergriff sie am Arm und versuchte sie wegzuziehen, was mir aber nicht mehr gelang. Ich selbst sank in Ohnmacht.«

Der Professor – immer noch davon überzeugt, daß es für diese Vorfälle eine natürliche Erklärung gab – zog zunächst gewisse Luftturbulenzen in Betracht. Er entzündete am Straßenrand ein Feuer. Der Rauch stieg kerzengerade nach oben; nichts deutete auf solche Turbulenzen hin. Tags darauf setzte er seine Untersuchungen fort, indem er den Abstand zwischen den Grasstreifen links und rechts der Straße maß. Er schloß nicht aus, daß Luftdruckanomalien mit im Spiele sein könnten. Über das, was ihm hierbei widerfuhr, berichtete er später in einem angesehenen französischen Wissenschaftsjournal:

»Plötzlich schien die Luft abzukühlen, die Temperatur sank um mindestens 10°C. Ich konnte alles nur noch verschwommen erkennen. Etwas, das mir wie eine Dampfwolke vorkam, begann mich einzuhüllen. Ich fiel auf die Knie. Die ›Wolke‹ hing etwa einen Meter über dem Boden, wodurch ich den Kontakt mit ihr vermeiden konnte. Mit einemmall verschwand sie ebenso schnell, wie sie gekommen war. Hinterher fühlte ich mich elend und all meiner Kräfte beraubt. Ich habe keine Erklärung für das, was mit mir geschehen ist.«

Nach einem weiteren Zwischenfall – ein Junge, der dort mit seinem Fahrrad gestürzt war, hatte ebenfalls einen Schock erlitten – schien die unheimliche Erscheinung ihre Kraft verloren zu haben. Seitdem herrscht wieder Ruhe in dem engen Tal außerhalb Troyes, das für die dortigen Bewohner zu einem Alptraum geworden war.

Besuch von Dr. Sherwood

Es war an einem Junimorgen des Jahres 1936, als Dr. John Rowley einen Brief erhielt, dessen Folgen ihn viele Jahre seines Lebens beschäftigen sollten. Der Brief selbst enthielt nichts Außergewöhnliches, und Dr. Rowley las ihn während seines Frühstücks in freudiger Erwartung. Er kam von Dr. Arthur Sherwood, einem alten Freund, den er von der medizinischen Fakultät her kannte und der jetzt in London praktizierte. Dieser dankte ihm für die Einladung zum Wochenende und teilte ihm mit, daß er am Freitag gegen 10.30 Uhr dort eintreffen werde. Rowley ließ von seiner Haushälterin das Gästezimmer für Dr. Sherwood herrichten. Kognak und einige Flaschen Rotwein wurden bereitgestellt, um den Gast gebührend zu empfangen. Rowley, der das einsame Leben eines Junggesellen mittleren Alters führte, sehnte sich förmlich nach einem Gespräch zwischen Freunden, nach dem Austausch von Erinnerungen an vergangene Zeiten.

Am Tage des vereinbarten Besuches frühstückte Rowley schon sehr früh. Er bestieg dann seinen Wagen, um zum Bahnhof Exeter zu fahren, wo der Zug aus London eintreffen sollte. Als er an einer Bushaltestelle vorbeifuhr, sah er dort einen Bekannten – Francis Grafton –, der auf eine Fahrgelegenheit wartete. Spontan lud er ihn zum Mitfahren ein. Da der Bahnhof vom Stadtzentrum, wo sein Bekannter als Architekt tätig war, einige Kilometer entfernt war, bat er diesen, ihn zunächst zum Zug zu begleiten. Danach würde er einen kleinen Umweg fahren und ihn direkt vor seinem Büro in der Innenstadt absetzen. Grafton willigte ein.

Sie erreichten den Bahnhof etwa fünf Minuten vor dem Eintreffen des Zuges und begaben sich sofort auf eine Brücke über den Geleisen. Sie lehnten sich über die Brüstung, um den Bahnsteig besser überblicken zu können. An diesem Tag traf der Zug drei Minuten früher ein. Ihm entstiegen vier Passagiere – drei Männer und ein Mädchen. In einem der Männer erkannte Rowley Dr. Sherwood. »Das ist er«, sagte Rowley zu seinem Begleiter, indem er auf einen korpulenten Mann im Regenmantel deutete, der einen Bowler trug. Rowley rief ihm von der Brücke aus Worte der Begrüßung zu. Der Mann mit dem Bowler stellte seinen Koffer ab, schaute nach oben, winkte und lächelte. Dann griff er nach seinem Koffer und strebte eilig dem Ausgang zu. Unmittelbar danach begaben sich Dr. Rowley und sein Begleiter nach unten, um Dr. Sherwood dort in Empfang zu nehmen.

Zwei Männer und ein Mädchen gingen durch die Sperre, wo sie ihre Fahrkarten abgaben. Von Dr. Sherwood war hingegen nichts zu sehen. Rowley fragte den diensthabenden Beamten, ob der Mann mit dem Bowler die Sperre bereits passiert habe. Dieser erwiderte ihm, daß dem Zug nur drei Leute entstiegen seien, und diese wären bereits durch die Sperre gekommen. Als Beweis hierfür hielt er ihm die drei Fahrkarten hin. Rowley widersprach dem Beamten und meinte, daß hier ein Irrtum vorliegen müsse. Der Beamte gestattete ihnen, den Bahnsteig zu betreten, damit sie sich selbst von der Richtigkeit seiner Behauptung überzeugen konnten. Beide durchsuchten das Bahnhofsgelände eine halbe Stunde lang, ohne Dr. Sherwood zu finden.

Nachdem Dr. Rowley seinen Bekannten in der Stadt abgesetzt hatte, fuhr er ziemlich verwirrt nach Hause. Kaum daheim angekommen, überbrachte ihm der Telegrammbote eine Nachricht von Dr. Sherwoods Assistenten. Das Telegramm enthielt eine traurige Mitteilung: Dr. Sherwood war am gleichen Morgen auf dem Weg zum Bahnhof bei einem Verkehrsunfall ums Leben gekommen. Ein Anruf bestätigte die Richtigkeit des Telegramms. Dr. Sherwood war von einem Taxi angefahren und in bewußtlosem Zustand ins Krankenhaus transportiert worden, wo er an den Folgen einer Schädelfraktur starb.

Später verfaßte Dr. Rowleys Begleiter, Francis Grafton, über den Vorfall folgende eidesstattliche Erklärung: »Es war gegen 10.30 Uhr, als ich den Doktor zum Bahnhof begleitete. Die Sonne schien, und die Lichtverhältnisse waren ausgezeichnet. Wir standen auf der Brücke, knapp 15 Meter vom Bahnsteig entfernt, und warteten auf den Zug. Diesem entstiegen mit absoluter Gewißheit vier Reisende – drei Männer und eine Frau. Ich bin mir dessen völlig sicher. Der älteste von ihnen war ein Mann mit einem Bowler-Hut, der einen Koffer trug. Dr. Rowley machte mich auf ihn aufmerksam. Es war der Mann, den er erwartete. Als Dr. Rowley ihm zuwinkte, lächelte der Reisende und erwiderte seinen Gruß auf die gleiche Weise. Wir begaben uns zur Sperre, die allerdings nur drei Personen passiert hatten. Ich bin sehr skeptisch und glaube nicht an okkulte Dinge. Nichtsdestoweniger fühle ich mich völlig außerstande, diesen Vorfall rational zu erklären. Ich gebe zu, vor einem unlösbaren Rätsel zu stehen.«

Parapsychologen nennen eine Erscheinung wie im Falle Sherwood ein subjektives Phantom. Es soll sich hierbei um eine Art Hybridwesen handeln, das von dem entkörperten Geist einer verstorbenen Person geformt wird. Dieses feinstoffliche Bewußtsein verbindet sich mit materieller Substanz, um eine temporäre, durchaus real wirkende Wesenheit entstehen zu lassen. Andere Wissenschaftler sehen in einem solchen Phantom eine zeitlose »Gedankenform«, gebildet von Menschen aus der Vergangenheit, Gegenwart und Zukunft – ein »Spiegelbild« aus einer anderen Welt, das unter besonderen Bedingungen für bestimmte Menschen sichtbar wird. Und eine solche Erscheinung soll nach Ansicht von Experten, die diesen Fall untersuchten, von den wartenden Männern auf der Brücke gesehen worden sein – das Bild eines bereits Verstorbenen, dessen Bewußtsein für wenige Augenblicke in eine andere räumliche und zeitliche Realität – unsere Welt – geschlüpft war, um sich von seinem Freund für immer zu verabschieden.

Der Weihnachtsgast

An der sturmgepeitschten Küste von Cumberland, nördlich vom englischen Maryport, thront einsam und majestätisch der aus Granit erbaute Herrensitz von Eavesworth. Hier soll über einen Zeitraum von mehr als 250 Jahren beim traditionellen Weihnachtsessen die körperlose Daseinsform des John Hawarden, des Erbauers von Eavesworth Mount, erschienen sein. Es wird behauptet und von namhaften Persönlichkeiten glaubhaft bezeugt, daß Hawarden – einer der ersten Eisenhütten-Besitzer von Cumberland – nach seinem Tode jedes Jahr im Speisesaal an dem für ihn reservierten Platz am Kopfende des Tisches erschienen sei. Die Anwesenden hätten zusammen mit der spirituellen Entität auf Vergangenheit und Zukunft angestoßen, bevor diese für weitere zwölf Monate verschwand und zum Zeichen ihrer Anwesenheit ihr Glas am Kaminsims zertrümmerte.

Für die Echtheit dieses überlieferten Geschehens gibt es zahlreiche Beweise. »The Signet«, ein Herrenmagazin des 19. Jahrhunderts, ließ das Phänomen im Jahre 1845 von einem seiner Mitarbeiter untersuchen. Der Korrespondent der Zeitschrift wurde vom Eigentümer des Anwesens in den Speisesaal geführt, wo erst kurz zuvor das alljährliche Zeremoniell stattgefunden hatte. Bruchstücke eines Weinglases lagen noch um die Feuerstelle verstreut. Die Spur eines vergossenen Getränkes führte vom Tisch zum Kamin. Das Durcheinander deutete daraufhin, daß die Erscheinung wieder einmal für Aufregung gesorgt hatte.

Der Gastgeber behauptete, die zum Mahl geladenen Gäste

hätten sich allesamt korrekt benommen. Aufgrund dieser Versicherung mußte der Korrespondent annehmen, daß die dortigen Aktivitäten das Werk einer spirituellen Wesenheit gewesen waren, was dann auch von mehreren Augenzeugen bestätigt wurde.

Im Jahre 1935 war Dr. Walter Markussen, ein Chemie-Professor aus Oxford, als Beobachter zum Weihnachtsessen geladen. In einem parapsychologischen Journal hieß es später, daß er der Einladung nach Eavesworth Mount nur deshalb gefolgt sei, weil er dort eine Manipulation aufzudecken hoffte. Das, was er dort erlebt habe, hätte ihn als Naturwissenschaftler völlig verwirrt. Markussen schrieb: »Einige der Gäste begegneten dem bevorstehenden Ereignis in humorvoller Erwartung, die meisten aber nahmen es durchaus ernst.

Während der Mahlzeit wurde der Stuhl am Kopfende des Tisches frei gehalten; dort waren für die verschiedenen Weinsorten eine Reihe von Gläsern aufgestellt worden. Etwa gegen 14.30 Uhr, als die Mehrzahl der Gäste die Manifestation bereits vergessen hatte und sich mehr dem Brandy und den Zigarren widmete, bemerkte ich, daß es im Speisesaal immer kühler wurde. Plötzlich, wie auf Kommando, verstummten die Gespräche. Wir alle starrten wie gebannt auf den leeren Stuhl am Tischende. Es war eine spontane Reaktion. Beim Hinschauen bemerkten wir, wie der Stuhl allmählich von einer weißen Nebelwolke umhüllt wurde. In ihrem Zentrum erkannten wir etwas, das den vagen Umrissen eines Mannes entsprach. Inmitten des Nebelschleiers kam es dann zu einer turbulenten Bewegung. Ihr folgte das Klirren von zerbrechendem Glas. Augenblicklich löste sich das Nebelgebilde auf. Die Temperatur im Raum erreichte wieder normale Werte.

Im Kamin lagen in einer Rotweinlache die Scherben eines

zerbrochenen Glases. Ich weiß genau, daß unmittelbar vor dem Zwischenfall alle Gläser am Kopfende des Tisches leer waren.«

Zwei andere Gäste, die an dem Bankett teilgenommen hatten, bestätigten später Dr. Markussens Aussagen. Einer von ihnen, ein pensionierter Polizeiinspektor der Stadt Durham, hatte unmittelbar nach der Manifestation seinen Platz verlassen, um nach versteckten Drähten oder Vorrichtungen zu suchen, die auf einen Trick hätten schließen lassen. Die Suche verlief ergebnislos.

Da sich nach Meinung Außenstehender das unbegreifliche Geschehen noch am ehesten mit einer geschickt inszenierten Manipulation erklären ließ, richtete es Dr. Markussen so ein, daß er zum nächsten Weihnachtsessen abermals eingeladen wurde. Diesmal hatte er jedoch Vorbereitungen getroffen, um gegen etwaige Tricks gewappnet zu sein. Nachdem er Speisesaal und Kamin gründlich untersucht hatte, plombierte er sämtliche Türen und Fenster, um vor äußerer Einwirkung sicher zu sein. Er zog Drähte, die vom Stuhl am Tischende zu Meßinstrumenten an verschiedenen Stellen des Saales führten; sie sollten optisch nicht erkennbare Bewegungen registrieren.

Am Weihnachtstag des Jahres 1936 nahm Dr. Markussen, mit einer Kamera versehen, unmittelbar neben dem »Geister«-Stuhl Platz. Später erinnerte er sich: »Nach der Mahlzeit spielte sich alles genauso wie beim letzten Mal ab. Ich machte ein Dutzend Aufnahmen. Als ich sie entwickelte, war auf ihnen nichts zu erkennen. Ich überprüfte hinterher auch Fenster und Türen, die jedoch immer noch verschlossen waren. Die Meßinstrumente waren durch die Drähte nicht aktiviert worden, was darauf hindeutete, daß sich während des Ereignisses niemand dem Kopfende des Tisches genähert hatte. Heute könnte man mit Hilfe elektronischer Einrichtungen eine derartige Manifestation ohne weiteres künstlich erzeugen. Mitte der dreißiger Jahre aber fehlten hierfür noch die technischen Voraussetzungen. Was die Ursachen der Manifestation anbelangt, kam ich zu keiner befriedigenden Erklärung, obwohl ich mir sicher bin, daß sie natürliche Ursachen hat.«

Der häufige Besitzwechsel von Eavesworth Mount überrascht nicht. Im Jahre 1948 wurde das Anwesen auf einer Auktion versteigert, da der damalige Besitzer einen Nervenzusammenbruch erlitten hatte. 1952 verkaufte Oberst Norman Musbury den Herrensitz und zog aus »Gesundheitsgründen« in den Süden Englands, angeblich um seine Arthritis auszukurieren. Er bestritt nachhaltig, zu irgendeiner Zeit von Erscheinungen belästigt worden zu sein. Der nächste Eigentümer des Hauses – ein Robert Formby – war sich, was die Erscheinung anbelangt, nicht so sicher. Er will an einem Weihnachtsfeiertag etwas gesehen haben, was mit Dr. Markussens Beobachtung übereingestimmt haben könnte. Die bedrückende Atmosphäre, die von dem Haus ausging, bewog ihn schließlich zum Auszug.

Nach dem Zweiten Weltkrieg wollen mehr als zwanzig Personen, die an dem traditionellen Weihnachtsessen teilnahmen, die Erscheinung von Hawarden gesehen haben.

Die Geschichte paranormaler Erscheinungen ist voll von Halbwahrheiten, Gerüchten und Mißverständnissen, von Fällen, die berechtigte Zweifel an der Zuverlässigkeit einschlägiger Untersuchungen aufkommen lassen. Die Ereignisse aber, die sich in dem Haus auf den Klippen über der Solway-Förde abspielten, widersetzen sich nach wie vor jeder rationalen Erklärung.

Die Begleiterin

Das Laufen bereitete Mary Welch große Schwierigkeiten. Schwer stützte sich die alte Frau auf ihren Gehstock, als sie unter großen Mühen auf ihren gewohnten Platz in einer der vorderen Bänke zuging.

Es war der Weihnachtsabend des Jahres 1932, und die an der Küste von Sussex gelegene Kirche St. Philip war wegen der Mitternachtsmesse gedrängt voll.

Plötzlich fühlte Frau Welch, wie sie von einer hilfreichen Hand gestützt und geführt wurde. Ihre Freundin, Frau Anne Eustace, die Gattin des Gemeindearztes, hatte sich wieder einmal ihrer angenommen, um sie, wie üblich, an ihren Platz zu geleiten.

Während des Gottesdienstes saßen beide Frauen zusammen, um Festtagswünsche auszutauschen. Danach begleitete Frau Eustace, wie in den Jahren zuvor, die alte Dame wieder zur Kirchenpforte. Es schien dies eine ihrer regelmäßigen Begegnungen gewesen zu sein. Dennoch sollte es sich bald herausstellen, daß dies nicht der Fall war, denn Frau Eustace lag zum Zeitpunkt der vermeintlichen Begegnung im Krankenhaus von Brighton – etwa 35 Kilometer vom Ort des Geschehens entfernt. Ihr Zustand war nach Meinung der Ärzte sehr bedenklich; sie befand sich in einem tiefen Koma.

Mary Welch, die trotz ihres hohen Alters noch rational zu folgern vermochte, fragte sich später immer wieder, ob sie an jenem Abend einer Halluzination erlegen war, mußte dies aber, nach allem, was sie erlebt hatte, mit Sicherheit ausschließen. In ihrer Auffassung wurde sie vor allem dadurch bestärkt, daß Frau Eustace ihrem Mann sechs Wochen nach ihrem Tod gleich zweimal hintereinander erschien.

Die seltsame Geschichte der Anne Eustace begann im Herbst 1932, als sie erkrankte und das Bett hüten mußte. Im Dezember desselben Jahres mußte sie sich einer Operation unterziehen, die anscheinend erfolgreich verlaufen war. Drei Tage später kam es jedoch erstmals zu Herzversagen. Am 24. Dezember gegen 23.30 Uhr verlor sie das Bewußtsein. Sie starb schließlich am Weihnachtstag gegen drei Uhr früh, ohne noch einmal zu sich gekommen zu sein. Demnach muß sich, als Frau Welch um 23.45 Uhr St. Philips betrat, Anne Eustace bereits im Koma befunden haben. Mary Welch wußte später zu berichten: »Als ich mich an meinen Platz begeben wollte, spürte ich mit einemmal eine stützende Hand. Ich erkannte Frau Eustace, die mir, wie schon so oft in der Vergangenheit, während des Gottesdienstes geholfen hatte. Ich freute mich, sie gerade zu dieser Stunde zu sehen, denn das bedeutete, daß sie wieder wohlauf sein mußte. Als ich dann die Beichte ablegen wollte, ergriff sie erneut meinen Arm und half mir über den Gang, der sehr glatt war. Mit ihrer Unterstützung gelang es mir, an der Kommunionbank niederzuknien, um die heiligen Sakramente zu empfangen. Irgend jemand muß mir beigestanden haben, denn ich kann ohne Hilfe nicht niederknien, und schon gar nicht wieder aufstehen. Nach dem Gottesdienst begleitete mich Anne Eustace bis zur Kirchentür. An ihrer Identität besteht für mich nicht der geringste Zweifel. Sie sprach über ihren Ehemann und ihre Krankheit, die ernsthafter Natur gewesen sei. Dann wünschte sie mir frohe Weihnachten, und ich ging nach draußen, wo ein Wagen auf mich wartete. Ich wußte zu diesem Zeitpunkt überhaupt nicht, daß man sie ins Hospital von Brighton gebracht hatte. Als meine Haushaltshilfe mir am Weihnachtsmorgen sagte, daß Frau Eustace in der Nacht verstorben sei, erwiderte ich, daß dies nicht stimmen könne, da sie der Mitternachtsmesse beigewohnt, mit mir gesprochen habe und mir behilflich gewesen sei. Es müsse hier wohl ein Irrtum vorliegen.«

Tatsächlich war Frau Eustace zum Zeitpunkt ihres Erscheinens in der Kirche bereits klinisch tot gewesen.

Am 28. Dezember fand in St. Philips die Totenmesse statt. Sechs Wochen später, als Dr. Eustace am frühen Abend gedankenverloren in seinem Garten spazierenging, blieb er mit einemmal wie angewurzelt stehen. In einer Entfernung von weniger als zehn Metern erblickte er plötzlich eine Erscheinung, in der er seine verstorbene Frau erkannte: »Meine Frau stand da und schaute mich unentwegt an, so, als ob sie mich erwartet habe. Sie trug keinen Hut. Dennoch ließ die sanfte Abendbrise ihr Haar und den Saum ihres Rockes unbehelligt. Sie trug ein eng anliegendes graues Kleid. Gesundheitlich schien sie in bester Verfassung zu sein. Als ihre Augen den meinen begegneten, entschwand sie nach und nach meinen Blicken.«

Dr. Eustace glaubte zuerst unter Halluzinationen zu leiden, ja wahnsinnig geworden zu sein. Gegenüber seiner Schwägerin, die ihm nach dem Tode seiner Frau den Haushalt führte, schwieg er sich anfänglich aus.

Nur zwei Tage später begegnete er erneut der Erscheinung. Wieder erschien ihm seine Frau im Garten, wieder trug sie das graue Kleid. Diesmal aber sprach sie ihn an. Mit zarter Stimme ließ sie ihren Mann wissen, daß Frau Welch recht gehabt habe. Es war dies das erste Mal, daß Dr. Eustace von der Begegnung beider Frauen während der Mitternachtsmesse erfuhr.

Dr. Eustace war nicht sonderlich religiös, aber das unerwartete Erscheinen der Verstorbenen hatte ihn zutiefst beeindruckt. Hätte ihm zuvor jemand gesagt, daß das menschliche Bewußtsein, das eigentliche unzerstörbare Ich, beim Sterben in einen anderen, für uns nicht sichtbaren Seinsbereich überwechselt, wäre dies bei ihm auf taube Ohren gestoßen. Nach diesem Erlebnis war er fest davon überzeugt, daß nach dem körperlichen Tod Leben in irgendeiner Form weiterbesteht.

Jahrestag

Von Taxifahrern erwartet man am wenigsten, daß sie an okkulte Phänomene glauben, daß sie einer harmlosen Erscheinung wegen auf ihre Einnahmen verzichten. Und dennoch gab es eine Nacht im Jahr, in der die Besucher des Glasgower Alhambra-Theaters zu später Stunde vergeblich nach einer Fahrgelegenheit Ausschau hielten. Man schrieb den 20. Mai 1964.

Berry Greene war schon seit 25 Jahren im Geschäft. Als routinierter Taxifahrer kannte er sich auf den Straßen von Glasgow so gut wie kaum ein anderer aus. Als im Mai 1964 ganz Schottland unter einer außergewöhnlichen Hitzewelle litt, bekamen auch er und seine Kollegen die witterungsbedingte Flaute kräftig zu spüren. Es schien, als ob die Leute selbst in der Kühle des Abends keine der zahlreichen Veranstaltungen besuchen mochten. Die Kinos waren leer wie selten, nur wenige Menschen wagten sich in eines der Theater. Selbst die großen Geschäftszentren klagten über erhebliche Umsatzeinbußen.

Am späten Abend des 20. Mai kreuzte Greene, in der Hoffnung, wenigstens einen Auftrag zu erhaschen, auf den Straßen zwischen den Bahnhöfen. Da ihm aber nur wenige Passanten begegneten und einige seiner Kollegen noch im Einsatz waren, entschloß er sich, die Heimfahrt anzutreten. Seine Route führte ihn direkt am Alhambra-Theater vorbei. Beim Näherkommen erblickte er eine elegante junge Dame im Abendkleid, die ihn mit einer Zeitung herbeiwinkte. Ihm fiel auf, daß die Vorstellung bereits seit einer Stunde beendet war, ein Umstand, dem er zunächst keine Bedeutung beimaß. Als die Frau einstieg, fiel sein Blick auf die Schlagzeilen der Zeitung, die sie bei sich hatte. Diese verwirrten ihn, denn in der Abendzeitung, die er gerade gelesen hatte, stand nichts von einem Dampfer, der auf der Höhe von Ushant gesunken war. Greene vermied es jedoch, darauf einzugehen, und fragte die Dame nach ihrem Fahrziel. Eine kultivierte Stimme nannte ihm eine Adresse außerhalb Glasgows in einer Gegend mit nur wenigen vornehmen Häusern, so daß er eine größere Einnahme und ein generöses Trinkgeld erwarten konnte.

Die Fahrt verlief zügig und angenehm, denn alle Verkehrsampeln standen auf Grün. Die Straßen waren wie leergefegt.

Greene konnte im Rückspiegel beobachten, daß sein Fahrgast traurig aus dem Fenster schaute. Als sie ihr Ziel erreicht hatten, verlangsamte er das Tempo, um nach der Hausnummer Ausschau zu halten. Schließlich sah er das Nummernschild direkt neben dem Eingang. Er wendete und bog in die Auffahrt ein, die zu einer alten, im viktorianischen Stil erbauten Villa führte. Das Haus mußte früher einmal sehr elegant gewesen sein. Jetzt aber machte es eher einen verlassenen, heruntergekommenen Eindruck. Der Rasen war ungepflegt, und aus den Fenstern des Hauses drang kein Licht. Er parkte seinen Wagen unmittelbar neben der Treppe, die zum Haupteingang führte.

Als Greene ausstieg, um der Dame aus dem Wagen zu helfen, erwartete ihn eine böse Überraschung. Das Taxi war leer, sein Fahrgast schien sich in Luft aufgelöst zu haben. Greene fühlte sich in seiner Menschenkenntnis arg getäuscht, denn die Dame war seiner Einschätzung nach nicht der Typ, der jemanden um das Fahrgeld zu prellen versuchte. Was ihn jedoch mehr als alles andere beschäftigte, war das Rätsel ihres unbemerkten Verschwindens, hatte er doch unterwegs stets nur wenige Sekunden angehalten. Hinzu kam, daß er das Öffnen und Schließen der Wagentür hätte hören müssen. Das einzige, was an die Gegenwart der Dame erinnerte, war ein Hauch von jenem Parfüm, das sie schon beim Einsteigen verbreitet hatte.

Ärgerlich schloß er die Wagentür. Er ging auf die Villa zu, fest entschlossen, sich das Fahrgeld von ihren Angehörigen oder Freunden geben zu lassen. Auf der obersten Treppenstufe angelangt, bemerkte er erstmals, daß Haustür und Fenster mit Brettern zugenagelt waren. Offenbar wohnte hier schon seit langem niemand mehr.

Verwirrt und enttäuscht wegen des entgangenen Verdienstes fuhr Greene nach Hause. Greenes Kollegen beurteilten, wie nicht anders zu erwarten war, sein Erlebnis skeptisch und meinten, daß ihm wohl die große Hitze einen Streich gespielt habe. Bei nüchterner Betrachtung konnte er eine Halluzination tatsächlich nicht ausschließen.

Seine Zweifel sollten indes nicht lange vorhalten. Schon eine Woche später sah er die junge Frau abermals vor dem Alhambra warten. Greene war diesmal fest entschlossen, dem Geheimnis ihres Verschwindens auf den Grund zu gehen. Wieder winkte sie ihn mit einer Zeitung herbei, und er mußte feststellen, daß sie ihn offenbar nicht erkannte. Er stoppte, und sie nannte ihm die gleiche Adresse wie beim erstenmal.

Nachdem sie ein paar Minuten gefahren waren, fragte Greene, warum sie seinerzeit nicht gezahlt habe. Sie antwortete ihm nicht, und als er sich umdrehte, sah er, wie sie unentwegt aus dem Fenster schaute. Er wiederholte seine Frage, erhielt aber keine Antwort.

Greene war fest entschlossen, sich diesmal nicht wieder um seinen Verdienst prellen zu lassen. Er beobachtete sie im

Rückspiegel, um sicher zu sein, daß sie vor Erreichen des Zieles nicht abspringen würde.

Als er das Anwesen erreicht hatte, hielt er an, um seinen Fahrgast aussteigen zu lassen. Greene wandte sich um. Er traute seinen Augen nicht: Die Dame war ihm wieder entwischt. Noch bevor er in die Auffahrt eingebogen war, hatte er sie auf dem Rücksitz deutlich wahrgenommen, und bis zum Haus war er ohne anzuhalten durchgefahren.

Greene erinnerte sich noch der Schlagzeilen ihrer Zeitung und fuhr – mit der Absicht, das Rätsel ein für allemal zu lösen – direkt zur Polizeizentrale, um das Vorkommnis zu melden. Beim Überprüfen ihrer Unterlagen stellten die Beamten fest, daß vor Jahren eine wohlhabende junge Frau auf dem Heimweg vom Alhambra einem Verkehrsunfall zum Opfer gefallen war. Die Adresse, die Greene genannt worden war, war die ihrer Eltern. Nach deren Tod im Jahre 1930 wurde das Haus, da es niemand haben wollte, verschlossen und dichtgemacht.

Der Unfall soll sich am Abend des 20. Mai 1922 ereignet haben, als die junge Frau erfuhr, daß ihr Verlobter auf See ertrunken war. Das P & O-Linienschiff »Egypt« war damals auf der Höhe von Ushant untergegangen.

Später – es war stets im Mai zu nächtlicher Stunde – sah Greene die traurige Dame noch öfter. Nichts konnte ihn dazu bewegen, nochmals anzuhalten. Er empfand Mitleid mit ihr, wußte er doch, daß sie unbedingt nach Hause wollte – eine ruhelose Seele, die ihr Ziel nie erreichen würde.

Jessica

Sally Parker war bis zu ihrem neunten Lebensjahr ein ganz normales Mädchen. In vielen ihrer Gewohnheiten glich sie eher einem Jungen. Puppen interessierten sie weniger als die freie Natur, in der sie sich meist aufhielt. Sally hatte einen blonden Wuschelkopf, große blaue Augen und war von einnehmender Offenheit.

Im September 1960 bezog Familie Parker ein Haus an der Grenze zwischen den Grafschaften Cheshire und Staffordshire. Sallys Vater – ein erfahrener Architekt – hatte sich darauf spezialisiert, große, ältere Häuser aufzukaufen, sie durch Renovieren in ihren früheren Zustand zurückzuversetzen und mit Gewinn zu verkaufen. Diesmal hatten die Parkers einen alten Herrensitz, Morton Towers, erworben, ein Objekt, das schon seit vielen Jahren leerstand. Die neue Aufgabe faszinierte ihn ungemein. Auch Sally war über ihr neues Zuhause erfreut. Die Eltern hatten ihr sogar ein eigenes Pony als Spielgefährten versprochen, das sie sich schon lange gewünscht hatte.

Als Parker das zu renovierende Haus erstmals gründlich inspizierte, war er überrascht, in einem der rückwärtigen Räume einen versteckt gelegenen Schrank zu finden. Solche Entdeckungen sind in alten Häusern nichts Ungewöhnliches, aber nur selten findet man dort wirklich wertvolle Dinge. In diesem Fall hatte sich jedoch die Inspektion gelohnt. Der Schrank enthielt nämlich eine sehr gut erhaltene Puppe aus der viktorianischen Epoche – ein kleines Meisterwerk, die getreue Nachbildung eines Kindes, im Stil der damaligen Zeit gekleidet. Jeder Nadelstich, jeder Knopf war ein Wunder an Genauigkeit.

Herr Parker zögerte zunächst, die wertvolle Puppe seiner Tochter zu überlassen, da er ihr Desinteresse an Spielzeug dieser Art kannte. Als er sie ihr dann doch schenkte, war er über Sallys freudige Reaktion sehr erfreut. Seine Frau lächelte, als sie sah, daß Sally die Puppe in die Arme nahm und sie behutsam wiegte. Auf ihre Frage, wie sie die Puppe nennen wolle, antwortete sie ohne zu zögern: »Jessica.«

In der gleichen Nacht wurde Frau Parker durch einen markerschütternden Schrei und lautes Schluchzen aufgeweckt. Erschrocken starrte sie in die Dunkelheit in der Annahme, sie selbst habe einen schrecklichen Alptraum gehabt. Dann aber wurde ihr klar, daß das Weinen aus Sallys Zimmer kam. Sie eilte sofort zu ihr und fand ihre Tochter hellwach im Bett sitzen. Jessica lag in ihren Armen. Mit tränenerstickter Stimme stammelte das Mädchen: »Nein – bitte, Hilfe! Feuer ... Feuer!«

Frau Parker drückte ihre Tochter eng an sich und redete ihr sanft zu. Sally entspannte sich langsam und schlief bald wieder ein. Am Tag darauf ließ Frau Parker ihre Tochter besonders lange schlafen. Als sie am späten Vormittag aufstand, wirkte sie blaß und verschlossen. Ihre Puppe trug sie ständig mit sich herum. Frau Parker unterließ es, Sally wegen des Vorfalls während der Nacht auszuforschen. Im stillen aber stellte sie sich die Frage, ob der neuerliche Umzug Sally vielleicht mehr mitgenommen habe, als sie es wahrhaben wollten.

Der Morgen verging, und Frau Parker beobachtete ihre Tochter vom Küchenfenster aus, wie sie sich im Schatten der großen Trauerweide aufhielt. Jessica lag neben ihr. Von Zeit zu Zeit hörte sie, wie das Mädchen mit seiner Puppe sprach. Sally schien völlig ausgeglichen zu sein. Dennoch konnte sich ihre Mutter eines leichten Unbehagens nicht erwehren. Als Herr Parker zum Mittagessen nach Hause kam, erwähnte seine Frau Sallys verändertes Verhalten. Obwohl Ben Parker mit seiner neuen Aufgabe sehr beschäftigt war, hörte er ihr aufmerksam zu. Er schlug vor, Sally am Nachmittag in das zu renovierende Haus mitzunehmen, da es ihr immer große Freude bereitete, alte Gebäude zu erkunden. Sally stimmte ohne große Begeisterung zu und bat darum, ihre Puppe mitnehmen zu dürfen.

In Morton Towers angekommen, mußte Ben Parker mit einigen Handwerkern wichtige Gespräche führen. Daher ließ er Sally allein im Haus herumstreifen. Wenige Minuten später vernahm Parker einen Schrei, der aus dem Haus zu kommen schien. Er rannte sofort hinein und fand Sally in einem der Räume, mit dem Rücken zur Wand. Ihre Puppe hatte sie fest an sich gedrückt. Das Mädchen schrie aus Leibeskräften, es schien vor etwas Angst zu haben.

Parker untersuchte sorgfältig den gesamten Raum, um festzustellen, was Sally so aus der Fassung gebracht hatte. Es gab aber nichts, was ihr Furcht eingeflößt haben konnte, denn das Zimmer war völlig leer.

Besorgt brachte Parker seine Tochter nach Hause. Während der Fahrt beruhigte sich das Mädchen zusehends, aber es sah blaß aus und machte einen kränklichen Eindruck. Sally mußte sofort ins Bett. Ein Arzt wurde gerufen. Kurz darauf traf Dr. Gleeson ein. Er war ein gütiger Mann, der mit vierzig Jahren Berufserfahrung ein hervorragender Menschenkenner war. Ohne besondere Eile führte er seine Untersuchungen durch, derweil Sally ihre Puppe fest an sich preßte. Dann verabreichte er Sally eine Pille, die sie sofort einnehmen mußte. Als die Eltern ihn fragten, was ihrem Kind fehle, gab der Arzt ihnen zu verstehen, daß ihre Tochter, soweit er dies beurteilen könne, kerngesund sei. Ihre Erregung führte er vor allem auf den erneuten Wohnungswechsel zurück. Möglicherweise sei für sie alles etwas zuviel gewesen. Morgen würde er wieder nach ihr sehen.

In jener Nacht lag Frau Parker lange wach. Sie wartete förmlich auf Sallys Schrei. Gegen Mitternacht geschah das, was sie im stillen befürchtet hatte. Sally schrie laut auf, um anschließend hemmungslos zu schluchzen.

Frau Parker war ratlos, weil sie ihrer Tochter nicht helfen konnte. Sie blieb so lange bei ihr, bis sie sich beruhigt hatte und wieder eingeschlafen war.

Der Befund, den Doktor Gleeson am folgenden Tag den Eltern vorlegte, war alles andere als beunruhigend. Sie hatte keine Temperatur, ihre Blässe hatte sich verflüchtigt, dem Mädchen schien wirklich nichts zu fehlen.

Die nächsten Tage verliefen ohne besondere Vorkommnisse. Sallys nächtliche Schreie blieben allmählich aus, und alles deutete darauf hin, daß sie bald wieder ganz in Ordnung sein würde. Tagsüber verhielt sich Sally ruhig. Sie spielte unentwegt mit ihrer Puppe. Beide waren unzertrennlich geworden. Der Arzt besuchte die Parkers noch zweimal, dann ließ er sie wissen, daß Sally nicht mehr seiner Hilfe bedürfe. Das Leben nahm seinen gewohnten Gang.

Dennoch war da etwas, das sich nicht rationell erklären ließ. Sallys Verhalten hatte sich von Grund auf verändert. Sie war ernster geworden, saß selbstzufrieden im Garten, um mit ihrer Puppe zu spielen oder mit ihr im Arm spazierenzugehen. Die beiden erschienen Frau Parker in vielem wie zwei Erwachsene, die in ihrer eigenen Welt lebten – mit eigenen Interessen und Geheimnissen. Manchmal, wenn Frau Parker sie in der Küche oder im Schlafzimmer überraschte, hatte sie das Gefühl, die beiden zu stören. Sally verhielt sich ihrer Mutter gegenüber höflich wie zuvor, ließ aber neuerdings jede kindliche Zuneigung vermissen. Sie behandelte ihre Mutter wie eine Fremde.

Sallys Verhältnis zu ihren Eltern verschlechterte sich von Tag zu Tag, so daß Frau Parker ihrem Mann vorschlug, ihrer Tochter wegen möglichst bald den Wohnort zu wechseln. Ben Parker versprach seiner Frau, darüber nachzudenken, gab ihr aber zu verstehen, daß er zuerst die Renovierung von Morton Towers beenden müsse.

Als Frau Parker Sally am Abend zu Bett brachte und beiläufig erwähnte, daß sie möglicherweise von hier wegziehen würden, reagierte das Mädchen trotzig: »Nein, ich will nicht fort von hier. Wir wollen hierbleiben, nicht wahr, Jessica?« Sally drehte ihr Gesicht zur Wand, ohne ihrer Mutter gute Nacht zu sagen. Frau Parker wußte, daß etwas unternommen werden mußte, um ihre Tochter vor Schlimmerem zu bewahren.

In jener Nacht berieten beide Eltern noch lange, was zu unternehmen sei. Als sie schließlich zu Bett gingen, waren sie so erschöpft, daß sie sofort einschliefen.

Es war in jenem Niemandsland zwischen Nacht und Tag, als Ben Parker aufwachte. Nur wenige Sekunden lag er schlaftrunken da. Dann schreckte er mit einemmal hoch. Das Schlafzimmer war von beißendem Rauch erfüllt. Mit einem Ruck war er auf den Beinen, begann laut zu schreien. Seine Frau wachte auf und war ebenfalls zu Tode erschrocken. Der Rauch kam aus dem Treppenhaus. Man konnte kaum etwas erkennen. Schon züngelten die Flammen die Stufen empor. Mit Mühe bahnte sich Parker einen Weg zu Sallys Schlafzimmer. Sie war schon auf den Beinen – die Augen weit aufgerissen, die Puppe fest an sich gepreßt stand sie da. Ben riß das Kind an sich und rannte zur Tür. Die Flammen kamen näher. Sie leckten hungrig an der Holztäfelung des Treppenhauses. Als sich Ben Parker kurz über den Treppenabsatz beugte, um einen Fluchtweg zu erkunden, fiel Sallys Puppe nach unten in das Flammenmeer. Das Mädchen versuchte verzweifelt, sich den Händen ihres Vaters zu entwinden, und schrie laut nach Jessica. Sekunden später waren sie an der Haustür, hatten sich in Sicherheit gebracht. Die Kühle des anbrechenden Morgens empfing sie. Es war Rettung in letzter Minute.

Frau Parker nahm Sally in die Arme, um sie zu trösten. Dann sahen sie zu, wie das Haus von den Flammen förmlich aufgezehrt wurde.

Plötzlich riß sich Sally los, um spornstreichs zur Brandstätte hinüberzulaufen. Ihre Mutter rannte ihr sofort nach und konnte sie noch vor Erreichen des in sich zusammenstürzenden Hauses erwischen. Sally schluchzte ohne Unterlaß und rief immer wieder nach Jessica. Sie schaute ihre Mutter lange an, und für einen Augenblick schien in ihren Augen so etwas wie Haß zu funkeln. Frau Parker wich entsetzt zurück. Dann vernahmen beide einen schrillen Schrei. Er hörte sich an wie die letzte Äußerung einer schmerzgepeinigten Seele. Der schreckliche Laut schien einer menschlichen Kehle zu entstammen und aus dem Flammenmeer zu kommen. Sally straffte sich und lauschte, dann sank sie offenbar erschöpft zu Boden.

Stunden später warteten Herr und Frau Parker in der Klinik auf den Bescheid von Dr. Gleeson, der das Mädchen behandelte. Dieser teilte den besorgten Eltern mit, daß mit ihrer Tochter alles in Ordnung sei. Frau Parker erkundigte sich bei dem Arzt, ob Sally nach ihrer Puppe verlangt habe. Dr. Gleeson verneinte und meinte, es sei sicher nichts Ungewöhnliches, wenn kleine Mädchen ihre Puppen als echte Persönlichkeiten betrachteten.

Daraufhin erzählte Frau Parker dem Arzt die ganze Geschichte, wie man die Puppe in Morton Towers gefunden

10   Anfang des Jahres 1900 entdeckten griechische Schwammtaucher nahe der Insel Antikythera diese mechanische Vorrichtung. Ein halbes Jahrhundert später: Derek De Solla Price, Professor für Geschichte an der Yale-Universität, New Haven, Connecticut (USA), hält den Fund für einen kalendarischen Sonnen- und Mondberechnungsmechanismus aus dem Jahr 87 v.Chr. Woher bezogen die Menschen von damals ihr Wissen?

11 a), b)   Am 13. Februar 1961 entdeckte Mike Mikesell nahe Olancha (Kalifornien) in einer etwa 500000 Jahre alten Geode ein zündkerzenähnliches Objekt: einen aus Keramik oder Hartporzellan bestehenden Zylinder, in dem ein zwei Millimeter dicker Metallstab eingebettet war. Die Aufnahmen zeigen die halbierte Geode (a) und Röntgenaufnahmen vom Inneren des Objekts (b).

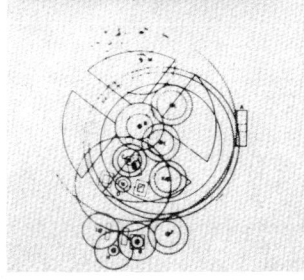

10

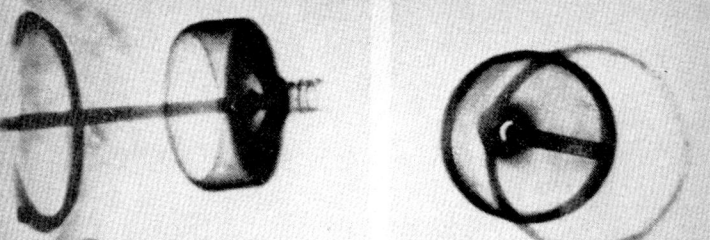

11 a

11 b

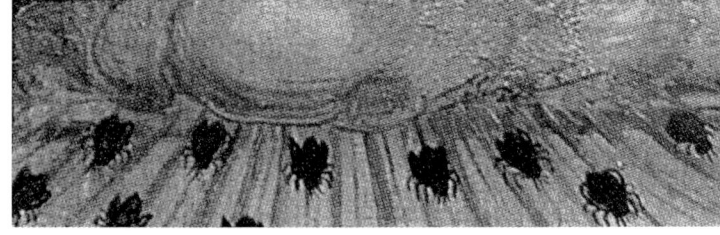

Darũ reguets Grotten

◄ 12   Zehngebotetafel (1520 bis 1530) im Dinkelsburger Münster St. Georg. Tafel: »Dann regnet es Kröten.« Damals schon, lange bevor der Amerikaner Charles Fort Berichte über unerklärliches Geschehen sammelte, war man fest davon überzeugt, daß auch größere Objekte vom Himmel fallen können. Hier eine der »Ägyptischen Plagen«.

13   Der Amerikaner Charles Fort († 1932) trug während seines kurzen Lebens zahllose Berichte über seltene, unerklärliche Naturereignisse zusammen – Fälle, die von der Schulwissenschaft meist ignoriert wurden. Die interessantesten sind in dem Buch »The Book of the Damned« (Das Buch der Verdammten) zusammengefaßt.

14   Der französische Astronom Nicolas Camille Flammarion (1842–1925), Begründer der Französischen Astronomischen Gesellschaft und 1923 Präsident der berühmten englischen »Society for Psychical Research« (S.P.R. = Gesellschaft zur Erforschung des Paranormalen), befaßte sich als erster Wissenschaftler mit »unnatürlichen« Niederschlägen und deren Herkunft.

15 Meteorologen und Biologen glauben, daß ein Gutteil der mit starken Regenfällen herunterkommenden Fische, Quallen, Schnecken und Frösche durch Wind- und Wasserhosen verursacht werden. Aber nicht alle ungewöhnlichen »Niederschläge« lassen sich nach dieser Theorie erklären.

16 Blutroter Regen ging in der Nacht vom 30. Juni 1968 in England nieder, hier auf die Motorhaube und das Dach eines im Freien abgestellten Wagens. Wahrscheinlich handelt es sich hierbei um hochgewirbelten Saharasand, der über Kontinente hinweggeweht wurde und während eines Gewitterregens herunterkam.

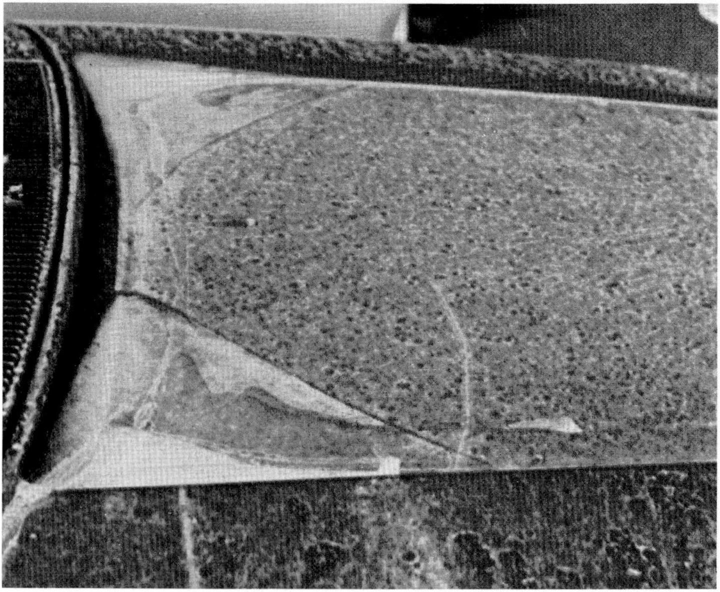

und Sally sie Jessica genannt hatte. Sie berichtete ihm über Sallys Alpträume, über ihr verändertes Verhalten und ihre Reaktion während des Brandes.

Doktor Gleeson hörte ihr aufmerksam zu. Dann meinte er: »Leider kannte ich die Beweggründe für Sallys Verhalten nicht. Ich wünschte, Sie hätten mich dies alles schon eher wissen lassen. Es ist recht merkwürdig, unter welchen Umständen die Puppe gefunden wurde. Ich erinnere mich da an eine Geschichte, die mir mein Vater einmal erzählte. Die Ereignisse auf Morton Towers spielten sich zu einer Zeit lange vor meiner Geburt ab. Etwa um die Jahrhundertwende war Morton Towers Wohnsitz einer wohlhabenden Familie, der Westlakes. Sie besaßen nur eine Tochter, ein hübsches Mädchen namens Jessica.

Eines Nachts wurde der Besitz der Westlakes von einer Feuersbrunst heimgesucht. Das Feuer verwüstete ausgerechnet den Teil des Anwesens, in dem sich Jessicas Zimmer befand. Ihre Eltern überlebten, aber Jessica kam in den Flammen um. Ihre Leiche wurde nie gefunden, und man mußte annehmen, daß ihr Körper völlig verbrannt war. Innerhalb eines Jahres kam das Gerücht auf, auf Morton Towers würde es spuken. Mehrfach wollten Anwohner Jessicas astrale Erscheinung gesehen haben.«

Als die Parkers nach ihrem Gespräch mit Dr. Gleeson das Krankenzimmer betraten, war Sally hellwach. Sie schaute ihre Eltern fragend an, so als ob sie sich an das, was vorgefallen war, nicht mehr erinnere, und fragte, wann sie endlich nach Hause dürfe. Der Bann schien gebrochen zu sein.

Vielleicht hatte die Puppe einer Person gehört, die sich mit Jessicas Tod nicht abfinden konnte. Es könnte Jessicas Mutter gewesen sein, die sie zur Erinnerung an ihre geliebte Tochter zeit ihres Lebens aufbewahrt hatte. Möglich, daß sich deren Leid auf eine für uns unverständliche Weise auf diese Puppe übertrug. Es bedurfte wohl einer sensiblen Seele, um die schmerzlichen Gefühle dieser Person erneut zum Ausbruch kommen zu lassen. Sie hätten Sally beinahe das Leben gekostet. Die Puppe aber war verbrannt und mit ihr ein Geheimnis, das heute niemand mehr zu ergründen vermag.

Der unsichtbare Gast

Man schrieb den 3. Dezember 1861. Frau Julia Dory aus Idaho Springs, Colorado, war bemüht, für ihre Familie und drei Farmarbeiter das Mittagessen auf den Tisch zu bringen. Sie hatte alles auf die Sekunde vorbereitet, damit nichts kalt werden würde. Bevor sie hinausging, um die Arbeiter zum Essen zu holen, stellte sie die letzte der dampfenden Schüsseln auf den Tisch. Draußen rief sie ihrer Adoptivtochter Maggie zu, sie solle die Kinder hereinholen. Nachdem sie den Arbeitern Bescheid gesagt hatte, eilte sie gleich wieder in die Küche zurück. Kaum daß sie diese betreten hatte, blieb sie wie angewurzelt stehen. Der Tisch, den sie Sekunden zuvor fertig gedeckt hatte, war leer. Die eintretenden Arbeiter teilten ihre Überraschung. Plötzlich deutete einer der Männer ungläubig auf die rückwärtige Tür, unter der sich gerade das leere Tischtuch hindurchschlängelte. Augenblicklich hielt das Tuch in seiner Bewegung inne. Frau Dory stürzte zur Tür, um sie beherzt aufzureißen. Der Anblick, der sich ihr bot, war kaum zu beschreiben: Dort, in der klirrenden Kälte, stand das komplette Menü dampfend auf dem gefrorenen Boden. Alles war genau so plaziert, wie sie es zuvor auf den Tisch gestellt hatte. Sprachlos hob sie die Schüsseln, Teller, Messer, Gabeln und Löffel auf, um sie wieder auf den Tisch zurückzustellen.

Das Verschwinden einer ganzen Mahlzeit war für Frau Dory nur die Fortsetzung eines für sie unlogischen Geschehens, das bereits am Morgen gegen zehn Uhr begonnen hatte, als sie gerade auf der Anrichte eine Pastete zubereitete. Dies geschah in Anwesenheit der zwölfjährigen Maggie, die zu dieser Zeit ebenfalls in der Küche war. Als die Kinder draußen zu lärmen begannen, wurde Frau Dory für einen Augenblick von ihrer Arbeit abgelenkt. Sie mußte kurz den Raum verlassen, um ihre Sprößlinge zu beruhigen. In die Küche zurückgekehrt, stellte sie zu ihrer Überraschung fest, daß der Kattunanzug, den Maggie soeben ausgewrungen hatte, in einer mit Vanillesoße gefüllten Schüssel hing. Ärgerlich schalt sie das Mädchen, was der Anzug in der Soße zu suchen habe. Maggie bestritt vehement, den Anzug in die Schüssel getaucht zu haben. Als dann das Mädchen zum Waschzuber zurückging, mußte es feststellen, daß ein Korb mit gewaschenen Kleidern verschwunden war. Frau Dory und Maggie machten sich sofort auf die Suche. Schließlich fanden sie die Kleidungsstücke in einer Schlammpfütze hinter dem Haus.

Nach dem Essen, das ungestört verlief, beschlossen die Arbeiter, sich in unmittelbarer Nähe des Wohnhauses aufzuhalten, um dem vermeintlichen Übeltäter aufzulauern. Da Frau Dorys Ehemann gerade verreist war, kam ihr der Vorschlag der Arbeiter sehr gelegen.

Innerhalb der darauffolgenden Stunden nahmen die Belästigungen weiter zu. Frau Dory durchsuchte gemeinsam mit den Männern mehrfach das ganze Haus, ohne dem Auslöser des Geschehens auf die Spur zu kommen. Jedesmal, wenn man einen der Räume genau durchsucht hatte, wurde dieser fest verschlossen. Als die Männer eine Stunde später die Räume wieder betraten, fanden sie dort ein heilloses Durcheinander vor. Einige Möbelstücke waren sogar verschwunden, schienen sich in Luft aufgelöst zu haben. Am Abend, als Frau Dory die Kinder zu Bett bringen wollte, war keines ihrer Nachthemden zu finden. Erst eine Woche später, als Frau Dorys Schwager, der dort wohnte, nach Hause kam, fanden sich die vermißten Nachthemden säuberlich zusammengefaltet in der ihm gehörenden Truhe wieder, zu der nur er den Schlüssel besaß.

Schließlich traf Herr Dory am frühen Sonntagmorgen zu Hause ein und fand dort seine Familie völlig verstört und verängstigt vor. Während seine Frau das Frühstück zubereitete, machte er sich über alle lustig, die die Vorfälle der vergangenen Tage mit übernatürlichen Kräften in Verbindung brachten. Noch während er ungeduldig auf das gewohnte Steak wartete, geschah etwas, das Herr Dory nie für möglich gehalten hätte, wäre es ihm nicht selbst widerfahren. Sein Essen stand bereits auf dem Tisch, als er durch etwas abgelenkt wurde, das ihn in eine andere Richtung blicken ließ. Der ganze Vorgang dauerte nur wenige Sekunden. Als er sich wieder umwandte, waren Teller, Besteck und Tischtuch verschwunden. Ihnen folgte das Steak, das in der Pfanne auf dem Ofen briet. Dies geschah, als sich Frau Dory kurz umdrehte, um mit ihrem Mann über die Echtheit des Phänomens zu diskutieren.

Während der darauffolgenden Tage wurden die Dorys von zahlreichen Neugierigen belagert. Die Kunde von den Vorkommnissen hatte sich in Windeseile verbreitet. Die in ihrem Tagesablauf gestörten Familienmitglieder überkam schon bald ein Gefühl der Angst und Hilflosigkeit. Alles, was die Dorys zu verzehren beabsichtigten, verschwand auf unerklärliche Weise immer dann, wenn die Gerichte für einen Augenblick unbeaufsichtigt waren. Zuletzt begnügte sich die Familie nur noch mit einfachen Mahlzeiten – meist Kartoffelgerichten –, deren Verlust zu verschmerzen war. Bei ihrer Zubereitung behielten sie die Pfannen und Kochtöpfe stets im Auge, um zu verhindern, daß sich deren Inhalt in Nichts auflöste.

Immer noch in der Annahme, daß irgendein Fremder für die unerklärlichen Vorfälle verantwortlich sei, versuchten die Arbeiter, dem Übeltäter durch einen Trick auf die Spur zu kommen. Sie flochten eine Art Peitsche, die sie mit zahlreichen raffinierten Knoten an einem Deckenbalken innerhalb des Hauses befestigten. Man wollte feststellen, ob es dem Unsichtbaren die Knoten zu lösen und die Peitsche zu entfernen gelänge. Daraufhin begaben sie sich zu Frau Dory, die in der Küche hantierte, um sie über ihr Experiment in Kenntnis zu setzen. Als sie dann wieder zu der Stelle zurückkehrten, wo die Peitsche aufgehängt sein sollte, war diese verschwunden. Ihr Besuch in Frau Dorys Küche hatte nur eine Minute gedauert. Die Knoten, für deren Knüpfung die Männer fast eine halbe Stunde benötigt hatten, waren offenbar in nur wenigen Sekunden gelöst worden. Die Peitsche fand sich später in einem mit Buttermilch gefüllten Faß wieder.

Besorgt über die Sicherheit seiner Kinder, schickte Herr Dory diese zu einem der Nachbarn. Dann forderte er auch alle anderen Anwesenden auf, das Haus zu verlassen. Nach allem, was vorgefallen war, ergriffen die Dorys jetzt selbst die Initiative. Sie durchsuchten alle Räume des Hauses nach etwaigen Eindringlingen und verschlossen, nachdem sie niemand entdecken konnten, die Haustür. Als Herr Dory kurze Zeit darauf die Tür öffnete, fand er viele Gegenstände, die zuvor im Freien gelegen hatten, auf dem Küchenboden ausgebreitet, darunter auch einen Behälter mit Holzasche, wie man sie früher für die Herstellung von Seife benötigte.

Der seltsamen Phänomene überdrüssig, mußten die Dorys zugeben, daß es für das Geschehen keine natürliche Erklärung gab. Sie wandten sich daher an einen katholischen Geistlichen und baten ihn um Hilfe. Der von ihm praktizierte Ritus zur Austreibung des immateriellen Störenfrieds lief praktisch auf eine Art Exorzismus hinaus.

Zuerst verlangte der Pfarrer etwas Salz, das er zu sich nahm, um – wie er sagte – zu verhindern, daß er sich infiziere. Herr und Frau Dory folgten ihm, als er alle Räume des Hauses abschritt und dabei sämtliche Fenster verschloß. Über jedem Fenster und über jeder Tür malte er drei Kreuze. Obwohl die Familie Dory nicht der katholischen Kirche angehörte, beteten auch sie dafür, daß der Geistliche den seltsamen Phänomenen Einhalt gebieten möge.

Nach der Zeremonie verließen alle Anwesenden das Haus. Dann ließ der Pfarrer die Dorys für kurze Zeit allein. Er bat, während seiner Abwesenheit das Haus nicht zu betreten. Als er nach einer halben Stunde zurück war, betraten die drei gemeinsam das Haus. In der Küche lagen ein schwerer Balken und eine Leiter, die sich zuvor in der Scheune befunden hatten, sowie eine Hacke, aber auch andere Gegenstände wie Messer, Gabel und Löffel über Kreuz. In den anderen Räumen war die Situation ähnlich. Hier waren Holzblöcke, Streichhölzer, Spielzeug usw. ebenfalls in Kreuzform angeordnet. Als sie die gekreuzten Gegenstände nachzählten, stellten sie fest, daß es ebenso viele waren wie die Kreuze, die der Pfarrer an Fenster und Türen gemalt hatte. Es schien, als habe die unbekannte Kraft, die den lästigen Spuk auslöste, ein letztes Mal ihre Macht demonstrieren wollen. Der Spuk hatte am Samstag gegen zehn Uhr begonnen, und er endete am Montag um die gleiche Zeit.

Erlebnisse in einer
angelsächsischen Kirche

Nur wenige Meilen von der englischen Stadt Bath entfernt liegt Bradford-on-Avon, von Reiseveranstaltern als die schönste Gemeinde der Grafschaft Wiltshire gepriesen. Wichtigste Sehenswürdigkeit dieses Ortes ist eine kleine Steinkirche angelsächsischen Ursprungs aus dem 11. bzw. 12. Jahrhundert, vermutlich die einzige in England überhaupt. Sie überdauerte die Jahrhunderte – Krieg und Verwüstung – nur deshalb, weil sie zeitweise als Scheune oder Lagerhaus, also für profane Zwecke benutzt wurde und weil sie allseitig von anderen Gebäuden umgeben war, wodurch ihre Identität mit der Zeit verlorenging. Sie war erst im 19. Jahrhundert von einem archäologisch interessierten Geistlichen wiederentdeckt worden, der von einer Anhöhe aus den Gebäudekomplex überschaute und das verborgene Kirchlein aufgrund seiner Dachform identifizierte.

Dem Pfarrer gelang es nach einigen Mühen, durch private Initiative Mitbürger und Altertumsforscher für die Restaurierung des Gotteshauses zu interessieren. Zunächst wurden sämtliche Gebäude, die das Kirchlein umsäumten oder die mit ihm direkt verbunden waren, abgerissen. Zurück blieb ein Kleinod aus Stein, das nach seiner endgültigen Restaurierung im Laufe der Zeit zur Touristenattraktion wurde. Auffallend sind seine extrem kleinen Abmessungen. Das Hauptschiff ist nur 7,5 Meter lang und 3,9 Meter breit. Der Vorbau stellt mit einer Grundfläche von lediglich einem Quadratmeter ein Kuriosum dar, das weltweit einmalig sein dürfte. Andererseits steht die beachtliche Höhe der Seitenwände in keinem vernünftigen Verhältnis zu den Innenabmessungen. Die wenigen kleinen Fenster scheinen sich in den überdimensional wirkenden Seitenwänden zu verlieren: Die enge Pforte beschreibt einen Bogen, der oben spitz zusammenläuft und ihr dadurch die Form eines Schlüsselloches verleiht. Zwei grobgeschnitzte Engel über der Kanzel sind der einzige Zierat des Kirchleins.

Der Ortspfarrer hatte die Gewohnheit, in dem restaurierten Gotteshaus von Zeit zu Zeit Gottesdienste abzuhalten. Dabei will er häufig von etwas gestört worden sein, das im Sprachgebrauch der Engländer als »presence«, als Gegenwart einer unsichtbaren Entität, bezeichnet wird. Da sein Bruder, der ebenfalls Pfarrer war, beim Besuch dieser Kirche die gleichen beunruhigenden Erfahrungen gemacht hatte, wagte er es nach einigem Zaudern, über dieses ungewöhnliche Phänomen offen zu sprechen. Gemeindemitglieder, die an der Meßfeier teilnahmen, klagten über ähnliche unangenehme Empfindungen, die sie vor allem in Nähe der Kanzel zu spüren glaubten. Etwas durch und durch Böses schien von ihnen Besitz ergreifen zu wollen. Der Einfluß dieser »Wesenheit« war manchmal so stark, daß der Pfarrer während des Gottesdienstes die Nerven verlor oder einem Ohnmachtsanfall nahe war.

Als die Vorsitzenden der Parapsychologischen Gesellschaft Großbritanniens, der berühmten Society for Psychical Research, von den Vorgängen in Bradford-on-Avon erfuhren, entsandten sie ihr bestes Medium, Eileen Garrett (1893 bis 1970), zusammen mit zwei Begleitern – dem Ehepaar Barber – nach dort, um deren Ursache zu erkunden.

Eileen Garrett betrat das Kirchlein und sah sich übergangslos in eine völlig fremde Umgebung versetzt, in ein Gotteshaus, wie es Jahrhunderte zuvor ausgesehen haben mochte.

Rückwärts schauend, nahm sie vor der Kirche eine große Menschenansammlung wahr, Personen, denen offenbar gerade das Abendmahl gereicht wurde. Der besseren Übersicht wegen begab sie sich daraufhin an eine Stelle unmittelbar neben der Kanzel, von wo aus sie durch ein Guckloch nach draußen blicken konnte. Ihr fiel auf, daß die Männer und Frauen, die sie zu sehen bekam, wie Menschen des 15. oder 16. Jahrhunderts gekleidet waren. In den Gesichtern der Leute stand Haß und Ablehnung geschrieben. Frau Garrett gewann den Eindruck, daß man diese armen Menschen zum Gottesdienst befohlen hatte. Niemand von ihnen schien von Freude und innerem Frieden erfüllt zu sein.

Erst viel später sollte sie erfahren, daß es vor Jahrhunderten in der Nähe von Bradford eine große Leprakolonie gegeben hatte. Die von der Krankheit befallenen Menschen waren zur Sicherheit der Gesunden nur außerhalb der Kirche zum Gottesdienst zugelassen. Predigt und Gebete vernahmen sie allenfalls durch die kleinen Fenster und die Öffnung neben der Kanzel. Solche Gucklöcher sind auch heute noch in vielen alten Kirchenbauten Englands zu sehen.

Noch während Frau Garrett durch die Öffnung nach draußen schaute, wurde sie plötzlich unsanft am Hinterkopf geschubst. Da sich zu diesem Zeitpunkt außer ihr und den Barbers weiter niemand in der Kirche aufhielt, glaubte sie zunächst, daß ihre Begleiter sie versehentlich angerempelt hatten. Die beiden hielten sich in diesem Augenblick jedoch an einer anderen Stelle auf. Die größte Überraschung stand Frau Garrett aber noch bevor, denn mit einemmal sah sie sich einem furchterregenden Individuum gegenüber, das in der Nähe von etwas stand, das wie eine Tür aussah. Obwohl sie wußte, daß es dort in Wirklichkeit gar keine Tür gab, schritt sie, neugierig geworden, geradewegs auf diese zu, wobei sie sich der unheimlichen Erscheinung bedenklich näherte. Aus nächster Nähe erwies sich die vermeintliche Tür als ein in die Wand eingelassenes Gewölbe, in dem etwas Unleserliches eingemeißelt war. Diese Entdeckung erschien ihr derart interessant, daß sie spontan die Barbers herbeirief. Ob sie ihrer Aufforderung nachkamen, sollte sie nicht mehr erfahren, denn im gleichen Augenblick erhielt sie einen kurzen, kräftig geführten Stoß gegen den Hinterkopf, der sie taumeln ließ. Sie fiel der Länge nach hin und verlor sofort das Bewußtsein. Es war, als habe sie eine unsichtbare Hand mit Absicht zu Boden geschlagen. Zwei Stunden später kam sie in einer Gastwirtschaft wieder zu sich. Sie hatte schreckliche Kopfschmerzen.

Unbeeindruckt von der schmerzhaften Erfahrung – ihr Sturz hätte schlimme Folgen haben können –, nahm sich Frau Garrett mehrmals fest vor, das Kirchlein noch öfter zu besuchen. Wie auch immer sie es anstellte, ihr Vorhaben wurde stets durch andere wichtigere Termine vereitelt.

Die Schilderung des Mediums erweckt den Eindruck, als wäre sie beim Betreten des Gotteshauses, zumindest mit ihrem zeitungebundenen Bewußtsein, in die ferne Vergangenheit entrückt worden. Sie beschrieb nämlich nach dem Zwischenfall das Kirchlein ganz anders, als es sich Besuchern heute darbietet. Auch gab es in ihrem Szenario unmittelbar neben der Kirche keine Gebäude, sondern nur freies Feld.

Offenbar wirken die schrecklichen Zustände der damaligen Zeit in einer anderen Realität bis in alle Ewigkeit fort. Wer sie als begnadetes Medium wie Frau Garrett mitzuerleben vermag, muß erkennen, daß unsere Gegenwart nur einen winzigen Ausschnitt im kosmischen Geschehen darstellt. Von dieser Warte aus scheinen Vergangenheit, Gegenwart und Zukunft einander zu überschneiden, auf eine für uns unverständliche Weise gleichzeitig zu sein.

Tod im Arsenal

Erscheinungen – immaterielle Wesenheiten – können sich auf unterschiedliche Weise manifestieren. Allen aber ist gemein, daß sie von Personen stammen, die in der Vergangenheit lebten, von Verstorbenen, deren Bewußtseinsinhalte sich uns auf unerklärliche Weise offenbaren. Es gibt jedoch Zeitgenossen, die glaubhaft bezeugen können, Phantome von Personen wahrgenommen zu haben, welche zum Zeitpunkt ihres Erscheinens noch unter den Lebenden weilten. Könnte man hieraus nicht den Schluß ziehen, daß wir alle möglicherweise in unendlich vielen »Ausführungen« existieren, in unendlich vielen voneinander unabhängigen Realitäten, und daß es demzufolge den Tod im herkömmlichen Sinne überhaupt nicht gibt? Das erstaunlichste an dem hier geschilderten Fall ist die Tatsache, daß zwei äußerst real wirkende Phantome, die eine wichtige Nachricht zu übermitteln hatten, sogar von drei Personen zu unterschiedlichen Zeiten wahrgenommen wurden.

Vor etwa 60 Jahren fuhr Reverend Fleming, ein junger Priester, dessen Pfarrei sich in London nahe eines Munitionsdepots – dem Woolwich-Arsenal – befand, nach Dublin, um dort bei Freunden ein paar erholsame Tage zu verbringen. Am ersten Abend seines Aufenthalts, als er vom Angeln heimkam, sah er den Gärtner des Anwesens, der allem Anschein nach auf ihn gewartet hatte. Er teilte dem Priester mit, daß zwei Männer namens Charlesworth und Mather, die im Woolwich-Arsenal arbeiteten, ihn zu sprechen wünschten. Als sie erfahren hatten, daß Vater Fleming an diesem Tag außer Haus war, sagten sie dem Gärtner, sie würden ihn am Abend nochmals besuchen. Der verblüffte Fleming bat den Gärtner, das Aussehen der beiden zu beschreiben, wozu dieser aber nicht in der Lage war. Sein Gedächtnis war wie leergefegt, nicht einmal ihre Haarfarbe hatte er sich gemerkt. Nur an ihre Stimmen konnte er sich erinnern. Sie hatten auffallend matt und kraftlos geklungen.

Der Zufall wollte es, daß der Priester auch am Abend verabredet war. Deshalb hinterließ er bei der Haushälterin Norah Rafferty eine Nachricht. Wenn die beiden Männer sich wieder melden sollten, möge sie ausrichten, daß er sie am nächsten Tag gern empfangen würde. Als dann die beiden am Abend erneut vorsprachen, übermittelte ihnen Frau Rafferty Flemings Bescheid, über den sie offenbar sehr traurig zu sein schienen.

Auch sie war später nicht in der Lage, die Männer näher zu beschreiben. Aufgefallen war ihr nur, daß sich die beiden angehört hatten, als ob sie aus »weiter Ferne« zu ihr sprächen.

Fleming, der noch vor Mitternacht nach Hause gekommen war, begab sich todmüde gleich zu Bett. Etwa gegen vier Uhr morgens wurde er durch lautes Pochen an der Tür unsanft aus dem Schlaf geweckt. In der Annahme, jemand habe ihm etwas Wichtiges mitzuteilen, forderte er den Betreffenden auf, einzutreten. Zu seiner größten Überraschung erschienen plötzlich zwei Männer vor seinem Bett. Einer von ihnen war von mittlerer Statur, blond und gut gebaut. Der andere war groß und außerordentlich schlank. An ihrer Kleidung erkannte Fleming sofort, daß er es mit Männern aus dem Arsenal zu tun hatte.

Er richtete sich im Bett auf und fragte sie verdutzt, was sie wünschten. Der Kleinere antwortete ihm als erster: »Mein

Name ist Charlesworth. Ich arbeite im Woolwich-Arsenal und starb am 4. September ... Sie müssen mir zuhören.« Bevor Fleming nach dem Grund ihres merkwürdigen Erscheinens fragen konnte, sprach ihn der Schlanke mit matter Stimme an: »Ich heiße Mather, und ich komme aus Woolwich. Ich starb am 10. September, und Sie müssen mich anhören.« Die langsam hingehauchten Worte ließen den noch jungen Geistlichen erschauern. Indem sich seine Hände in Todesangst fest an das Bettuch klammerten, stieß er hervor: »Ihr beide sagtet ›starb‹, aber bis zu den Zeitpunkten, die ihr erwähnt habt, vergeht noch mehr als eine Woche.« Die beiden Männer schüttelten ihre Köpfe, und der größere von ihnen sprach lächelnd: »Wir wissen das sehr genau, wir sind aber zu Ihnen gekommen ...« Hier brach die Stimme jäh ab. Dann verschwanden die beiden übergangslos, so als ob sie sich in Luft aufgelöst hätten.

Fleming zog rasch seinen Schlafrock an, öffnete die Tür und trat in die Diele hinaus. Niemand hielt sich dort auf. Hatte er dies alles nur geträumt? Er war sich nicht sicher. Das Erscheinen der Gestalten hatte den Pfarrer derart verunsichert, daß er anderntags den Gärtner erneut ansprach, er möge ihm doch eine genaue Beschreibung der beiden Männer geben. Seltsamerweise konnte sich der Gärtner auf einmal genau an sie erinnern. Seine Beschreibung stimmte exakt mit dem Aussehen der Männer überein, die ihm in der Nacht zuvor erschienen waren. Fleming verspürte mit einemmal das unwiderstehliche Bedürfnis, nach England zurückzukehren, um noch vor den von den Phantomen erwähnten Terminen zu Hause zu sein. Er packte seine Koffer, sagte seinen Freunden Lebewohl und verließ Dublin.

Da Fleming nicht wußte, was er von dem Ganzen halten sollte, behielt er sein Wissen zunächst für sich. Er war aber so umsichtig, die Vorkommnisse der letzten Tage in einem

Schreiben an seinen Bischof festzuhalten. Diesen Brief übergab er einem Freund mit der Bitte, ihn am Morgen des 10. September abzusenden.

Am 4. September gegen Mittag wurde Fleming gebeten, einen Mann zu besuchen, der bei einer Explosion im Arsenal tödliche Verletzungen erlitten hatte. Der Name des Sterbenden war Charlesworth. Den Priester überlief es eiskalt, als er dies hörte. Er wußte sofort, daß es der erste der beiden Männer war, die ihm Tage zuvor ihren bevorstehenden Tod angekündigt hatten. Als Fleming am Unglücksort eintraf, erkannte er in dem Sterbenden den kleineren der beiden Männer aus dem Schlafzimmer in Dublin. Nachdem Charlesworth gestorben war, unterhielt sich der Priester mit dessen Vorarbeiter, der ihm versicherte, daß sich der Verstorbene stets bester Gesundheit erfreut habe. Deshalb hätte er es als ungewöhnlich empfunden, daß Charlesworth nur wenige Tage vor dem Unfall während einer Spätschicht im Arsenal aus unerfindlichen Gründen dreimal ohnmächtig geworden sei. Seinen letzten Ohnmachtsanfall hatte er gegen vier Uhr in der Frühe gehabt.

Am Abend des 10. September wurde Fleming erneut zu einem Sterbenden gerufen. Es war Mather, der andere Mann, der ihm in Irland erschienen war. Auch bei ihm handelte es sich um einen Arbeiter aus dem Arsenal. Seine Frau ließ den Priester wissen, daß ihr Mann bereits seit vielen Monaten bettlägerig sei. Fleming kniete nieder und erteilte Mather die Absolution. Wenige Sekunden später war er tot.

Tags darauf erhielt der Bischof Flemings Brief. Er trug das Datum vom 1. September. Sein Freund hatte ihn weisungsgemäß am 10. September gegen neun Uhr abgeschickt.

Mord im Spiegel

An einem Sonntagnachmittag im Herbst 1961 machten
sich Sally Bates und ihr Ehemann Tom auf den Weg, um im
Londoner Stadtteil Pimlico ein im viktorianischen Stil er-
bautes Reihenhaus zu besichtigen, das zum Verkauf angeboten war. Von außen sah es ganz so aus, wie sie es sich
vorgestellt hatten. Das Haus besaß vier Stockwerke und
zum Garten hin eine Veranda. Die Bates schauten sich jedes Zimmer genau an, alles schien in Ordnung zu sein. Bevor sie das Haus verließen, ging Tom noch einmal ins ober-
ste Stockwerk, um einen Raum, den er als Arbeitszimmer
einzurichten gedachte, auszumessen.
Sally hielt sich derweil im Wohnzimmer auf, in dem über
einem anheimelnden Kamin ein großer, altmodischer, von
Rissen überzogener Spiegel hing. Beim Hineinschauen bemerkte sie mit einemmal in dem Raum hinter sich zwei
fremde Personen – ein schwarzhaariges hübsches Mädchen, das ein schlichtes dunkles Kleid trug, und einen untersetzten jungen Mann mit blondem Haar. Sally Bates
wollte sich schon zu den beiden umwenden, als ihr auffiel,
daß das Paar in Streit geraten war. Das Mädchen hatte eine
herausfordernde Haltung angenommen und blickte ihren
Begleiter trotzig an. Sally sah, wie der Mann ausholte und
auf sie einschlug. Daraufhin fiel das Mädchen zu Boden.
Jetzt erst dämmerte es Sally, daß sich die Szene völlig lautlos abgespielt hatte – wie in einem Stummfilm. Rasch drehte sich Sally zu den beiden um. Da war niemand im Zimmer nebenan. Sie starrte auf die Stelle, wo das Paar noch

eben gestanden haben mußte. Dann schaute sie wieder in den Spiegel. Aber auch in ihm war nichts mehr zu sehen.

Dennoch – sie konnte sich das Ganze nicht einfach eingebildet haben. Alles war so real gewesen, so als ob sie an dem Geschehen unmittelbar teilgehabt hätte. Ihr Puls raste, ihr Herz schlug wie wild vor Angst.

So schnell sie konnte, eilte sie nach oben zu Tom, der am Fenstersims stand und die schöne Aussicht genoß. Aufgeregt sprudelte sie heraus: »Tom, wir können dieses Haus nicht kaufen; hier spukt es. Etwas Schreckliches muß hier geschehen sein. Ich war Zeuge eines Verbrechens.« Zitternd und weinend erzählte sie ihm, was sie in dem alten Spiegel gesehen hatte. Tom – ein Realist – weigerte sich, ihr die phantastische Geschichte abzunehmen, und versuchte, sie zu beruhigen, ihr einzureden, daß sie sich geirrt habe. Doch keine noch so plausiblen Erklärungen vermochten sie davon zu überzeugen, daß sie einer Halluzination erlegen war. Tom reagierte auf ihre Weigerung, das Haus zu kaufen, verärgert und enttäuscht.

Eine Woche nach diesem Zwischenfall waren beide zu einer Party geladen, die ihre Freundin Jane veranstaltete. Bei Janes Treffen ging es immer hoch her. Nie wußte man im voraus, wer alles kam. Auch diesmal war eine fröhliche Gesellschaft zusammengekommen. Als Sally bei der Begrüßung eben zum Buffet hinüberschaute, verschlug es ihr fast den Atem, erkannte sie doch in dem attraktiven schwarzhaarigen Mädchen, das dort auf dem Barhocker saß, die Person, die sie in dem unheimlichen Spiegel beobachtet hatte.

Sie fragte einen der Anwesenden, wer dieses Mädchen sei. Der Gast glaubte zu wissen, daß sie Prue heiße und eine neue Freundin von Jane sei, mit der sie gemeinsam das Apartment bewohne. Ihr Gesprächspartner machte sie auch sogleich mit Prue bekannt. Während der Unterhaltung, die sich zwischen den beiden entspann, drängte es Sally, Prue zu fragen, ob sie schon einmal in jenem Haus in Pimlico gewesen und dort von einem Mann geschlagen worden sei. Da sie Gefahr lief, für verrückt gehalten zu werden, unterdrückte sie ihre Neugierde. Hinzu kam, daß die vermeintlich Ermordete in Wirklichkeit noch am Leben war.

Sally verließ Prue, um Tom zu suchen, der sich in einem anderen Raum aufhielt. Als sie die Diele passierte, bemerkte sie dort einen untersetzten jungen Mann mit blondem Haar, der gerade angekommen war und an der Garderobe seinen Mantel aufhängte. Zu ihrer Überraschung mußte sie feststellen, daß es der gleiche Mann war, den sie im Spiegel gesehen hatte. Er stellte sich ihr als Janes Vetter vor, der sie nach sechs Jahren, die er in Hongkong verbracht hatte, einmal wiedersehen wollte.

Sally, die eine solch verblüffende Übereinstimmung von Fakten nicht mehr für Zufall hielt, bat Tom verängstigt, er möge sie auf der Stelle nach Hause bringen. Aufgeregt erzählte sie ihm ihr Erlebnis und daß sie sich in den beiden Personen, die denen im Spiegel aufs Haar glichen, keinesfalls irre. Tom, der sich um Sallys Gesundheitszustand jetzt ernstlich Sorgen machte, legte seinen Arm um ihre Schultern und meinte beruhigend, daß sie bestimmt nur überarbeitet sei.

Am nächsten Tag suchte Sally ihren Hausarzt auf, der ihr, nachdem er sich ihre Geschichte angehört hatte, ein Beruhigungsmittel verschrieb. Sally, die sich große Mühe gab, die merkwürdigen Zufälle aus ihrem Bewußtsein zu verdrängen, wurde einige Zeit später von ihrer Freundin Jane angerufen. Sie teilte ihr mit, daß sich Prue mit ihrem Vetter verlobt habe, worüber sie ganz entzückt zu sein schien.

Diese Mitteilung traf Sally wie ein Keulenschlag. Zu lebendig war noch die Erinnerung an das Spiegelbild, in dem der blonde junge Mann Prue durch einen Schlag auf den Kopf getötet hatte. Jane ließ sie weiter wissen, daß das Paar schon sehr bald heiraten würde. Sie sähen sich bereits nach einem Haus um und bevorzugten den Londoner Stadtteil Pimlico.

Als Sally Tom diese Neuigkeit mitteilte und erneut ihre Besorgnis äußerte, reagierte dieser mit spöttischer Gelassenheit. Sein Verstand weigerte sich, an etwas zu glauben, das er für unmöglich, für völlig unrealistisch hielt. Wie konnte seine Frau etwas beobachtet haben, das möglicherweise noch bevorstand?

Nach Wochen voller Ungewißheit entschloß er sich jedoch, seiner Frau zuliebe, Jane anzurufen, um sich nach dem Befinden des jungen Paares zu erkundigen. Weinend, von Selbstvorwürfen geplagt, teilte Jane ihm mit, daß Prue tot sei. Bei der Besichtigung eines Hauses in Pimlico sei sie versehentlich die Treppe hinabgestürzt. Dabei habe sie eine tödliche Schädelfraktur erlitten.

Als sich Tom Sally zuwandte, um sie über das tragische Geschehen zu unterrichten, war sein Gesicht leichenblaß. Ihm war plötzlich mit erschreckender Deutlichkeit bewußt geworden, daß seine Frau die Ereignisse – und zwar den wahren Hergang – tatsächlich schon Wochen zuvor, d. h. präkognitiv wahrgenommen hatte. Trotz ihres Verdachtes vermochten sie nichts zu unternehmen. Kein Staatsanwalt hätte ihnen Glauben geschenkt.

Doppelgänger

Dies ist die Geschichte jenes Mannes, der nach einem anstrengenden Tag im Büro abends mit starken Kopfschmerzen nach Hause kam. Er hatte gerade am Tisch Platz genommen, um sein Abendessen einzunehmen, als er erschrocken aufschaute. Ihm gegenüber saß sein Ebenbild, eine genaue Kopie seiner eigenen Person. Täuschung war ausgeschlossen. Eine ungeheuerliche Erkenntnis drängte sich ihm auf: Er existierte gleich zweimal.

Nachdem sich der Mann von seinem ersten Schrecken erholt hatte, begann er ohne Rücksicht auf den unheimlichen »Gast« zu essen, wobei er sein Double nicht aus den Augen ließ. Es führte die ganze Zeit über die gleichen Bewegungen aus wie er. Da er psychisch gesund war und zuvor auch keinen Alkohol zu sich genommen hatte, stand er vor einem Rätsel. Allmählich verblaßte die Erscheinung. Sein Double war nur noch schemenhaft zu erkennen, um sich schließlich in Nichts aufzulösen.

Eine junge Frau ließ den amerikanischen Arzt Dr. Edward Podolsky wissen, daß ihr Double sie sogar schon mehrfach berührt und sie dessen Finger auf ihren Wangen gespürt habe. Dr. Podolsky theoretisiert, solche Phänomene seien möglicherweise auf Reizprozesse im Gehirn zurückzuführen, was nicht auszuschließen ist, da die Betroffenen, wie im zuerst erwähnten Fall, vor ihren Wahrnehmungen häufig unter irgendwelchen Unpäßlichkeiten leiden.

Eine andere Theorie bringt die »Autoskopie« – die »Selbstschau«, wie diese Doppelgängervision von Fachleuten genannt wird – mit der Projektion von Erinnerungsbildern in Verbindung. Podolsky glaubt, daß gewisse Vorstellungen – auch die von der eigenen Person – bleibend im Gedächtnis gespeichert sind. Unter Streß oder in anderen psychisch außergewöhnlichen Situationen könnten diese eingelagerten bildhaften Erinnerungen außerhalb des Körpers projiziert und für den Betroffenen als höchst reale, dreidimensional wirkende Bilder sichtbar werden. Gelegentlich sollen solche »Projektionen« sogar für Dritte sichtbar geworden sein.

Ob diese Theorie auch im Fall der Hausfrau Doris King aus Houston, Texas, geltend gemacht werden kann, muß bezweifelt werden.

An einem Junimorgen des Jahres 1961 ging Frau King wohlgelaunt ihrer Hausarbeit nach. Als sie das Eßzimmer betrat, sah sie auf den Bodenfliesen zwei dunkelrote Flekken, die sie gleich mit dem Staubtuch aufnahm, ohne sich über deren Herkunft weiter Gedanken zu machen. Am darauffolgenden Morgen bemerkte Frau King auf dem Fußboden an der gleichen Stelle im Eßzimmer erneut zwei nasse Flecken. Diesmal besah sie sich die noch feuchten Flecken etwas genauer. Allem Anschein nach handelte es sich hierbei um Blut, das erst vor kurzem auf den Boden getropft war. Frau King, die nicht wußte, was sie tun sollte, verständigte sofort ihren Mann. Dieser vermutete zunächst, daß ihnen irgend jemand einen dummen Streich gespielt hatte.

Am darauffolgenden Morgen standen beide bereits gegen vier Uhr auf. Sie gingen sofort ins Eßzimmer, um nachzuschauen, ob sich an der bewußten Stelle wieder Flecken gebildet hatten. Der Boden war jedoch sauber wie am Abend zuvor. Danach begaben sich die Kings in die Küche, wo sie, wie gewohnt, das Frühstück einnahmen. Als sie kurze Zeit später erneut das Eßzimmer betraten, waren auf den Fliesen wieder zwei dunkelrote Flecken zu sehen. Die Kings hatten für diesen Vorfall keine Erklärung, waren doch, während sie frühstückten, alle Türen im Haus verschlossen gewesen, so daß niemand unbemerkt in das Eßzimmer eindringen konnte.

Am nächsten Morgen wiederholte sich der Vorgang. Herr King war fest entschlossen, der Sache auf den Grund zu gehen, Art und Ursache der seltsamen Manifestation zu ermitteln. Am Donnerstagabend klebte er über die beiden Fliesen, auf denen sich die Blutflecken zeigten, eine Kunststoff-Folie. Nachts gegen halb zwei Uhr begab sich King, von innerer Unruhe getrieben, ins Eßzimmer, um nachzusehen, ob sich irgend etwas getan hatte. Auf der Folie hatten sich abermals zwei rote Flecken gebildet. King eilte sofort ins Schlafzimmer, um seine Frau hierüber in Kenntnis zu setzen. Er erschrak zutiefst: Auf dem Gesicht seiner Frau nahm er dunkelrote Flecken wahr, die sich mit einem feuchten Tuch abtupfen ließen. Er vermutete, daß es sich auch hier um Blut handelte. Bestand zwischen den Flecken auf dem Fußboden und denen auf Frau Kings Gesicht etwa ein Zusammenhang?

Bei Tagesanbruch brachte King die befleckte Folie gleich zur Polizei. Das Polizeilabor bestätigte seinen Verdacht. Die Flecken waren eindeutig durch menschliches Blut verursacht worden. Kings Verwirrung wuchs, seine Angst, von jemandem belästigt zu werden, dessen er nicht habhaft werden konnte, raubte ihm die Ruhe. Seine Entschlossenheit, dem Spuk ein Ende zu bereiten, nahm von Tag zu Tag zu. Er nahm sich vor, dem Übeltäter eine Falle zu stellen.

Ein Nachbar und er hielten mit durchgeladener Schußwaffe im Eßzimmer Nachtwache. Am darauffolgenden Samstag gegen vier Uhr früh wurden die beiden Männer plötzlich durch herzzerreißendes Stöhnen und Wimmern aufgeschreckt. Die merkwürdigen Geräusche kamen aus dem

Schlafzimmer. Als sie es betraten, sahen sie, wie sich Frau King im Schlaf hin und her wälzte, wie sie, offenbar von Alpträumen geplagt, laut stöhnte. Bei Licht fielen ihnen sofort die Blutflecken auf dem Gesicht der Frau auf. Sobald ihr Mann diese abgetupft hatte, erschienen dort gleich neue Tropfen. Das Blut sickerte allem Anschein nach durch die Poren ihrer Haut. Nirgendwo waren Risse oder Kratzer zu erkennen. Kings Versuch, seine Frau wachzubekommen, scheiterte. Sie befand sich in einem tranceartigen Zustand.

Noch am gleichen Tag suchten die Kings einen Hautarzt auf, der feststellte, daß eines ihrer Blutgefäße unmittelbar neben dem rechten Ohr geplatzt war. Die Blutflecken, die ihr Mann und der Nachbar beobachtet hatten, waren aber eindeutig in Wangenmitte sowie an der Stirn aufgetreten. Frau Kings Puls war normal, ihr Blutdruck wies geringfügig niedrigere Werte auf. Der Arzt war ratlos. Mit einem solchen Phänomen war er nie zuvor konfrontiert worden.

Erst Wochen danach fand man für die seltsamen Vorgänge im Hause der Kings und für die spontanen Blutaustritte eine halbwegs einleuchtende Erklärung. Professor David Wulinger, Psychologiedozent an der Universität von Houston, der sich mit diesem Fall eingehend befaßte, konnte während einiger Sitzungen mit Frau King allmählich deren Vertrauen erwerben und mehr über die Ursachen dieses Phänomens erfahren. Ihm gestand Frau King, daß sie vor jeder Blutfleckenmanifestation einen merkwürdigen Traum gehabt habe. Im Traum habe sie stets mit ihrer Doppelgängerin gesprochen, die ihr in einem lose herabhängenden Kleid erschienen war. Frau King behauptete, die Erscheinung habe genau wie sie ausgesehen und auch wie sie gesprochen. Beide hätten sich mit ihrem gemeinsamen Vornamen – Doris – angeredet.

Bei jeder »Unterhaltung« habe die Phantom-Doris der Träumenden versichert, daß »alles gut sein wird«. Frau King versicherte Professor Wulinger, dies als widersinnig empfunden zu haben, zumal ihre einzigen Probleme das Erscheinen ihres Doubles und, im Zusammenhang hiermit, das Auftreten der Blutflecken gewesen seien. Herr King ließ den Professor wissen, daß seine Frau im Schlaf gewimmert und unverständliches Zeug geredet habe. Sie in diesem Zustand aufzuwecken wäre unmöglich gewesen. Immer wenn Frau King erwachte, habe sie sich über ein Gefühl der Kälte beklagt, was er als höchst sonderbar empfand, da in den Juninächten die Zimmertemperatur zwischen 24 und 30°C betrug. Die Kings besaßen auch keine Klimaanlage, der man die Abkühlung hätte zuschreiben können. Nach jedem Traum erschienen entweder auf den Fliesen des Eßzimmers oder auf Frau Kings Gesicht die rätselhaften Blutflecken. Das Phänomen trat vor allem dann auf, wenn eines ihrer Kinder am Abend ausgegangen war. Dies alles könnte darauf hindeuten, daß in diesem Fall eine psychosomatische Komponente mit im Spiel war.

Indes beschränkte sich das Erscheinen von Frau Kings Doppelgängerin nicht allein auf die Nachtstunden. Zweimal will sie ihr Double sogar im wachen Zustand wahrgenommen haben. Frau King äußerte die Ansicht, ihr zweites Ich habe die Blutspuren nur deshalb hinterlassen, weil es beweisen wollte, daß es sich bei ihm um eine echte Doppelexistenz, um eine autonome Persönlichkeit handele.

Mediziner und Parapsychologen hätten für dieses Phänomen sicher noch eine Reihe anderer Erklärungen anzubieten. Diese reichen von Manipulation und Hysterie über pathologisch bedingtes Auftreten sogenannter Spaltpersönlichkeiten bis hin zu handfesten Para-Phänomenen.

Spontane Blutaustritte aus der Haut beobachtet man bekanntlich auch bei Stigmatisierten, meist strenggläubigen Christen, die auf diese Weise das Leiden Christi am Kreuz nachvollziehen möchten. Da es unter den Stigmatisierten auch Personen gibt, die keiner der christlichen Glaubensgemeinschaften angehören bzw. die dieses Phänomen, wenn es bei ihnen sporadisch auftritt, als äußerst lästig empfinden, dürften solche Blutaustritte als eine psychosomatische Erscheinung, d. h. pathologisch gewertet werden. Das Auftreten von Blutflecken auf den Fliesen im Eßzimmer ließe sich mehr paraphysikalisch, d. h. durch das bekannte Psi-Phänomen »Psychokinese« erklären. Hierunter versteht man »Bewegungen und/oder Veränderungen von Körpern, ohne daß man deren Ursache mit den heute bekannten Mitteln der Wissenschaft erklären könnte« (Bonin, »Lexikon der Parapsychologie«).

Bezogen auf den Fall King würde dies bedeuten, daß die Blutstropfen vom Gesicht der Betroffenen auf physikalisch bislang nicht erklärbare Weise ins Eßzimmer transportiert und dort auf den Fliesen abgeschieden wurden. Dennoch bleiben viele Fragen offen, weil wir über die Zusammensetzung und Funktionsweise des menschlichen Bewußtseins sehr wenig wissen. Vielleicht besteht unsere wichtigste Komponente – eben dieses Bewußtsein – tatsächlich aus zahlreichen, unter Umständen unendlich vielen selbständigen Ichs, die ständig um die jeweilige Vorherrschaft miteinander ringen und auf diese Weise fortwährend neue Realitäten schaffen. Betrachtet man das Doppelgänger-Phänomen von dieser Warte aus, werden manche »Geisteskrankheiten« besser verständlich.

Das Porträt einer Mörderin

Jean Lebrun starrte entsetzt auf das Bild der hübschen Frau, das er in nur einer Nacht gemalt hatte. Wenn die Behauptung der Concierge stimmen sollte, war Gretel Pederson schon seit einem Jahr tot – wegen Mordes hingerichtet. Irrtum war ausgeschlossen, denn beide Frauen hatten sich gut gekannt.

Auf Lebrun wirkte die Nachricht vom Tode der jungen Frau wie ein Keulenschlag, denn er hatte sie erst am Abend zuvor kennengelernt und sich mit ihr unterhalten. Von ihrer ungewöhnlichen Attraktivität hellauf begeistert, hatte er sie gebeten, ihn in sein Studio zu begleiten, um sie in nur einer Sitzung zu porträtieren.

All dies erzählte Lebrun der verblüfften Concierge, die immer noch nicht glauben konnte, was sie zu sehen bekam. Es wollte ihr nicht einleuchten, daß eine Tote zurückgekommen war, um sich porträtieren zu lassen. Dennoch – die Pederson, die sie gekannt hatte, und die Frau auf dem Bild waren ein und dieselbe Person, daran bestand kein Zweifel. Wen oder was aber hatte Lebrun dann gesehen, mit wem hatte er sich in der Nacht zuvor unterhalten?

Es war an einem Sommerabend des Jahres 1913. Lebrun, ein vielversprechender junger Künstler aus der Provinz, hielt sich erst seit wenigen Wochen in Paris auf, um dort seine Studien fortzusetzen. Auf der Suche nach geeigneten Motiven bummelte er an jenem Abend wieder einmal ziellos durch das Montmartre-Viertel. Frauen gegenüber eher zurückhaltend, mußte er seinen ganzen Mut zusammennehmen, um ein junges Mädchen anzusprechen, das da an einem Laternenpfahl lehnte. Sie schaute so hilflos drein, als ob sie nicht wüßte, wo sie hingehörte. Lebrun entschloß sich, ihr seine Hilfe anzubieten. Als er sie grüßte, hob sie ein wenig ihren Kopf, so daß er ihr voll ins Gesicht blicken konnte. Lebrun reagierte mit unverhohlenem Staunen, denn nie zuvor hatte er ein derart schönes Gesicht gesehen. Angetan von soviel Schönheit, bat er sie höflich, ihm Modell zu stehen. Für einen Augenblick sah sie ihn fragend an. In ihren Augen spiegelte sich Furcht. Dann aber sagte sie mit ruhiger Stimme: »Ein Porträt wird sicher mehrere Sitzungen beanspruchen, doch meine Zeit ist leider kurz bemessen. In dieser Nacht könnte ich Modell stehen, morgen jedoch weiß ich nicht ...«

Begeistert entschloß sich Lebrun, das Gemälde in nur einer Nacht zu vollenden. Er bat sie so inständig, daß sie schließlich einwilligte und ihn wortlos nach Hause begleitete.

In seinem Studio angekommen, bot Lebrun ihr eine einfache Mahlzeit an. Sie schlug sein Angebot mit der Bemerkung aus, daß sie zu so später Stunde nichts mehr zu sich nähme. Dann begann der Künstler in großer Eile mit der Arbeit – eine perfekte Studie in Schwarz und Weiß.

Das Gesicht des Mädchens war von durchsichtiger Blässe. Sie trug schwarze, grobgewebte Kleidungsstücke. Um ihren Hals schlang sich ein breites schwarzes Band. Als er sie das Band abzulegen bat, da es ihn irritierte, starrte sie ihn entsetzt an und weigerte sich, seinem Wunsch nachzukommen.

Lebrun arbeitete unentwegt bis in die frühen Morgenstunden. Das Mädchen saß ganz ruhig da und schwieg. Die Stunden verrannen. Während einer kurzen Verschnaufpause fragte er sie nach ihrer Nationalität. Sie antwortete ihm, daß sie Skandinavierin gewesen sei. Lebrun lachte daraufhin und meinte, wenn sie bisher Skandinavierin gewesen sei, dann wäre sie dies wohl auch heute noch. Seine Worte schienen das Mädchen völlig aus der Fassung zu bringen, denn sie seufzte: »Es ist alles so verwirrend. Ich kann mich nicht genau erinnern, wer ich bin. Und ich weiß auch nicht, wo ich mich morgen oder zu einer anderen Zeit in der Zukunft aufhalten werde.«

Am dunstverhangenen Horizont dämmerte schon der neue Tag herauf, als Lebrun den Pinsel beiseite legte. Die Ähnlichkeit des Gemäldes mit dem Modell war frappierend. Nur das breite Halsband fehlte. Lebrun hatte es weggelassen, weil es ihn störte. Das Mädchen drängte zum Aufbruch. Sie erhob sich und zog ihren schwarzen Mantel an, den sie während der Sitzung abgelegt hatte. Lebrun wunderte sich ein wenig, warum ein junges Mädchen diese dunklen Kleider trug. Er fühlte sich zu ihr hingezogen und hätte sie gern einmal in Seide oder Satin gemalt.

Grußlos entfernte sich das Mädchen. Lebrun, der ihr nacheilte, vermochte sie in der Morgendämmerung nicht mehr zu erkennen. Wäre da nicht das Geräusch ihrer Schritte gewesen, die in der Ferne verhallten, hätte er annehmen müssen, daß es sie gar nicht gäbe, daß dies alles nur ein Traum gewesen war.

Später besuchte ihn die Concierge, um die Miete zu kassieren. Als ihr Blick die Staffelei streifte, auf der das frischgemalte Bild des Mädchens stand, rief sie verblüfft: »Welch eine Ähnlichkeit mit Gretel Pederson. Sie müssen ihr Foto in der Zeitung gesehen haben, nachdem sie des Mordes an ihren Eltern und ihrem Ehemann überführt und hingerichtet worden war.« Lebrun erstarrte. Von dem Mordfall erfuhr er in diesem Augenblick zum erstenmal, und ihr Bild hatte er zuvor – zumindest bewußt – nie gesehen. Die Angelegenheit begann ihn zu beunruhigen.

Nach stundenlangem Grübeln fand er für das merkwürdige

Erlebnis nur eine Erklärung: Er mußte in der Nacht, als er das Porträt malte, völlig überarbeitet gewesen sein. Das Ganze beruhte offenbar nur auf Einbildung. Vielleicht hatte er das Bild des Mädchens doch in irgendeiner Zeitung gesehen, als er an einem der zahlreichen Pariser Kioske vorbeigekommen war. Möglicherweise waren ihre Gesichtszüge in seinem Unbewußten haften geblieben.

Noch während er hierüber nachdachte, klopfte jemand an die Tür. Sein Freund Julian Sant trat ein und überraschte ihn mit der Feststellung: »Lebrun, du kannst mich ruhig einen Narren schelten, aber gestern abend habe ich ein Phantom gesehen. Es war am frühen Abend, etwa gegen acht Uhr. Nicht weit von hier begegnete mir ein junges attraktives Mädchen, das ich zuvor schon irgendwo einmal gesehen hatte. Ihr hübsches Gesicht kam mir sehr bekannt vor. Sie mußte vor nicht allzu langer Zeit im Blickpunkt der Öffentlichkeit gestanden haben. Die Sache ließ mich nicht los. Gespannt blätterte ich in verschiedenen Zeitungsarchiven nach. Dabei stieß ich auf ein Foto von dieser Frau – ich hatte mich nicht getäuscht, es war Gretel Pederson, die man vor einem Jahr zum Tode durch den Strang verurteilt hatte.«

Wortlos deutete Lebrun auf das noch frische Porträt. Sant stieß aufgeregt hervor: »Ja, das ist sie. Aber als ich sie sah, trug sie ein breites schwarzes Band um den Hals. Doch das ist nicht alles: Gestern jährte sich der Tag ihrer Hinrichtung.«

Von einer Welt jenseits der unsrigen aus gesehen, gibt es keine zeitlichen Abläufe, wie wir sie kennen – Vergangenheit, Gegenwart und Zukunft verschmelzen miteinander. Wehe dem, der sich in dem Labyrinth der Zeitlosigkeit verirrt. Das Schicksal eines »Fliegenden Holländers« dürfte ihm sicher sein.

Schatten des Todes

Hoch über den Klippen, nahe der Ortschaft San Juan auf Kuba, erhebt sich ein alter, halbzerfallener Wachtturm, der früher einmal als wichtiger Vorposten dieses Landes gedient hatte. Doch seit über hundert Jahren hat es niemand mehr gewagt, seinen schmalen Eingang zu passieren, denn der Turm war lange Zeit Schauplatz bizarrer Ereignisse, die bislang niemand zu deuten vermochte.

Im Jahre 1859 ließen, im Zuge der Errichtung von Defensivposten an den Küsten Kubas, Ingenieure der Regierung einen nahe gelegenen alten Tempel abreißen, um dessen Steine als Baumaterial für den Wachtturm von San Juan zu verwenden. Als die Bauarbeiter erfuhren, woher die Steine stammten, verweigerten sie die Arbeit. Sie fürchteten, daß die Entweihung des Tempels großes Unglück heraufbeschwören würde. Da alle Überredungsversuche der Ingenieure fehlschlugen, wurden Soldaten mit dem Bau des Turmes beauftragt.

Nach kurzer Bauzeit bezog an einem Februarabend des Jahres 1860 der erste Wachtposten den Turm. Sein Aufenthalt dort war allerdings nicht von langer Dauer. Er wurde nur wenige Stunden nach Antritt der Wache außerhalb des Turms unter einem Busch kauernd, halb wahnsinnig vor Angst, von einer Patrouille aufgegriffen. Für sein Verhalten fand er selbst keine vernünftige Erklärung. Der Soldat gab an, gefühlt zu haben, daß ihn während des ganzen Abends eine unsichtbare, bösartige Wesenheit beobachtete, daß ihn eine Art »Schatten« überallhin verfolgte.

Am Abend darauf beauftragte man einen anderen Soldaten mit der Wache. Ihm wurde sogar Verstärkung angeboten. Stolz lehnte er ab und ließ seine Vorgesetzten wissen, daß er einzig und allein auf sein Gewehr vertraue.

Am anderen Morgen stolperte die Ablösung außerhalb des Turmes in Nähe der Tür über ein Gewehr, das dem Wachtposten gehörte. Alles deutete darauf hin, daß es benutzt worden war. Von seinem Besitzer aber fehlte jede Spur. Man vermutete, daß er desertiert war; er wurde nie wieder gesehen.

Innerhalb der nächsten Wochen verschwanden auf ähnliche Weise sechs weitere Wachtposten spurlos, immer nachdem sie ihr Gewehr abgefeuert hatten.

Schon nach kurzer Zeit war das gesamte Regiment davon überzeugt, daß es in dem Turm nicht mit rechten Dingen zuging. Die Offiziere konnten selbst unter Androhung von Kriegsgerichtsverfahren keinen der Soldaten dazu bewegen, dort Wache zu halten.

Schließlich schickte man einen Offizier aus der Garnisonsstadt Manzanillo nach San Juan, um die Vorfälle untersuchen und der Truppe wieder Disziplin beibringen zu lassen. Hauptmann Manolo Herez traf im März des gleichen Jahres in San Juan ein und begab sich umgehend zum Ort des Geschehens.

In einem ersten Inspektionsbericht an seine Vorgesetzten hieß es, daß er dort außer einem schwachen Pulvergeruch nichts Besonderes festgestellt habe. Um die leidige Angelegenheit ein für allemal zu bereinigen, stellte Herez einen kleinen Erkundungstrupp zusammen, der ausschließlich aus Unteroffizieren bestand. Dieser hielt an sechs aufeinanderfolgenden Nächten in einem Wäldchen neben dem Turm Wache. Während dieser Zeit ereignete sich nichts, was zur Besorgnis hätte Anlaß geben können, und die

Wachtposten konnten ihren Dienst ungehindert verrichten.

Einen Tag bevor Herez nach Manzanillo zurückkehren sollte, beschloß er, nochmals eine Nacht in unmittelbarer Nähe des Turmes zu verbringen. Er begab sich mit zwei Korporalen und einem Gefreiten nach dort, ließ unter den Bäumen ein Lager errichten und teilte die Wachen im Zweistunden-Rhythmus ein. Gegen drei Uhr nachts, als Herez hellwach vor seinem Zelt saß, bemerkte er, wie der Wachtposten den Turm verließ, vermutlich, um sich im Freien die Füße zu vertreten. Alle seine Bewegungen waren im klaren Mondlicht deutlich zu erkennen. Plötzlich sah Herez, wie sich etwas, das er in dem von ihm später verfaßten Protokoll als »dunklen Fleck« bezeichnete, aus der Schattenlandschaft löste, hinter dem Wachtposten herglitt und ihm in den Turm folgte. In seinem Bericht heißt es: »Noch bevor ich handeln oder meine Männer alarmieren konnte, beobachtete ich innerhalb des Wachtturmes ein verschwommenes Licht. Es nahm rasch an Intensität zu, so daß das Innere des Turmes hell erleuchtet wurde und ich durch eines der Fenster den Posten in zusammengekauerter Stellung hokken sah. Unmittelbar darauf vernahm ich einen dumpfen Knall, woraufhin das Licht verschwand.«

Sofort eilten Herez und seine Männer zum Turm, den sie allerdings verlassen vorfanden. Der Posten schien sich in Luft aufgelöst zu haben. Nur ein leichter Pulvergeruch lag in der Luft.

Bei einer späteren Anhörung schworen die vier Beobachter, daß der Posten den Turm niemals unbemerkt verlassen konnte, da er ständig in ihrem Blickfeld gelegen habe. Er besaß nur kleine Fenster, durch die niemand herausklettern konnte, und einen einzigen Ausgang.

Ein mit dem mysteriösen Fall betrauter Untersuchungsaus-

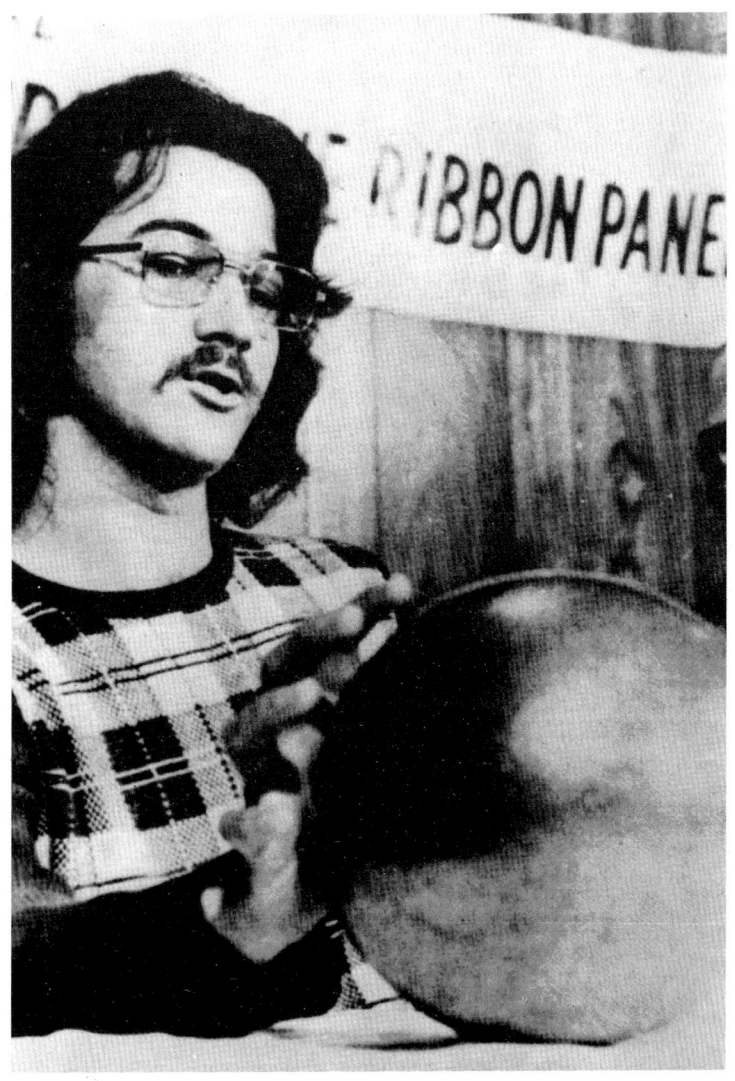

17   Der geheimnisvolle »Betz-Ball« - eine am 27. Mai 1974 auf Fort George Island (Florida)
von Terry Matthews gefundene »eigenwillige« Kugel. Einmal angestoßen, bewegt und dreht
sie sich völlig unregelmäßig. Die »Wunderkugel« wurde von Wissenschaftlern der amerikanischen Kriegsmarine, der NASA und privaten Forschungsstellen vermessen und geröntgt.
Ergebnis: Sie besitzt ungewöhnliche magnetische Eigenschaften.

18 Das holländische Hellseh- und Psycho-
metrie-Medium Peter Hurkos bestätigte
anhand von Bodenproben die Havarie eines
Ufos auf der Johnson-Farm nahe Delphos
(Kansas) im November 1971.

20 Eileen Garrett untersuchte im Auftrag
der Parapsychologischen Gesellschaft Großbritanniens (S.P.R.) die rätselhaften Vorgänge in dem angelsächsischen Kirchlein
von Bradford-on-Avon, das aus dem 11. bzw.
12. Jahrhundert stammt. ▶

19 Das englische Spitzenmedium Eileen
Garrett (1893-1970).

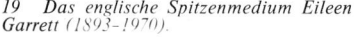

21   Im Juni 1936 empfing der englische Funkamateur Gordon Cosgrave SOS-Signale von dem 24 Jahre zuvor am 15.4.1912 mit einem Eisberg kollidierten und anschließend gesunkenen britischen Schnelldampfer TITANIC. Hatte Cosgrave einen elektronischen »Nachhall« des damaligen Funkverkehrs aufgefangen? Wo mögen die Signale in der Zwischenzeit gespeichert »gewesen« sein?

22   Archivbild des am 16. April 1951 gesunkenen englischen Unterseebootes AFFRAY. Die genaue Position des Wracks wurde der Frau eines Vizeadmirals schon zum Zeitpunkt des Eintritts der Katastrophe medial übermittelt, zwei Monate, bevor man es schließlich am Nordende von Hurd Deep fand.

schuß, der zwei Monate später zusammentrat, argumentierte, daß sich ein Wachtposten nicht in Luft auflösen könne. Dennoch, die Aussagen von Hauptmann Herez und seinen Leuten waren durch nichts zu erschüttern. Durch die sich widersprechenden Fakten verwirrt, fällte der Ausschuß schließlich ein salomonisch anmutendes Urteil: Tod durch Unfall aufgrund unbekannter Ursachen.

Die unerklärlichen Vorkommnisse hatten zur Folge, daß die Armee den Beobachtungsturm aufgab. Später wurde etwa 800 Meter vom massiven Turm entfernt eine mobile Observierungsstation errichtet. Seitdem kursieren in der dortigen Gegend Gerüchte über seltsame Leuchterscheinungen, geheimnisvolle Bewegungen und dumpfe Explosionen. Das hatte zur Folge, daß niemand mehr den Turm zu betreten wagte.

In neuerer Zeit planten die kubanischen Luftstreitkräfte, dort eine Radarstation zu errichten. Da sich niemand am Abriß des alten Bauwerks beteiligen wollte, wurde das Projekt kurzerhand zurückgestellt.

Gespräch mit einem Toten

Es ereignete sich in den fünfziger Jahren des vorigen Jahrhunderts. Ein junger Mann namens Stone eilte durch die Straßen einer englischen Kleinstadt, um für seinen Arbeitgeber in einer Druckerei eine Anzahl Kataloge zu bestellen, die für eine bevorstehende Häuteauktion benötigt wurden.

Während seines Botengangs dachte Stone an eine kleine Wette, die er vor kurzem abgeschlossen hatte. Bis zum St.-Leger-Pferderennen waren es nur noch wenige Tage. Nach Erledigung seines Auftrags wollte er einen seiner Freunde aufsuchen, der sich im Wettgeschäft gut auskannte, um sich über seine Gewinnchancen zu erkundigen.

Gerade als er die Straße überqueren wollte, erblickte er einen alten Mann, den er von früher her gut kannte. Er war Eigentümer eines Pubs und somit ein Kunde seines Vaters gewesen, der eine Brauerei besessen hatte. Stone mußte öfter bei ihm die Einnahmen aus dem Bierverkauf abholen. Aber das lag schon lange zurück, und der junge Mann hatte ihn ganz aus den Augen verloren.

Jener Wirt war ein lustiger, umgänglicher Zeitgenosse, den jeder gut leiden konnte. Das Auffälligste an ihm war ein Greifhaken aus Stahl, den er am rechten Arm trug. In seiner Jugend hatte er bei einem Unglück die rechte Hand verloren. Daß er hierfür eine Prothese tragen mußte, empfand er offenbar nicht einmal als tragisch. Er behauptete stets, der Haken wäre ein nützliches Werkzeug, wenn es darum ginge, renitente Betrunkene an die frische Luft zu setzen.

Stone freute sich, den früheren Kunden seines Vaters wiederzusehen, und ging auf ihn zu, um ihn zu begrüßen.

Später erinnerte er sich noch genau an alle Einzelheiten seiner Bekleidung: den runden Filzhut, einen blauen Seidenschal mit weißem Punktmuster, den charakteristischen Schnitt seiner Jacke und die schwere goldene Uhrkette. Das Gesicht des alten Mannes strahlte vor Freude, als er seinen jungen Freund erblickte. Er ergriff Stones Hand mit seiner Linken, wie er das immer getan hatte, wenn sie sich begrüßten. Stone, der sich noch erinnerte, daß der Wirt über bevorstehende Pferderennen stets bestens informiert war, fragte ihn gleich wegen der Gewinnaussichten seiner Wette und über zukünftige Renntermine, wobei er sich sogar einige Notizen machte.

Ihr Gespräch dauerte etwa sieben Minuten. Beim Abschied gaben beide erneut einander die Hand, und Stone setzte seinen Weg zur Druckerei ohne weitere Verzögerung fort.

Dadurch, daß er den auskunftsfreudigen Wirt getroffen hatte, erübrigte es sich, seinen Freund aufzusuchen.

Nachdem Stone seinen Auftrag in der Druckerei erledigt hatte, trat er sogleich den Heimweg an. Er schlenderte gemächlich durch die Straßen, wobei er über das Gespräch mit dem Wirt nachgrübelte. Als er die Stelle der Straße erreicht hatte, wo es auf seinem Hinweg zu der Begegnung gekommen war, blieb er plötzlich wie angewurzelt stehen. Ihn fröstelte, er zitterte am ganzen Körper, denn jetzt erst dämmerte es ihm, daß der Wirt bereits vor vier Jahren gestorben war und daß er selbst seinem Begräbnis beigewohnt hatte.

Irgend etwas stimmte hier nicht. Unglaubliches war ihm widerfahren. Nur allmählich erholte er sich von dem Schrekken, konnte er wieder klare Gedanken fassen. War er etwa krank? Lag bei ihm eine psychische Störung vor, die ihm bislang verborgen geblieben war? Nichts deutete darauf hin, daß dies der Fall war. All die Jahre war er kerngesund gewesen. Fest stand auch, daß er zum Zeitpunkt der Begegnung nichts getrunken und keine Betäubungsmittel zu sich genommen hatte. Sein Gemütszustand war an diesem Tag völlig ausgeglichen.

Irrte er sich möglicherweise in dem Mann, den er getroffen hatte, war er vielleicht einer optischen Täuschung erlegen? Für diese Annahme bestand kein Grund, denn die Begegnung hatte sich bei Tageslicht ereignet.

Stone spielte mit dem Gedanken, jemanden gesehen und gesprochen zu haben, der dem Verstorbenen täuschend ähnlich sah. Auch das konnte nicht sein, nicht bei dessen unverwechselbaren bäuerlichen Gesichtszügen und dem markanten Stahlhaken an seinem rechten Arm. Es war höchst unwahrscheinlich, daß jemand nicht nur wie sein früherer Bekannter aussehen, sondern auch eine Prothese wie er tragen sollte. Stone kannte den Wirt seit vielen Jahren, so daß eine Verwechslung völlig ausgeschlossen war. Seine Art zu reden, sein Verhalten entsprachen ganz dessen Gepflogenheiten.

Es konnte auch nicht sein, daß er sieben Minuten lang nur mit sich selbst geredet hatte, nicht bei all den vielen Menschen, die sich zu dieser Zeit auf der Straße befunden hatten. Wäre dies der Fall gewesen, hätten sich innerhalb weniger Sekunden zahlreiche Passanten um ihn geschart, um sich über ihn lustig zu machen, wäre schon sehr bald ein Ordnungshüter erschienen, um ihn über sein sonderbares Verhalten zu befragen. Anfangs glaubte Stone noch, daß es für den Vorfall eine einfache, natürliche Erklärung geben müsse. Das Walten »übernatürlicher Kräfte« zog er erst gar nicht in Betracht. Okkulte Dinge waren ihm fremd, und er mochte sich hiermit auch nicht weiter befassen.

Je mehr er aber über seine Begegnung mit dem Wirt nachdachte, desto unsicherer wurde er. Jede »natürliche« Erklärung, die er bemühte, schied aus, endete in einer Sackgasse. Das seltsame Zusammentreffen an jenem Tage sollte für ihn bis zu seinem Tod ein Rätsel bleiben.

Hatte sich für Stone vorübergehend ein »Fenster« zu einer anderen, parallelen Realität aufgetan, hatte er mit jemandem gesprochen, den es in dieser tatsächlich noch gibt?

Die nasse Spur

Burt Chase hatte Urlaub und war über den Kanal gekommen, um von Calais aus mit dem Fahrrad eine Tour durch Frankreich zu machen. Irgendwo in der Bretagne, meilenweit von seinem nächsten Zielort Angers entfernt, wurde die bis dahin zügig verlaufene Fahrt durch ein Mißgeschick jäh unterbrochen. Eine Glasscherbe, die mitten auf dem Weg lag, war in die Fahrradreifen eingedrungen und hatte den Schlauch aufgeschlitzt. Die Wolken hingen tief über der düsteren Landschaft, und es regnete in Strömen.

Nachdem Chase fast eine Stunde lang den Schlauch vergeblich zu reparieren versucht hatte, gab er seine Bemühungen auf und begann sein Rad zur nächsten Ortschaft zu schieben, wo er sich Ersatz beschaffen wollte. Der Weg war voller tiefer Furchen, nicht viel breiter als ein Autoreifen. Todmüde und völlig durchnäßt schleppte er sich bereits zwei Stunden mühselig im Regen dahin. Seine Laune war inzwischen auf den Nullpunkt gesunken.

Hinter einer Kurve sah er mit einemmal etwas, wonach er schon die ganze Zeit Ausschau gehalten hatte – ein altes Bauernhaus mit hohen Schornsteinen, ein beeindruckendes, nicht zu übersehendes Bauwerk mit Nebengebäuden, direkt an einem kleinen See gelegen. Die Zufahrt zu diesem Haus war von Unkraut überwuchert. Bevor Chase auf das Haus zuging, hielt er für einige Sekunden inne. Selbst aus der Ferne haftete dem Bauernhof etwas Unheimliches, Abweisendes an. Es hatte immer noch nicht zu regnen aufgehört, und Chase war für jede Unterkunft dankbar, so unwirtlich sie auch erscheinen mochte.

Schon beim Näherkommen stellte er fest, daß das Haus verlassen war. Die Parterrefenster hatte man notdürftig mit Brettern vernagelt. Überall lagen große Brocken Mörtel herum, die von den Außenwänden abgebröckelt waren. Teile der Dachrinne hatten sich von ihren Halterungen gelöst und hingen gefährlich herunter. Es hatte den Anschein, als ob das Haus schon seit Jahren unbewohnt und dadurch dem Verfall preisgegeben sei.

Vorsichtig versuchte Chase die Haustür zu öffnen. Die ungeölten Scharniere quietschten, als er die Tür aufstieß und den düsteren Vorraum betrat. Ein penetranter Geruch von Moder und Fäulnis schlug ihm entgegen.

Als er sich bei schwachem Licht, das durch die Ritzen des mit Brettern vernagelten Terrassenfensters drang, in dem Raum umschaute, empfand er zum erstenmal ein leichtes Unbehagen. Die meisten Fensterscheiben waren offenbar schon vor langer Zeit zu Bruch gegangen. Chase passierte die Diele und betrat einen größeren Raum, der früher einmal das Wohnzimmer gewesen sein mußte. Das Zimmer befand sich in einem unglaublich desolaten Zustand. Die Zimmerdecke war in einer Ecke heruntergebrochen, vermoderte Fetzen Tapete schälten sich von den spinnwebübersäten Wänden, und die Bezüge der Stühle wiesen häßliche Flecken auf. Was früher einmal ein hübscher Perserteppich gewesen sein mochte, war jetzt ein vermodertes Lumpenbündel.

In dem Zimmer gab es auch einen Kamin. Er brachte Chase auf die Idee, sich etwas Warmes zum Trinken zu machen und seine Kleider zu trocknen. Währenddessen konnte er möglicherweise auch den Fahrradschlauch reparieren. Dem Regen trotzend, lief er über den Hof in eines der Nebengebäude, um nach wenigen Minuten mit einem Bündel Brennholz zurückzukommen.

Als er das Wohnzimmer betrat, blieb er plötzlich wie angewurzelt stehen. Ein seltsames, unerklärliches Gefühl überkam ihn. Er spürte, wie sich seine Nackenhaare sträubten. Seine Nerven waren zum Zerreißen gespannt, und er glaubte, weglaufen zu müssen. Chase war so erschrocken, daß er das Holzbündel fallen ließ und furchtsam in den halbdunklen Raum starrte. Nichts schien sich dort verändert zu haben. Dennoch hatte er das unbestimmte Gefühl, daß in seiner Abwesenheit irgend jemand oder irgend etwas im Zimmer gewesen war. Unwillkürlich trat er einige Schritte zurück. Dann aber übermannte er sich. Er hob das Brennholzbündel auf und lief zum Kamin hinüber. Nachdem er die Holzstücke dort aufgeschichtet hatte, ging er in den Vorraum, wo sein Gepäck stand, um seinem tragbaren Öfchen etwas Paraffin zu entnehmen, mit dem er das Holz übergießen wollte. Im gleichen Augenblick überfiel ihn das unerklärliche Angstgefühl ein zweites Mal. Und jetzt wußte er auch, warum. Über die volle Länge des Raumes zwischen Balkon- und Zimmertür konnte er eine nasse Spur erkennen, die sich deutlich von der Staubschicht abhob. Es war, als habe jemand ein nasses Bündel in das Haus gezerrt. Chase verharrte auf der Stelle und schaute gebannt in das Dunkel des Vorraumes. Aber dort war niemand. Wieder betrat er das Wohnzimmer, um hier, auf dem Boden liegend, die nasse Spur zu untersuchen. Diese führte quer durch den Raum zu dem vermoderten Sofa, auf dem einige zerfetzte Lumpen herumlagen. Chase hatte sie wegen der schlechten Lichtverhältnisse zuvor nicht wahrgenommen. Als er jedoch genauer hinschaute, erkannte er, daß es die Überreste eines Schlafanzuges waren. Behutsam ergriff er das mit Lehm verklebte Lumpenbündel und hielt es zwischen Daumen und Zeigefinger. Übelkeit überkam ihn. Angewidert ließ er es gleich wieder fallen. Er wischte die Hand, mit der er die Lumpen angefaßt hatte, an seiner Hose ab, so als ob er eine übelriechende Substanz abstreifen wolle. Es kostete ihn Mühe, sich zusammenzunehmen. Er versuchte sich einzureden, daß es für die Furcht, die ihn ergriffen hatte, keinen vernünftigen Grund gab. Schließlich war er ein starker Mann, der mit jedem Angreifer fertig werden würde. Dennoch konnte er das beklemmende Gefühl nicht loswerden, daß er sich in Gesellschaft von etwas Unheimlichem befand. Der Gedanke, eine ganze Nacht in dem mysteriösen Haus verbringen zu müssen, war für ihn nicht gerade verlockend. Andererseits war er es leid, wieder nach draußen zu gehen, da es immer noch regnete.

Es war bereits gegen 18 Uhr. Wenn sich der Schlauch rasch reparieren ließe und es in der Zwischenzeit zu regnen aufhören würde, könnte er vielleicht noch vor Einbruch der Dunkelheit die nächste Ortschaft erreichen.

Er holte sein Rad ins Wohnzimmer und begann mit dem Anzünden des im Kamin aufgeschichteten Holzes. Die schwache Flamme wurde jedoch von einem plötzlich auftretenden Luftzug wieder ausgeblasen. Als Chase abermals ein Streichholz entzündete, vernahm er erstmals ein weiches, schmatzendes Geräusch. Es war, als ob draußen im Vorraum etwas Großes, Schwammiges auf den Boden gefallen war. Augenblicklich stand Chase auf beiden Füßen. Seine Nerven waren bis zum äußersten gespannt. Blitzschnell ergriff er den schweren Feuerhaken, der neben dem Kamin lag. Geräuschlos schlich er zur Zimmertür und riß sie mit einem Ruck auf. Draußen war niemand. Nur der Regen prasselte unaufhörlich hernieder. Chase schloß die Tür, ging zum Kamin zurück und unternahm erneut den Versuch, das Holz anzuzünden.

Sekunden später war das tappende Geräusch wieder zu hören, diesmal noch deutlicher als zuvor. Als er die Tür öffnete, ergriff ihn blankes Entsetzen. Die Spur auf dem Boden erschien ihm jetzt noch nasser als zuvor. Es war, als bewege sich die Wasserspur direkt auf ihn zu. Schritt für Schritt zog er sich ins Wohnzimmer zurück. Mit offenem Mund verfolgte er den Verlauf der Spur, die sich über die Schwelle langsam dem Sofa näherte. Der dunkle nasse Fleck kroch am Sofa empor und breitete sich aus, bis er die Stelle erreicht hatte, wo die Überreste des Pyjamas lagen. Diese begannen plötzlich zu zucken, so als würden sie von unsichtbaren Fingern hin und her gezerrt. Mit schreckgeweiteten Augen beobachtete Chase, wie Jacke und Hose des Schlafanzuges anzuschwellen begannen, wie sie die Form eines menschlichen Körpers anzunehmen schienen, wobei Wasser aus ihnen herausfloß.

Chase hatte genug gesehen. Er ließ alles stehen und liegen und floh ins Freie. Sein einziges Bestreben war es, von dem schrecklichen Haus möglichst rasch Abstand zu gewinnen. Nachdem er eine Weile gerannt war, stand er, der Erschöpfung nahe, vor einem Wirtshaus. Mit letzter Kraft taumelte Chase in die Gaststube, wo ihn die Besucher erstaunt anstarrten. Als der Wirt sah, in welchem Zustand sich der Engländer befand, drückte er ihm, ohne zu fragen, ein Glas Wein in die Hand, das Chase dankbar annahm und in einem Zug leerte. Danach versuchte er dem Wirt zu erklären, was geschehen war. Einer der Gäste sprach etwas Englisch, so daß er sich einigermaßen verständlich machen konnte. Betroffen vernahmen die Anwesenden Chases Schilderung. Die Schatten der Vergangenheit hatten sich offenbar erhoben. Der Wirt versorgte Chase mit einer kräftigen Mahlzeit und ließ ihm ein Zimmer herrichten.

Am anderen Morgen fragte Chase den Wirt, wem das ver-

lassene Gehöft gehöre und warum sich die Gäste so merk-
würdig verhalten hätten. Anhand einiger alter vergilbter
Zeitungsausschnitte erfuhr er schließlich die Ursache des
Geschehens – eine grauenvolle Geschichte.

Während des Zweiten Weltkriegs wurde das Anwesen von
Jan Kroll bewirtschaftet, einem Franzosen, der mit der
deutschen Besatzungsmacht kollaboriert hatte. Er war für
den Tod vieler französischer Widerstandskämpfer verantwortlich. Nach dem Krieg wurde Kroll festgenommen, vor
Gericht gebracht und für schuldig befunden. Das Urteil fiel
mit zwei Jahren Gefängnis dennoch außerordentlich milde
aus.

Als Kroll seine zwei Jahre abgesessen hatte und nach Hause zurückkehrte, war er ein kranker Mann. Er lebte zudem
in ständiger Furcht vor den Repressalien seiner Nachbarn,
die durch seinen Verrat Freunde und Verwandte verloren
hatten.

Eines Nachts versammelte sich eine große Menschenmenge
vor Krolls Gehöft. Die Leute stießen Drohungen aus und
bewarfen das Haus mit Steinen. Schließlich griff die Polizei
ein, die die aufgebrachte Menge zerstreute.

Anderntags war Kroll verschwunden. Zunächst vermutete
man, er habe Haus und Hof verlassen, um der Volkswut zu
entgehen. Doch zwei Monate später fand man Krolls Leiche am Ufer des kleinen Sees hinter dem Bauernhaus. Sie
lag dort im Schilf versteckt und war bereits in Verwesung
übergegangen.

Nachdem die Polizei eingetroffen war, trug man die Leiche
durch die Terrassentür in das Wohnzimmer und legte sie
auf das Sofa, wo ein Arzt provisorisch die Leichenschau
vornahm. Als Todesursache ermittelte er Ertrinken durch
Unfall oder Selbstmord. Ein Verbrechen schied aus.

Chase erfuhr, daß bereits andere vor ihm mit der Manifestation konfrontiert worden waren. Ein Jahr nach Krolls Tod suchten dort zwei Arbeiter Unterschlupf vor einem Unwetter. Als sich vor ihnen die gleiche Spukszene entfaltete, flohen sie wie von Furien gehetzt aus dem Haus.

Das Gehöft steht heute noch in der Bretagne. Wind und Wetter ausgesetzt, zerfällt es allmählich, da niemand dort wohnen und ständig Zeuge des unheimlichen Geschehens sein möchte.

Das Unglücksboot

Das Meer war grau, und am regenverhangenen April-Himmel dämmerte bereits der Abend herauf. Das Unterseeboot »Affray« der Royal Navy glitt aus seinem unterirdischen Bunker in der Flottenbasis Portsmouth, um mit langsamer Fahrt in den Kanal auszulaufen. Man schrieb den 16. April 1951.

Im dieselgeschwängerten Kontrollraum des Bootes zirpte das Sonar-Gerät, blitzten auf dem Radarschirm winzige Lichtpunkte auf. Im Kommandoturm stülpten der Kommandant und sein erster Offizier ihre Mantelkragen nach oben, um sich vor dem kühlen Nachtwind zu schützen. Es war gegen 21.16 Uhr, als die Luken geschlossen wurden. In der »Affray«, die Kurs auf die Isle of Wight nahm, bereitete man sich auf ein Tauchmanöver vor.

Die »Affray« – ein bewährter und zuverlässiger Kriegsveteran mit einer Wasserverdrängung von 1500 BRT – war nach gründlicher Überholung erst kurz zuvor wieder in Dienst gestellt worden. Eine Inspektion ergab, daß sie sich in einem hervorragenden technischen Zustand befand. Während der schicksalhaften Fahrt, auf der sie sich befand, waren neben der Stammbesatzung von 55 Mann noch 20 angehende Marineoffiziere an Bord, denen man die Funktion eines Tauchbootes erläutern wollte.

Dreißig Minuten nach Einleiten des Tauchvorganges kam es dann zu einer unerwarteten Havarie, die in einer Katastrophe enden sollte. Trotz enormer technischer Behinderungen und Ausfälle fuhr das angeschlagene Boot noch etwa 40 Meilen weiter, bevor es im Schlamm des Kanals endgültig versank. Der Tiefenmesser blieb bei 60 Meter stehen. Gegen 21.18 Uhr hatte die »Affray« noch einen letzten routinemäßigen Funkspruch an die Flottenbasis in Portsmouth abgesetzt. Er enthielt die lakonische Mitteilung, daß man auf Tauchstation gehen wolle. Dann herrschte Funkstille ... für immer.

Gegen 21.48 Uhr, lange bevor das Flottenkommando vom Schicksal der »Affray« erfuhr, meldete sich die Welt der Jenseitigen, um über Situation und Standort des havarierten Bootes Mitteilung zu machen. Die Frau eines britischen Vizeadmirals befand sich am Abend der Katastrophe allein in ihrem Haus auf der Kanalinsel Guernsey. Im Halbdunkel ihres Wohnzimmers erkannte sie plötzlich die Gestalt eines Mannes, der auf dem Schiff ihres Gatten als technischer Offizier gedient und sie bisweilen besucht hatte. Das Phantom – es erschien ihr zunächst sehr real – trug die Montur eines U-Boot-Fahrers. Es bewegte sich auf sie zu und sprach: »Sagen Sie bitte Ihrem Mann, daß wir uns am Nordende von Hurd Deep, etwa 70 Meilen vom Leuchtturm St. Catherine's Point befinden. Es geschah ganz plötzlich, und niemand von uns rechnete damit.« Dann löste sich die Erscheinung allmählich auf.

Von der ungewöhnlichen Manifestation zutiefst beunruhigt, rief die Frau sofort ihren Mann an, der gerade dienstlich in England weilte. Diesem war allerdings nicht bekannt, daß sich der Offizier freiwillig zur U-Boot-Flotte gemeldet hatte. Auch war bis zu diesem Zeitpunkt noch kein U-Boot als vermißt gemeldet worden.

Erst elf Stunden später gab es für die U-Boot-Überwachung einen ersten Hinweis darauf, daß mit der »Affray« etwas nicht in Ordnung war. Das für 8.30 Uhr vereinbarte Auftauchsignal war ausgeblieben. Unverzüglich wurden die

Marine-Rettungsbasen alarmiert. Fünf Zerstörer begannen den Sektor, aus dem sich die »Affray« zuletzt gemeldet hatte, systematisch abzusuchen. Erst viel später sollte es sich herausstellen, daß das vermißte U-Boot nach der Havarie seine Fahrt fortgesetzt hatte und daher an einer ganz anderen Stelle lag. Da Gefahr bestand, daß an Bord des Bootes die Sauerstoffvorräte zur Neige gingen, wurde die Zahl der Suchschiffe ständig vergrößert. Schließlich beteiligten sich sechs U-Boote, zahlreiche Schiffe der US-Kriegsmarine, Flugzeuge und Hubschrauber an der Suchaktion. Verzweifelt hielt man nach Markierungsbojen und Ölflecken Ausschau, hörte man alle vereinbarten Frequenzen nach Notsignalen ab.

Zwei Tage nach Beginn der Suchoperation ließ die Admiralität verlauten, daß, obwohl das Boot über Sauerstoffvorräte für drei Tage und Rettungseinrichtungen für jeden an Bord verfügte, ein Unfall nicht mehr auszuschließen sei.

Die Suchaktion wurde noch lange fortgesetzt. Doch schließlich schwand alle Hoffnung. Das U-Boot schien unauffindbar zu sein.

Am 14. Juni, etwa zwei Monate nach der Katastrophe, orteten Fernsehkameras des Rettungsschiffes »Reclaim« das Wrack der »Affray«. Es lag in 100 Meter Tiefe nur etwa 20 Meilen vom Suchgebiet entfernt. Wochen später barg man Teile der Schnorcheleinrichtung des U-Bootes. Untersuchungen deuteten auf Materialfehler hin. Die Hülle des Bootes war dagegen noch völlig intakt. Sein Tiefenruder war auf Auftauchen eingestellt.

Das erstaunlichste aber war, daß die »Affray« tatsächlich am Nordende von Hurd Deep gefunden wurde, fast genau an der Stelle, die der Phantom-Offizier genannt hatte.

Das tragische Ereignis wirft beunruhigende Fragen auf, so unter anderem die, was wohl geschehen wäre, wenn der Vizeadmiral die von seiner Frau übermittelte Botschaft an den Flottenstab weitergeleitet hätte. Aller Wahrscheinlichkeit nach wäre man einem Hinweis aus der »Okkultszene« gar nicht erst nachgegangen. Selbst bei Befolgung des Hinweises müßte Hilfe in diesem Fall zu spät gekommen sein, denn sonst ergäbe die Aussage des Phantom-Offiziers keinen Sinn – die Kausalität, die Abfolge der Ereignisse, wäre verletzt worden. Das Schicksal der »Affray« stand daher schon bei ihrem Auslaufen fest.

Nächtlicher Besucher

Die Zahl der Verwirrung und Angst auslösenden nächtlichen Erscheinungen ist größer, als allgemein angenommen wird. Nicht selten sind sie auf eine vorübergehende oder permanente »Verseuchung« von Häusern bzw. anderer Örtlichkeiten mit streunenden Bewußtseinsinhalten Verstorbener oder gewaltsam ums Leben gekommener Personen zurückzuführen.

Über einen besonders interessanten Fall berichtete seinerzeit der bekannte englische Mathematiker und zeitweilige Präsident der renommierten »Gesellschaft für die Erforschung des Paranormalen« (Society for Psychical Research), G. N. M. Tyrrell.

Frau P. und ihr Ehemann hatten sich zur Ruhe begeben. Die Frau verweilte, am Boden neben dem Bett ihres Kindes liegend, noch eine Weile, um es zu beobachten. Das Licht brannte noch, die Tür des Schlafzimmers war verschlossen. Frau P. berichtet:

»Gerade brachte ich meinen Körper, an die ebenfalls auf dem Boden liegenden Kissen lehnend, in eine halbsitzende Position und dachte an nichts anderes, als an meine Besorgungen am nächsten Tag, als ich plötzlich zu meinem größten Erstaunen am Fuß des Bettes einen Herrn stehen sah, der wie ein Marineoffizier gekleidet war. Er trug eine Mütze mit einer hervorstehenden Spitze. Sein Gesicht lag, von mir aus gesehen, im Schatten. Der Besucher lehnte mit seinen Armen auf der Fußleiste des Bettes. Ich war viel zu erstaunt, um Angst zu haben, fragte mich aber, wer dies wohl sein könnte. Sofort tippte ich meinen Mann (dessen Gesicht von mir abgewandt war) an die Schulter und sagte: ›Willi, wer ist das?‹

Mein Mann drehte sich um und betrachtete ungläubig die merkwürdige Erscheinung. Indem er sich ein wenig aufsetzte, rief er: ›Was zum Teufel tun Sie hier, Sir?‹

Als die Erscheinung langsam Haltung angenommen hatte, ließ sie mit einer gebieterischen, vorwurfsvollen Stimme die Worte ›Willi, Willi‹ vernehmen.

Ich beobachtete meinen Mann und bemerkte, daß er vor Aufregung ganz weiß im Gesicht war. Er sprang aus dem Bett, so als ob er sich auf den fremden Mann stürzen wolle. Er hielt aber neben dem Bett ängstlich und total verwirrt inne, während das Phantom ruhig und langsam der Wand im rechten Winkel zur Lampe zustrebte. Als es die Lampe passierte, fiel ein langer Schatten in den Raum, wie, wenn jemand mit seinem materiellen Körper das Licht verdunkelt.

Dann verschwand die Gestalt. Es hatte den Anschein, als sei sie von der Wand verschluckt worden. Mein Mann war sehr aufgeregt. Er ergriff die Lampe und sagte: ›Ich werde im ganzen Haus nachsehen und feststellen, wohin die Person gegangen ist.‹

Jetzt war auch ich aufs äußerste erregt. Ich erinnerte mich aber, daß die Schlafzimmertür verschlossen war und daß der geheimnisvolle Besucher diese auch gar nicht benutzt hatte. Ohne zu zögern, schloß mein Mann die Tür auf; er rannte nach draußen und suchte das ganze Haus ab.«

Frau P. fragte sich, ob die Erscheinung darauf hindeuten könnte, daß sich ihr Bruder, der bei der Marine diente, vielleicht in Schwierigkeiten befinde. Nachdem ihr Mann das Haus von oben bis unten durchsucht und nichts Verdächtiges gefunden hatte, äußerte er den Verdacht, es habe sich bei dieser Erscheinung um eine Manifestation seines verstorbenen Vaters gehandelt, der in seinen jungen Jahren Marineoffizier gewesen war.

Was an diesem Fall so bemerkenswert erscheint, ist die Tatsache, daß die Erscheinung in der geschilderten Form ihre Existenz offenbar nicht einem noch lebenden Organismus verdankt. Wenn es sich hierbei bloß um eine Halluzination gehandelt hätte, müßte diese ausschließlich im Bewußtsein von Herrn P. entstanden sein, da dessen Frau überhaupt nicht wußte, daß sein Vater früher einmal als Offizier im Dienste der englischen Marine gestanden hatte. Ohne diese Kenntnis aber erscheint es kaum verständlich, wie sie eine Halluzination hervorgebracht haben soll, die zudem noch von ihrem Mann wahrgenommen wurde.

Auf einen ungewöhnlich hohen »Materialisationsgrad« dürfte der Umstand hindeuten, daß die Erscheinung für kurze Zeit das von der Bettlampe ausgehende Licht verschluckt hatte, was von beiden Eheleuten zugleich bemerkt worden war.

Projektion aus der
Vergangenheit

Es ist schon viele Jahre her, daß der englische Parapsychologe Sir Ernest Bennett in einer Rundfunksendung seine Hörer aufforderte, ihm Berichte über persönliche Erfahrungen mit dem Ungewöhnlichen, dem Paranormalen zukommen zu lassen. In einem der zahlreichen Briefe, die er daraufhin erhielt, beschrieb die Absenderin ihre Erlebnisse mit einem Phantomhaus.

Die ursprüngliche Fassung des Berichtes – sie datiert vom 11. März 1934 – stammt von Miss Ruth Wynne, einer Englischlehrerin, die sich als Erzieherin auf das Erteilen von Privatunterricht spezialisiert hatte. Drei Jahre später empfing Bennett ein Schreiben von Miss Allington, einer ehemaligen Schülerin von Miss Wynne, in dem diese, als Zeugin des damaligen Geschehens, die Schilderung ihrer Lehrerin in allen Einzelheiten bestätigte. Über das merkwürdige Erlebnis der beiden berichtet Sir Ernest Bennett in einem Buch, das sich mit Erscheinungen und Spukhäusern befaßt.

Die Glaubwürdigkeit der Geschichte wird nicht nur durch die Intelligenz und den guten Leumund der Lehrerin, sondern auch durch das Bestätigungsschreiben von Miss Allington erhärtet. Wäre in diesen Fall nur eine Person verwickelt gewesen, hätte man möglicherweise von einem Tagtraum, von einer Halluzination sprechen können. Wenn jedoch zwei intelligente Menschen bei hellichtem Tage im selben Augenblick die gleiche Beobachtung machen, kann man diese schwerlich auf Sinnestäuschung oder geistige Verwirrung zurückführen. In ihrem Schreiben machte Miss Wynne deutlich, daß sie keinesfalls medial veranlagt und dies auch ihr bislang einziges ungewöhnliches Erlebnis gewesen sei.

Die Geschichte spielte in dem kleinen Ort Rougham, unweit des Städtchens Bury St. Edmunds. Man schrieb das Jahr 1926. Das Wetter an jenem Oktobertag war ganz so, wie man es dort im Spätherbst erwarten durfte: bewölkter, regnerischer Himmel und vorwinterliche Kühle.

Miss Wynne war erst vor kurzem mit ihren Eltern und ihrer Schülerin, einem 14jährigen Mädchen, nach Rougham gezogen. Da ihnen Ort und Umgebung noch ziemlich fremd waren, unternahmen beide nach den Unterrichtsstunden ausgedehnte Spaziergänge, um Land und Leute kennenzulernen.

Eines Tages schlug Miss Wynne ihrer Schülerin vor, die Kirche des Nachbarortes Bradfield, St. George, zu besuchen. Um abzukürzen, wählten sie den Weg über die Felder. Beide gingen direkt auf die Kirche zu, die sie schon von weitem deutlich erkennen konnten.

Der Weg über die Felder führte sie zunächst zu einem Bauernhof. Nachdem sie diesen überquert hatten, gelangten sie zu einem Feldweg. Immer noch die Kirche vor Augen, bemerkten sie nach Verlassen des Gehöfts auf der linken Seite des Weges eine hohe Mauer aus gelb-grünen Ziegelsteinen. Vor ihnen bog der Weg nach links ab. Sie folgten ihm und standen unversehens vor einer großen, eisernen Gittertür, die in die Mauer eingelassen war.

Neugierig blickten die Frauen durch die Gitterstäbe. Vor sich sahen sie ein Wäldchen mit hohen Bäumen, die die Mauer um ein Mehrfaches überragten. Vom Eingang schlängelte sich ein Weg zu einem alten Bauwerk, das so versteckt hinter den Bäumen lag, daß es von ihrem Standort aus nur teilweise eingesehen werden konnte. Seine üppige Stukkatur und die Form seiner Fenster deuteten darauf hin, daß es der georgianischen Stilepoche angehörte, die im 18. Jahrhundert dominant war.

Auf die neugierige Frage des Mädchens, wem wohl dieses herrschaftliche Anwesen gehöre, wußte Miss Wynne keine Antwort. Seit ihrer Ankunft in Rougham kannte sie die meisten der dort ansässigen Familien. Sie wunderte sich daher ein wenig, von den Bewohnern dieses Herrensitzes bislang noch nichts gehört zu haben.

Die beiden standen eine ganze Weile vor dem schmiedeeisernen Tor und bewunderten die herrliche Umgebung des Bauwerks. Niemand war zu sehen, das Haus schien unbewohnt zu sein. Dann gingen sie denselben Fußweg zurück, der zur Straße und damit auch zur Kirche führte – ihr eigentliches Ziel.

Nachdem sie sich dort alles angeschaut hatten, traten sie den Heimweg an. Wegen des jetzt einsetzenden Nieselregens beschlossen die Frauen, sich wieder der Abkürzung über die Felder zu bedienen. Ihr Weg führte sie erneut an der Mauer vorbei über den Bauernhof, den sie zuvor schon einmal überquert hatten.

Zu Hause angekommen, beschrieb Miss Wynne ihren Eltern das Bauwerk. Aber auch sie kannten es nicht. Miss Wynne fragte sich, wie es möglich war, daß sie von dessen offenbar wohlhabenden Besitzern noch nichts gehört hatten, obwohl sich das Anwesen ganz in ihrer Nähe befand. Die Zeit verging, und die Angelegenheit sollte bald in Vergessenheit geraten.

Etwa vier Monate später wiederholten Miss Wynne und ihre Schülerin den Spaziergang. Auch diesmal war der Himmel bewölkt. Doch es regnete nicht, und die Sichtverhältnisse waren ausgezeichnet. Wieder schlugen sie den Weg über die Felder ein. Sie überquerten, wie bei ihrem ersten Spaziergang, den Bauernhof und gelangten schließlich zu dem bewußten Feldweg. Soweit kam ihnen alles bekannt vor – alles, bis auf die Mauer, die zuvor parallel zum Weg verlaufen war. Fassungslos schauten die beiden einander an. Die hohe Backsteinmauer war verschwunden. An ihrer Stelle erstreckte sich diesmal längs des Weges ein breiter Graben. Jenseits desselben, wo sie hinter Bäumen versteckt einen Teil des Herrenhauses gesehen hatten, breitete sich jetzt vor ihnen ein völlig verwildertes Grundstück aus mit Bodensenken, von Unkraut überwucherten Erdhügeln und Buschwerk. Nur die hohen Bäume kamen ihnen irgendwie bekannt vor.

Verwirrt setzten die beiden ihren Weg fort. Nicht nur, daß es hier keine Mauer mehr gab – die eiserne Tür, der Parkweg und das von Bäumen umsäumte Haus waren ebenfalls wie vom Erdboden verschwunden. Vor ihnen lag nichts als Ödland, eine Fläche, die offenbar nie zuvor bebaut worden war.

Zuerst glaubten die Frauen, daß alles, was sie hier vor wenigen Monaten gesehen hatten, abgerissen worden war. Bei näherem Hinschauen erschien ihnen dieser Gedanke absurd. In dem Gewirr von Erdlöchern, Hügeln und Büschen erblickten sie einen Teich und verschiedene Tümpel, die eine üppige Vegetation hervorgebracht hatten. Es war ganz einfach undenkbar, ein Mauerwerk dieser Länge und ein stattliches Gebäude mitten im Winter in nur vier Monaten niederzureißen sowie einen Weg bis zur Unkenntlichkeit einzuebnen. Wozu auch?

Miss Wynne und ihre Begleiterin hatten für die merkwürdig veränderte Szene keine Erklärung. Auf der Stelle verfaßten beide unabhängig voneinander über das, was ihnen von ihrem letzten Erlebnis im Oktober noch in Erinnerung geblieben war, Notizen und verglichen diese miteinander. Sie stellten fest, daß die Inhalte ihrer Niederschriften genau übereinstimmten. Es bestand auch kein Zweifel darüber, daß die Frauen jedesmal den gleichen Bauernhof passiert und dann die gleiche Straße benutzt hatten. Wo aber war dann das geheimnisvolle Herrenhaus geblieben, dessen sie sich heute noch in allen Einzelheiten erinnerten, so als ob es erst gestern gewesen wäre? Alles war so greifbar nahe, zum Anfassen real gewesen.

Zu Hause angekommen, sprach Miss Wynne mit ihren Eltern über das unerklärliche Verschwinden des gesamten Anwesens. Doch auch sie konnten sich die sonderbaren Geschehnisse nicht zusammenreimen und kamen schließlich zu dem banalen Schluß, daß sich ihre Tochter und die Schülerin geirrt haben mußten.

Später stellte Miss Wynne bei Familien, die in der Nähe des Phantom-Hauses wohnten, Nachforschungen an. Enttäuscht mußte sie feststellen, daß niemand über ein Gebäude an dieser Stelle etwas wußte. Da sich ihre Nachbarn über ihre Fragen zu wundern und über ihr eigenartiges Verhalten zu sprechen begannen, stellte sie schließlich ihre Erkundigungen ein. Dennoch gab sie ihre Bemühungen, das Geheimnis des georgianischen Herrenhauses zu lüften, nicht auf. Sie bemühte sich, in Bibliotheken und Buchhandlungen alte Karten von der dortigen Gegend aufzutreiben, aus denen sie Näheres in Erfahrung zu bringen hoffte. Vergeblich. Die Zeit schien alles, was mit dem Phantom-Haus zusammenhing, alles, was Menschen einer früheren Epoche einmal dort hervorgebracht hatten, ausgelöscht zu haben. Oder existierte dieses wunderbare Anwesen tatsächlich nur in ihrer Phantasie? Dann aber stellt sich erneut die Frage, ob zwei Menschen zur gleichen Zeit der gleichen Halluzination zu erliegen vermögen. Oder hatte sie etwa die Vergangenheit eingeholt, ihr Bewußtsein oder gar ihre Körper um Jahrhunderte zurückversetzt, in eine Zeit, zu der dieses schöne Haus wirklich existierte? Bewußtsein und Zeit hängen eng zusammen. In den Grauzonen des Nichtfaßbaren scheint alles möglich zu sein.

SHC – Feuer aus dem Nichts

Eine besonders verhängnisvolle Erscheinungsform negativer Psi-Erfahrungen, die vermutlich psychokinetisch ausgelöst wird, d. h. durch das Einwirken des Bewußtseins auf Materie, ist die sogenannte »spontane Selbstverbrennung« von Personen, kurz SHC (für engl. »spontaneous human combustion«), das »ohne erkennbare Ursachen erfolgende Selbstentzünden und Verbrennen eines lebenden Menschen« (nach Bonin).

In seinem Buch »Poltergeist über England« berichtet Harry Price (1881–1948), Begründer des National Laboratory of Psychical Research, einer der bedeutendsten englischen Parapsychologen, über den mysteriösen Verbrennungstod von Mrs. Madge Knight, die zusammen mit ihrem Ehemann und ihrer Schwester in Sussex lebte. Am frühen Morgen des 19. November 1943 – England erlebte damals das schwärzeste Kriegsjahr – drangen entsetzliche Schreie aus Mrs. Knights Schlafzimmer, in dem sie ganz allein schlief. Ihre Angehörigen fanden sie auf dem Bett ausgestreckt, auf dem Bauch liegend mit schmerzverzerrtem Gesicht. Ihr Rücken wies derart starke Verbrennungen auf, daß der eilends herbeigerufene Arzt ihr eine Betäubungsspritze geben mußte, bevor er die Brandwunde überhaupt anrühren konnte. Obwohl sich die Brandverletzungen über den gesamten Rücken der Bedauernswerten erstreckten, fehlte der typische Verbrennungsgeruch. Seltsamer noch: Die Bettwäsche wies keine Brandspuren auf, sie war nicht einmal angesengt.

Man rief einen Spezialisten herbei, der die Verbrennungen auch als solche identifizierte. Bevor Mrs. Knight, die man ihrer schweren Verletzungen wegen ins Chichester Hospital eingeliefert hatte, am 6. Dezember starb, konnte man sie noch wegen der Ursachen ihrer Verletzungen befragen. Sie selbst hatte keinerlei Erklärung für das merkwürdige Geschehen.

Trotz zahlreicher Widersprüche, die SHC-Fälle wie dieser beinhalten, war in Mrs. Knights Sterbeurkunde lakonisch »Tod durch Blutvergiftung« vermerkt. Etwas anderes hatte man offenbar nicht anzubieten. Die Behörden hatten bei ihren »Bemühungen«, diesen interessanten Fall zu rekonstruieren, ihn mit dem »gesunden Menschenverstand« zu erklären, die sonderbarsten Einfälle. Am verwegensten war wohl die Hypothese, Mrs. Knights Verbrennungen seien auf die Einwirkung einer »korrosiven Flüssigkeit« zurückzuführen. Dies erscheint schon deshalb völlig widersinnig, weil durch Säuren und Laugen nicht nur die Haut ihres Rückens, sondern auch die Bettwäsche angegriffen worden wäre. Diese aber war völlig unversehrt, genau wie Mrs. Knights Hände, Haare, der Kopf und ihre Bekleidung. Auch fand die Polizei bei der Untersuchung dieses Falls keinerlei Hinweise darauf, daß sie durch ätzende Stoffe oder Brennstoffe zu Schaden gekommen war. Man heizte und kochte im ganzen Haus ausschließlich elektrisch, und sämtliche Heizanlagen waren zum Zeitpunkt des Geschehens nicht in Betrieb.

Ebenso unerklärlich stellt sich der Tod einer Witwe namens Martin aus Philadelphia (USA) dar. Als ihr Sohn, der im Westen der Stadt als Feuerwehrmann tätig war, am Abend des 18. Mai 1957 vom Dienst nach Hause kam, fand er zu seinem größten Entsetzen die verkohlte Leiche seiner Mutter. Ihre Verbrennungsmuster wichen ganz erheblich von denen ab, die man üblicherweise bei SHC-Unfällen vorfindet. In diesem Fall waren die Extremitäten völlig verkohlt, wohingegen ihr Torso noch ziemlich unversehrt war. Ihre Schuhe wiesen ebenfalls kaum Brandspuren auf. Die Intensität, mit der das Feuer gewütet haben mußte, ist beachtlich. Chefarzt Dr. Joseph W. Spelman teilte der Presse mit, daß es schon Temperaturen zwischen 900 und 1000°C bedurft hätte, um den Körper des Opfers derart gräßlich zuzurichten. Ein Stapel alter Zeitungen und Versandhauskataloge, der nur etwa 60 Zentimeter vom Opfer entfernt dalag, war nicht einmal angesengt worden. Nichts ließ darauf schließen, daß Mrs. Martin ermordet und danach, zur Beseitigung möglicher Spuren, verbrannt worden war. Selbst wenn dies der Fall gewesen wäre, stellt sich gleich die Frage, durch was die ungewöhnlich hohen Temperaturen ausgelöst worden waren, warum dann nicht der ganze Körper verbrannte und warum der Papierstapel unmittelbar neben ihr nicht in Brand geriet. Fragen über Fragen und keine vernünftigen Erklärungen.

Immer wieder fällt es bei SHC auf, daß die Körper der Opfer in der Regel nur selektive Verbrennungen aufweisen und daß selbst am Körper getragene Bekleidungsstücke sowie die nähere Umgebung des Brandherdes (sofern man von einem solchen überhaupt sprechen kann) vom Feuer verschont bleiben.

In einer Lokalmeldung der »Frankfurter Allgemeinen Zeitung« aus dem Jahre 1982 heißt es: »Der Tod einer 64 Jahre alten Frau, die am Mittwoch bei einem Brand in ihrer Mansarde im Haus Offenbacher Landstraße 393 zu Tode kam, gibt Kriminalpolizei und Staatsanwaltschaft Rätsel auf. Gegen 12.15 Uhr hatten Bauarbeiter, die gegenüber dem Haus zu tun hatten, den aus dem Wohnzimmerfenster dringenden Qualm entdeckt und die Feuerwehr alarmiert.

188

Die Beamten mußten die Wohnungstür aufbrechen und fanden Helene Kühnly tot auf ihrem Sofa liegend vor. Sie hatte sich in eine Steppdecke gewickelt und offenbar dort zum Schlafen niedergelegt. Die Decke war in Brand geraten. Auf welche Weise kann sich die Polizei bisher nicht erklären. Die Brandstelle muß unterhalb der Frau gelegen haben, die an der Rückpartie schwere Brandverletzungen erlitten hatte. Die Feuerwehrbeamten fanden sie auf dem Bauch liegend, zum Fenster hingestreckt und mit verkrampft über der Brust gekreuzten Händen vor. Nach Auskunft von Erstem Staatsanwalt Leistmann, der in der Wohnung die Untersuchungen leitete, tappt man, was die Brandursache betrifft, bisher völlig im Dunkeln. Außer der Decke und einem Stuhlbein hatte nichts Feuer gefangen.«

Völlig unerklärlich ist auch der SHC-Tod eines nur elf Monate alten Kleinkindes – Peter Seaton –, über den der »Daily Telegraph« am 4. Januar 1939 berichtete. Peter war am Abend von seiner Mutter zur gewohnten Zeit ins Bett gebracht worden. Sein Zimmer lag im ersten Stock. Man wähnte ihn bereits fest schlafend, als Harold Edward Huxstep, ein Freund der Familie, der die Seatons gerade besuchte, aus dem oberen Stockwerk die markerschütternden Schreie des Kleinen vernahm. Er stürzte gleich nach oben, um nachzusehen. Als er die Tür zum Kinderzimmer öffnete, schlug ihm eine Höllenglut entgegen. Huxstep: »Es war, als hätte ich die Tür eines Ofens geöffnet. Flammenbündel schossen heraus, versengten mein Gesicht und zwangen mich in den Korridor zurück. Es bestand keine Möglichkeit, Peter herauszuholen.«

Superintendent E. H. Davies von der Londoner Feuerbrigade, der die Brandstelle minutiös untersuchte, mußte später resigniert feststellen, daß sich nichts, aber auch gar nichts in dem Zimmer befunden hatte, was auch nur ein kleines Feuer, geschweige denn eines von einer solchen Intensität hätte auslösen können.

Interessant ist auch hier wiederum die Feststellung der Experten: Obwohl der Körper des kleinen Peter durch das Feuer völlig zerstört worden war, blieben die meisten Möbelstücke im Raum fast unversehrt. Da ein elf Monate altes Kind wohl kaum in der Lage sein dürfte, mit herkömmlichen Mitteln (die nach Feststellung der Beamten auch gar nicht vorhanden waren) einen Intensivbrand zu entfachen, scheiden hier die bekannten Hypothesen, wie man sie häufig bei unerklärlichen Verbrennungen Erwachsener vorbringt, mit an Sicherheit grenzender Wahrscheinlichkeit aus.

Autoren, wie Michael Harrison, die sich mit dem SHC-Phänomen, das sicher mit Recht der paraphysikalischen Szene zugerechnet wird, ausführlich befassen, setzen die »Spannweite« der »Pyro-kinese« recht weit an. Ihrer Auffassung nach erstreckt sich das Gesamtphänomen von »verschiedenen Arten thermischer Unregelmäßigkeiten (des Körpers) über unerklärliche Fieberausbrüche bis hin zur fast völligen Verbrennung des Opfers«. Sie sind davon überzeugt, daß es sich hierbei um abgestufte Erscheinungsformen ein- und derselben Energie handelt, um eine nicht-physikalische Energie, die, auf bislang unerklärliche Weise, aus dem latenten Zustand befreit, verheerende Folgen haben kann.

Bezeichnend für den psychokinetischen Charakter der SHC ist die Tatsache, daß potente Psychokinese-Medien, wie z.B. die mittlerweile verstorbene russische Psychokinetin Nina Kulagina, offenbar mittels psychisch gesteuerter bioplasmatischer Energien Brandphänomene auszulösen vermögen. Hierüber berichtete der russische Parapsychologe

Professor Genadij Sergejew vom Uktomskij-Laboratorium in der englischen Zeitschrift »Sunday People« vom 14. März 1976: »Sie vermag ihrer Umgebung Energie zu entziehen ... Bei mehreren Gelegenheiten hinterließen diese Kräfte, die in ihren Körper eindrangen, bis zu zehn Zentimeter lange Brandflecken auf Armen und Händen ... Ich war einmal zugegen, als ihre Kleider durch diese Energie Feuer fingen; sie flammten buchstäblich auf. Ich half ihr, die Flammen zu löschen, und bewahre einen Teil der verbrannten Kleidung zum Vorzeigen auf.«

SHC und gesteuerte, psychokinetisch ausgelöste Pyro-Effekte zeigen mit aller Deutlichkeit die negativen Aspekte mancher Paraphänomene. Sie unterstreichen einmal mehr die Forderung der seriösen Parapsychologie nach sorgfältiger Untersuchung und ausreichender Kontrolle dieses und anderer Paraphänomene, um künftigen Mißbrauch zu unterbinden.

Tödliche Blicke

Viele Menschen sind auch heute noch fest davon überzeugt, daß es so etwas wie den »bösen Blick« gibt, die Fähigkeit, jemanden durch bloßes Anstarren erkranken zu lassen oder gar zu töten. Aus abgelegenen Gegenden Afrikas, Asiens und sogar Europas wird immer wieder von Fällen berichtet, die nachdenklich stimmen, bei denen man das Gefühl nicht loswerden kann, daß sich psychische Einflüsse unter gewissen Umständen tödlich auszuwirken vermögen.

In dem süditalienischen Dörfchen Capolino lebte vor vielen Jahren ein Mann, von dem behauptet wurde, daß er den »bösen Blick« besäße – ein Umstand, der sich für die dortigen Menschen verhängnisvoll auswirken sollte. Der aus England stammende Geistliche Dermot Connor weilte noch nicht einmal eine Stunde in Capolino, als er zum erstenmal von Gregorio d'Angelo hörte, dem Mann, der seine Augen als Waffe benutzte.

Connor war gekommen, um bei seinem alten Studienfreund, Alberto Modonese, der dort als Ortspfarrer tätig war, einen dreiwöchigen Urlaub zu verbringen. Sie saßen gerade gemütlich bei einem Glas Aperitif zusammen, als jemand an die Haustür klopfte. Bevor Vater Alberto sich erheben konnte, stürzte eine verängstigte Frau ins Zimmer, warf sich vor ihm auf die Knie und bat ihn um Hilfe. Die Frau, der man Armut und Entbehrungen ansah, flehte den Pfarrer an, für ihren Ehemann zu beten, da Gregorio d'Angelo ihn verflucht habe.

Connor, der fließend Italienisch sprach, hatte keine Mühe, dem Gespräch zu folgen. Er blickte seinen Freund bedeutungsvoll an, so als ob er erwarte, daß dieser die Frau wegen ihres Aberglaubens rüge. Der aber schien die Ängste der Frau zu verstehen. Connor wunderte sich, warum ein intelligenter Geistlicher wie Modonese über das Geschwätz einer ungebildeten Bäuerin so besorgt war.

Vater Alberto betete einige Augenblicke mit der verzweifelten Frau und versprach ihr, sie am späten Nachmittag zu besuchen. Als die Bäuerin gegangen war, offenbarte er sich seinem Freund. Er habe diese Sache ihm gegenüber immer verschwiegen, da er ihn sonst wahrscheinlich für verrückt gehalten hätte. Nun aber sei er selbst Zeuge eines fast alltäglichen Vorfalls geworden. Von Neugierde geplagt, bat Connor ihn, die ganze Geschichte zu erzählen, in der Hoffnung, seinem Freund helfen zu können. Modonese begann: »In all den Jahren, in denen ich diese Gemeinde betreue, habe ich nichts gegen diesen Mann und seinen schlechten Einfluß unternehmen können. Manchmal war ich entschlossen, mich direkt an den Vatikan zu wenden, um mir Rat zu holen. Ich fürchtete jedoch, nicht ernst genommen zu werden, da ich nichts beweisen konnte. Die von d'Angelos Missetaten Betroffenen sind allesamt tot, und die Aussagen der Einheimischen würden vom Gericht als Aberglaube verworfen und niemals anerkannt werden.«

Dann enthüllte der Priester seinem Freund das Geheimnis des Gregorio d'Angelo, eine Geschichte, die nur der zu verstehen vermag, der die Süditaliener kennt.

Am 28. Mai 1906 erlitt der damals vierzehnjährige Bauernjunge Gregorio d'Angelo auf den Stufen der Dorfkirche einen schrecklichen, langanhaltenden Anfall. Erst nach einer Stunde beruhigte sich der Junge. Während des Anfalls hatte sich sein Aussehen, aber auch sein ganzes Wesen merklich verändert. Er war mit einemmal nicht mehr der hübsche Junge, den alle mochten, sondern ein mißgestalteter, böse dreinblickender Mann. Auch seine Augen – von Geburt dunkelbraun – hatten plötzlich einen blauen Farbton angenommen. Sie schienen von innen heraus zu glühen.

Die Dorfbewohner, die diese unglaubliche Wandlung selbst miterlebt hatten, fürchteten sich fortan vor ihm in der Annahme, daß er vom Teufel besessen sei, und d'Angelo unternahm auch nichts, um sie vom Gegenteil zu überzeugen. Vom Tage seiner seltsamen Umwandlung an terrorisierte d'Angelo – der »Leibhaftige«, wie ihn die Leute nannten – das ganze Dorf. Jeder, der sich ihm entgegenstellte oder den er nicht mochte, wurde von ihm mit dem »bösen Blick« bestraft und auf diese Weise gelegentlich sogar getötet. Modonese wörtlich: »Ein einziger Blick aus diesen schrecklichen Augen genügt, und der Betroffene stirbt. Es klingt phantastisch, aber ich versichere dir, daß es stimmt. Seitdem ich hier bin, sind diesem Mann bereits sechs Menschen zum Opfer gefallen, und viele wurden durch ihn todkrank.«

Connor gab später einmal zu, daß er über die Besorgnis seines alten Freundes am liebsten lauthals gelacht und ihn mit beißendem Spott bedacht hätte. Er unterdrückte jedoch seine Regungen, weil er wußte, daß Alberto im Prinzip ein intelligenter, nüchtern denkender Mann war, der sich nicht so schnell von den abergläubischen Dorfbewohnern beeinflussen ließ.

Nachdem sie ihr Gespräch beendet hatten, wußte Connor, was er zu tun hatte. Er würde d'Angelo öffentlich auffordern, ihn mit einem Todesfluch zu belegen. Wenn dieser Fluch nicht wirkte, wäre dies für die Einheimischen der Beweis, daß sein Gegner über keine übernatürlichen Kräfte verfüge. Alberto bat seinen Freund, den seiner Ansicht nach gefährlichen Plan aufzugeben. Der aber war von seiner Idee so fasziniert, daß er alle Bedenken beiseite schob.

Als erstes beschloß Connor, seinem Widersacher einen Besuch abzustatten. D'Angelo besaß eine große weiße Villa auf einer Anhöhe außerhalb des Dorfes, ein Anwesen, das einem reichen Gutsbesitzer Ehre gemacht hätte. Seinen Wohlstand verdankte er ausschließlich dem Geld, das er den verängstigten Dorfbewohnern durch ständige Drohungen abgenommen hatte.

Als Connor schließlich d'Angelo gegenüberstand, mußte er zugeben, daß die Furcht der Menschen vor diesem unheimlich wirkenden Mann begründet war. Mit seinen extrem langen, schlaff herunterhängenden Armen bot er dem Priester einen grotesken Anblick. Zwar war sein Kopf wohlgeformt, aber seine Lippen hatten sich zu einem höhnischen Grinsen verzogen. Seine Erscheinung mußte jedem, dem er begegnete, Unbehagen und Angst einjagen. Trotz der nicht zu übersehenden Häßlichkeit seines Körpers und Gesichtes achtete Connor zuerst auf d'Angelos kleine Augen. Sie waren wäßrigblau, fast weiß und traten unter seinen buschigen Brauen in auffallender Weise hervor, so daß sie gleichermaßen faszinierend und abstoßend wirkten. Als der Priester ihn anschaute, spürte er zum erstenmal in seinem Leben, daß er einen vom Bösen völlig beherrschten Menschen vor sich hatte.

»Haben Sie mich erwartet, Signore d'Angelo?« fragte ihn Connor so sachlich wie möglich. D'Angelo erwiderte: »Ja, ich erwarte Sie schon seit Jahren. Und jetzt wollen Sie mich prüfen. Sie werden es noch bereuen, Vater.«

Connor konnte es sich nicht erklären, warum er von diesem Mann erwartet wurde und wieso d'Angelo über seine Absichten Bescheid wissen konnte.

Nach seinem Besuch äußerte sich Connor gegenüber seinem Freund, d'Angelo habe ihn mit seinem merkwürdigen Verhalten nur aus der Fassung bringen wollen, was ihm aber nicht gelungen sei. Alberto war sich aber nicht so sicher, und er warnte Connor, die Drohungen ernst zu nehmen.

Der Geistliche hatte mit d'Angelo für den nächsten Tag ein Treffen vereinbart, das zur Mittagszeit auf dem Dorfplatz direkt vor der Kirche stattfinden sollte. Jeder im Dorf sah der Auseinandersetzung zwischen den beiden mit großer Spannung entgegen.

Tags darauf, als Connor auf dem Dorfplatz eintraf, erwartete ihn bereits die gesamte Bevölkerung von Capolino. Auch Gregorio d'Angelo hatte sich dort schon eingefunden. Er stand allein auf den Stufen der Kirche und starrte die Versammelten feindselig an.

»Gott sei mit dir«, sprach Connor zu d'Angelo, als er sich ihm näherte. Dieser aber spie verächtlich vor ihm aus. Connor erklärte den Leuten mit ruhiger Stimme, wie es kam, daß Menschen aus Furcht vor etwas Unbekanntem erkranken, ja sogar sterben können. Die Macht einer Verwünschung würde nur bei denen wirken, die tatsächlich an sie glaubten. Nicht der Fluch selbst, sondern die durch die Verwünschung ausgelöste Panik wäre die eigentliche Ursache der Erkrankung. Connor verkündete standhaft: »Ich fürchte mich nicht vor diesem Mann. Er ist ein Betrüger, ein Sterblicher wie wir, dessen Geist aber so schlecht ist, daß wir Mitleid mit ihm empfinden sollten. Nun ist es mit seinen Betrügereien endgültig vorbei. Niemand in diesem Ort wird wegen d'Angelo sterben müssen ...«

Als d'Angelo dies vernahm, begann er am ganzen Körper zu zittern. Es war nicht Furcht, sondern die unbändige Wut eines Mannes, der seine Gefühle nicht länger beherrschen konnte. Mit einem Aufschrei wandte er sich Connor zu, der ihn seelenruhig anschaute, als sich seine kleinen Augen in ihn hineinzubohren schienen. Für einen Augenblick hatte es ganz den Anschein, als ob d'Angelo ohnmächtig werden würde. »Ich verfluche dich und wünsche dir den Tod«, hörte ihn Connor geifern.

Als die Menge sah, daß der Fluch Connor völlig unberührt ließ, zerstreute sie sich, um das soeben Erlebte unter sich zu diskutieren. Der Priester lachte und winkte den Menschen zu. Nach einem kurzen Dankgebet in der Kirche begab er sich zu Giacometti Caudulo, dem Schäfer, den d'Angelo ebenfalls verflucht hatte. Er erklärte ihm, daß er fortan nichts mehr zu befürchten habe und daß es ihm bald wieder bessergehen würde.

Connor hielt sich noch drei weitere Wochen in Capolino auf. Caudulo erholte sich zusehends, und Connor wertete dies als ein gutes Zeichen. Als die Zeit des Abschiednehmens gekommen war, konnte er für sich in Anspruch nehmen, die Leute von Capolino davon überzeugt zu haben, daß sie von d'Angelo nichts zu befürchten hatten.

Drei Tage nach seiner Ankunft in England erkrankte Connor ernstlich. Man brachte ihn sofort ins Krankenhaus von Leeds, wo die Ärzte um sein Leben kämpften. Alle Versuche, ihn zu retten, schlugen fehl. Er starb innerhalb von 48 Stunden. Eine Autopsie ließ keine Ursache seines plötzlichen Dahinscheidens erkennen.

Man schrieb das Jahr 1936, und viele Krankheiten, über die wir heute genau Bescheid wissen, waren damals noch nicht bekannt. Man fragt sich, ob der Priester an einer dieser Krankheiten oder an etwas anderem, medizinisch nicht Diagnostizierbarem, gestorben ist. Wir werden es wohl nie erfahren.

Interessant ist aber, daß am gleichen Tag, als Connor starb – am 28. August 1936 –, im fernen Capolino Gregorio d'Angelo einen Schlaganfall erlitt, während er auf den Stufen der Dorfkirche stand, genau da, wo er einen Monat zuvor von Connor öffentlich gebrandmarkt worden war.

D'Angelo wurde auf dem Friedhof von Capolino beigesetzt. Pfarrer Alberto Modonese, der kurz zuvor vom Tod seines Freundes erfahren hatte, war davon überzeugt, daß auf unerklärliche Weise der Gerechtigkeit Genüge getan war. Dennoch bleiben in diesem interessanten Fall noch viele Fragen offen.

Der unheimliche Keller

Im Keller des Mietshauses herrschte bedrückende Stille. Der einzige Laut, der zu vernehmen war, kam von einer weißen Ratte, die an einem Stück Käse nagte. Es war schon nach Mitternacht, und den vier Männern, die dort in dem taghell erleuchteten Raum abwartend herumsaßen, stand noch eine aufregende Nacht bevor. Bislang hatte sich noch nichts Besonderes ereignet, und es sah zunächst ganz so aus, als ob es dabei bleiben sollte. Die Männer räkelten sich in ihren Klappstühlen und schauten gelangweilt der Ratte zu, wie diese sich an dem Käsebrocken delektierte. Wenigstens sie schien die Situation zu genießen.

Das Dreifamilienhaus, in dem die vier zusammengekommen waren, um ein höchst bemerkenswertes Experiment durchzuführen, unterschied sich rein äußerlich durch nichts von den meisten Häusern im Süden Londons des Jahres 1929. Nur mit dem Keller hatte es eine besondere Bewandtnis. Aus ihm wollten Mieter und Anwohner häufig laute Schläge, nervenzerfetzende Pfeiftöne und schrille Kratzgeräusche vernommen haben. Da der Lärm im Laufe der Jahre von so vielen Personen deutlich wahrgenommen worden war, konnte er wohl kaum auf Einbildung beruhen. Wenn Mieter spät abends noch einmal den Keller aufsuchten, um Kohlen oder andere Vorräte zu holen, wurden sie hin und wieder von einer unsichtbaren Kraft attackiert und dabei sogar an die Wand geschleudert. Auch sollen sich dort gelegentlich Gegenstände selbständig gemacht haben, d. h. von selbst durch die Luft geschwebt sein – Phänomene, die in der Parapsychologie als Spuk bezeichnet werden. Alle diese Manifestationen wurden von einer unerträglichen Geruchsbelästigung begleitet.

Der Reporter Stanley Bishop – er besaß für sensationelle Storys eine besonders gute Nase – hatte sich deshalb an einem Vorfrühlingsabend des Jahres 1929 mit drei weiteren Personen im Keller des Spukhauses eingefunden, um an einem Experiment teilzunehmen, das zur Aufklärung des sonderbaren Phänomens beitragen sollte. Als unabhängige Zeugen waren ein Bankdirektor, ein Geistlicher und ein Mitarbeiter der »Society for Psychical Research« (Englands berühmter Gesellschaft zur Erforschung des Paranormalen) geladen.

Die Menschen in der Nachbarschaft des Hauses sprachen schon seit geraumer Zeit von einer mächtigen Entität, die dort ihr Unwesen treibe. Aber erst seit kurzem traten in diesem Keller weitere lästige Phänomene in Erscheinung, die dringend der Abhilfe bedurften. Frisches Fleisch verfaulte innerhalb kurzer Zeit, und Katzen sowie Hunde, die sich in den Keller verirrten, trugen Verletzungen davon, die man sich nicht erklären konnte. Hausbewohner sprachen von einem würgenden Gefühl am Hals, wenn sie sich dort längere Zeit aufhielten.

An dem Abend, als sich Stanley Bishop und die anderen in dem Keller aufhielten, schien alles so friedlich, daß Bishop am liebsten ein Nickerchen gemacht hätte. Hierzu hatte er jedoch keine Gelegenheit, denn die speziell für den Versuch installierte Deckenbeleuchtung tauchte den Raum in grelles Licht. Selbst die entferntesten Ecken waren taghell erleuchtet; das grelle Licht ließ jeden Riß, ja selbst jede Spinnwebe deutlich erkennen.

Als die auf dem Boden aufgestellte Uhr eine Viertelstunde nach Mitternacht anzeigte, wurde Bishop mit einemmal aus seiner Lethargie gerissen. Er lehnte sich nach vorn, um zu sehen, was die anderen Männer beschäftigte, was ihre Aufmerksamkeit in Anspruch nahm. Es war eine Ratte, die von einer Sekunde zur anderen das Knabbern am Käse eingestellt hatte. Sie saß geduckt in einer Ecke des dort plazierten Käfigs und lugte ängstlich im Raum umher. Ihre kleinen Augen waren vor Schreck geweitet, ihre Zähne entblößt, und sie gab einen bösartigen Knurrlaut von sich. Dann spürten die Anwesenden plötzlich, wie es um sie herum kälter wurde, wie sich etwas Nichtgreifbares, Böses dem Keller näherte. Obwohl die Deckenlampe ihr Licht unvermindert abstrahlte, hatten die Männer den Eindruck, daß ihre Leuchtkraft durch einen dünnen Nebelschleier, der sich in dem Raum ausbreitete, allmählich nachließ.

Bishop fluchte leise vor sich hin, als er sah, daß die Ratte steif wurde und sich im Käfig hin und her wälzte. Plötzlich blieb das Tier regungslos liegen. Es war tot, getötet von jener unsichtbaren Entität, der sie aufgelauert hatten, um ihrer habhaft zu werden.

Noch bevor sich die Experimentatoren von ihren Plätzen erhoben und nachsehen konnten, was da geschah, beobachteten sie etwas, das es eigentlich nicht geben durfte. Vor ihren Augen begann die glatte weiße Haut der Ratte zu schrumpfen. Zunächst lösten sich ihre Haare und dann ihr ganzer Körper auf. Was zurückblieb, war eine verfaulte, schleimige Substanz.

Mit der Kälte, die das Team vor dem Auflösungsprozeß gespürt hatte, war auch ein widerlicher, fauliger Geruch in den Kellerraum eingedrungen. Er reizte die Männer zum Erbrechen und erzwang schließlich ihren Rückzug ins Freie. Als sie wenige Minuten später zurückkehrten, war die Kälte aus dem Raum gewichen. Der Gestank war abgezogen und die Luft sauber wie zuvor.

Am Morgen nach diesem Vorfall machte sich Stanley Bishop auf den Weg, um die Geschichte des Hauses zu ergründen. Es stellte sich heraus, daß dort schon immer merkwürdige Dinge geschehen waren. Während der letzten 50 Jahre hatte es in diesem Haus niemand länger als ein halbes Jahr ausgehalten. Die Mieter beschwerten sich ständig darüber, daß etwas Unsichtbares, Unheimliches ihre Gesundheit oder gar ihr Leben bedrohe. Personen, die dort einmal zu Besuch weilten, verzichteten darauf, eine zweite Einladung anzunehmen. Einige Mieter mußten ihre Haustiere einschläfern lassen, nachdem sie im Keller auf unerklärliche Weise schwere Verletzungen erlitten hatten. Die Situation hatte sich in den letzten Monaten dramatisch zugespitzt, so daß der Besitzer des Hauses schon an dessen Abriß dachte. Als die Parapsychologische Gesellschaft und die Presse davon erfuhren, baten sie den Hausbesitzer, in dem Gebäude einige Experimente durchführen zu dürfen. Dieser stimmte dem Vorhaben zu, da er selbst an einer Aufklärung der Vorfälle brennend interessiert war.

Am Tage nach dem makabren Geschehen begaben sich die Männer erneut in den Spukkeller. Sie hatten die feste Absicht, den schlimmen Aktivitäten des unsichtbaren Etwas ein Ende zu bereiten. Es waren diesmal aber nur drei Personen, da sich der verängstigte Bankdirektor mit Entschiedenheit geweigert hatte, an einem weiteren Experiment teilzunehmen. Diesmal waren die Experimentatoren mit Gasmasken ausgerüstet, um sich vor möglichen Geruchsbelästigungen zu schützen. Bishop brachte für das zweite Experiment eine frische Lammschulter mit, an der noch Eisbrocken klebten. Er hatte das Fleischstück nur wenige Stunden zuvor auf dem Londoner Smithfield-Markt erstanden. Um es bis zum Experiment frisch zu halten, war es in Eis verpackt angeliefert worden. Es wurde in eine mit einem Baumwolltuch abgedeckte Schüssel gelegt, die man in der Mitte des Kellerraumes aufstellte.

Der Raum war, wie am Vortage, schattenfrei ausgeleuchtet. Die Männer setzten sich auf die mitgebrachten Klappstühle und beobachteten aufmerksam den Fleischbrocken in der Schüssel. Etwa eine Stunde lang geschah überhaupt nichts. Dann aber überschlugen sich die Ereignisse. Urplötzlich überkam die Männer das gleiche Kältegefühl, das sie schon beim ersten Experiment mit der Ratte empfunden hatten. Instinktiv lehnten sie sich nach vorn, und Bishop hielt seine Kamera schußbereit. Wieder drang der entsetzliche Fäulnisgeruch in den Keller ein. Schnell streiften die Männer ihre Gasmasken über, um sich dort weiter aufhalten zu können. Bishop richtete seine Kamera auf die Lammschulter. Und wieder geschah das Unfaßbare – direkt vor ihren Augen. Der erst vor kurzem gekaufte frische Fleischbrocken von mehreren Kilogramm Gewicht lief blau an ... und begann sich zu zersetzen. Schon nach wenigen Minuten hatte sich das Fleisch grau verfärbt. Der Klumpen kippte um und fiel aus der Schüssel heraus auf den Boden, wo er sich alsbald in eine schleimige Masse verwandelte.

Bishop hatte den gesamten Vorgang im Bild festgehalten. Er wußte, daß weder er noch sonst irgend jemand dieses Schauspiel ein weiteres Mal erleben würde, denn Sekunden später trat der Priester in Aktion, um den Keller mit geweihtem Wasser zu besprengen und den Exorzismus über den Kellerraum zu sprechen. Danach konnte man nur noch hoffen.

Stanley Bishop stand noch lange Zeit danach mit dem Hauseigentümer in Verbindung. Es war inzwischen still geworden um das alte Haus im Süden Londons. Die Manifestationen des Bösen blieben aus. Was oder wer auch immer sie ausgelöst haben mochte, schien fortan mit der Welt in Frieden leben zu wollen.

Die schwarze Wolke

Es war Ende Juli 1952, als Harold Crowther mitten in der Nacht durch ungewöhnlich lautes Gebrüll seiner Kühe aufgeweckt wurde. Er streifte schnell seine Gummistiefel über, schlüpfte in den Regenmantel, griff zur Taschenlampe und eilte durch die Dunkelheit zum Kuhstall. Noch bevor er die schwere, gut gesicherte Stalltür öffnete, spürte er förmlich die Panik, die die Tiere befallen hatte. Als er das Licht anschaltete, erkannte er sofort, daß eines der Tiere offenbar von etwas Unsichtbarem angegriffen wurde, daß die Kuh Todesängste ausstand. Ihre Augen waren schreckgeweitet. Die Fellhaare standen kerzengerade nach oben; das Tier war schweißgebadet.

Eine Überprüfung des Stalles ergab keinen Anhaltspunkt für die plötzlich aufgetretene Panik. Nur, daß Crowther für einen Moment eine kleine schwarze Rauchwolke an sich vorbeiziehen zu sehen meinte. Da aber im Stall kein Feuer brannte, glaubte er, sich getäuscht zu haben. In der Annahme, das Tier – eine wertvolle junge Milchkuh – habe einen Anfall erlitten, verständigte Crowther sofort den Tierarzt. Dieser konnte ihn nach einer eingehenden Untersuchung jedoch beruhigen. Der Kuh fehlte nichts – man stand vor einem Rätsel. Unverständlich war allerdings, daß die Kuh nach diesem Zwischenfall keinen Tropfen Milch mehr gab. Andere Veterinärärzte, die der Farmer ebenfalls konsultierte, fanden für das widersprüchliche Phänomen keine Erklärung. Dieser Vorfall sollte allerdings nur der Auftakt zu einer Reihe unerklärlicher, von Gewaltausbrüchen begleiteten

Aktivitäten sein, die Harold Crowther hart an den Rand des Bankrotts brachten. Während der darauffolgenden Wochen wurden die Crowthers von spukartigen Phänomenen heimgesucht, die das Leben auf der sonst friedlichen Farm unerträglich machten.

Nur wenige Tage nach dem Ärger mit der Kuh waren dort einige Freunde zum Abendessen geladen. Als sie alle im Eßzimmer beisammen saßen, beobachteten sie, wie sich der Geschirrschrank von selbst zu bewegen begann und wie er schließlich umkippte, ohne daß ihn jemand berührt hatte. Das teure Porzellan im Wert von mehreren hundert Dollar ging zu Bruch. Niemand war dem Schrank zu nahe gekommen. Für das Umkippen des Schrankes schien es keine vernünftige Erklärung zu geben. Plötzlich deutete einer der Gäste auf die Wand, vor der der Schrank gestanden hatte. Etwa 60 Zentimeter über dem Fußboden war eine kleine schwarze Rauchwolke zu sehen, die immer schneller zu rotieren begann, bis sie sich in Nichts auflöste. Nach diesem Zwischenfall schien eine unbekannte, bösartige Kraft alles daranzusetzen, die Farm zu ruinieren. Alle Zuchtschweine des Crowtherschen Bestandes erkrankten. Anfangs verloren die Tiere nur ihre natürliche Hautfarbe. In der Annahme, daß hier ein Fall von Schweinepest vorliege, ergriffen Crowther und sein Verwalter, John Glyn, Vorsichtsmaßnahmen, um die Ausbreitung der vermeintlichen Seuche zu vermeiden. Sie zielten ins Leere. Am 11. August 1952 verendete das erste Tier. Danach ging alles sehr schnell. Innerhalb von zwei Wochen waren mehr als 50 Schweine – der gesamte Bestand – eingegangen.

Experten des Landwirtschaftsministeriums suchten die Farm auf, um die Ursache des plötzlichen Schweinesterbens zu ermitteln, aber auch sie waren völlig ratlos. Wenige Tage später besprühten Crowther und Glyn die Schweineställe mit einem starken Desinfektionsmittel. Plötzlich hörte Crowther, wie Glyn verzweifelt nach Luft rang. Sofort eilte er dem Mann am anderen Ende des Stalles zu Hilfe. Beim Näherkommen sah er, wie dieser gebannt auf eine schwarze Nebelmasse starrte, die direkt auf ihn zuschwebte. Mit sicherem Griff riß er Glyn zur Seite. Die schwarze übelriechende Wolke zog an ihnen vorbei, um durch die Stalltür in Richtung Hof zu verschwinden.

Anfang 1953 begann Crowther erneut mit der Aufzucht von Schweinen. Mehrere Wochen schien alles gutzugehen. Nichts Außergewöhnliches ereignete sich. Dann, eines Tages, war aus dem Schweinestall ein infernalisches Gequieke zu hören. Crowther glaubte zunächst, daß die Schweine miteinander rauften, und er eilte zu den Ställen, um die Tiere zu beruhigen. Dort stellte er fest, daß dies nicht der Fall war, sondern daß sie offenbar in Todesangst aufeinanderzuklettern versuchten, um auf diese Weise nach draußen zu gelangen.

Nur wenige Tage nach diesem sonderbaren Vorfall begannen die Tiere einzugehen. Zwei Wochen später lebte keines mehr von ihnen. Genau wie bei der ersten Herde konnte auch diesmal die genaue Todesursache nicht ermittelt werden.

Die geheimnisvolle schwarze Wolke, die man jetzt erstmals mit dem Tod der Tiere in Zusammenhang brachte, erschien eines Morgens erneut auf der Farm, gerade als Crowther und ein Nachbar neben den Schweineställen standen und sich über die ungewöhnliche »Krankheit« unterhielten. Frau Crowther sah, wie plötzlich ein schwarzes, dampfförmiges Gebilde um das Haus auf die Ställe zukroch. Sofort rief sie ihrem Mann eine Warnung zu. Gereizt lief Harold Crowther der unheimlichen Wolke entgegen, um sie mit einem Knüppel zu attackieren, als diese mit einemmal direkt auf ihn zuschwenkte. Noch bevor er es verhindern konnte, hatte ihn die Wolke eingehüllt. Später ließ er verlauten, das Gefühl gehabt zu haben, als ob Dornenzweige an seiner Kleidung zerrten, als ob sich die übelriechende Masse an Gesicht und Händen festklammere. Dann löste sich die Wolke mit einemmal auf.

Von diesem Tage an kehrte Ruhe in das Crowthersche Anwesen ein. Die Unglückswolke, die dem Farmbetrieb schwere Schäden zugefügt hatte, blieb fortan den Ställen fern. Crowther unternahm jedoch keinen weiteren Versuch, die Schweineaufzucht fortzusetzen.

Ein Jahr danach wurde das Haus des Farmverwalters John Glyn von dem unerklärlichen Phänomen heimgesucht. Eines Tages, als dieser sich mit seiner Frau im Wohnzimmer aufhielt, öffnete sich mit einemmal die Tür, und die schwarze Wolke hing unheilvoll über der Schwelle. Als sie dann plötzlich vehement in das Zimmer eindrang, wurden Zeitungen, Tücher, Kissen und der Tisch wie von einem Wirbelwind nach oben gerissen und im Zimmer umhergeschleudert. Aschenbecher, Zierat und Stühle wurden mit aller Wucht an die Wände geschleudert und in tausend Stücke zerschlagen. Die schwarze Wolke löste auch hier, ähnlich wie bei den Crowthers, sogenannte Spukeffekte aus, die etwa sechs Monate anhielten und die Hausbewohner zur Verzweiflung bringen sollten.

Am Ende ihrer Nerven wandten sich die Glyns an einen ortsansässigen Priester, der durch Exorzismus für Abhilfe sorgen sollte. Die Prozedur fand in Anwesenheit von Zeugen im Wohnzimmer der Glyns statt. Als gegen Ende der Zeremonie die Anwesenden zufällig zum Fenster schauten, sahen sie für einen Augenblick das Gesicht eines Mannes, der sie durchdringend anstarrte. Niemand wußte sofort zu sagen, um wen es sich hierbei handelte. Tags darauf schauten sich Crowther und Glyn alte Fotos an. Auf einem der Bilder erkannten sie sofort jenen Mann wieder, der sie während des Exorzismus beobachtet hatte. Es handelte sich dabei um Harold Crowthers Großvater, der 30 Jahre zuvor in dem Stall, wo das Phänomen zum erstenmal auftrat, verstorben war. Nach dem Exorzismus blieben die Crowthers und Glyns vor weiteren Angriffen aus dem Jenseits verschont.

Derosiers Spiegelbild

Niemand wußte, warum der Rechtsanwalt Jean Derosier plötzlich sein Spiegelbild mied. Etwas Ungewöhnliches muß sich damals, im März des Jahres 1923, in seiner Marseiller Wohnung zugetragen haben, etwas, das seine Lebensgewohnheiten in mancher Hinsicht nachhaltig beeinflussen sollte.

Als seine junge hübsche Ehefrau am Nachmittag jenes Tages vom Einkaufsbummel nach Hause kam, sah sie sich einer seltsam veränderten Wohnung gegenüber. Sämtliche Spiegel und Fenster waren mit Tüchern verhangen und die hochglanzpolierten, spiegelnden Oberflächen von Tischen, Schränken und Kommoden mit einer Wachsschicht überzogen. Derosier, der sich in seinem Arbeitszimmer aufhielt, war keine besondere Erregung oder gar geistige Verwirrung anzumerken.

Seine Frau wollte natürlich wissen, was dies alles zu bedeuten habe. Gereizt erwiderte Derosier, daß er sein Spiegelbild ab sofort nicht mehr zu sehen wünsche. Und an dieses selbstauferlegte Verbot sollte er sich bis zuletzt halten.

Dies hatte zur Folge, daß er sich von diesem Tage an bei der morgendlichen und abendlichen Toilette nur noch vom Tastsinn leiten ließ – eine recht umständliche Prozedur, die sehr zeitaufwendig war. Jedesmal, wenn er ein Weinglas zu Munde führte, schloß er behutsam die Augen. Weinflaschen ließ er sich grundsätzlich in Servietten gehüllt servieren. Wann immer er das Haus verließ, um sich in sein nur wenige Kilometer entferntes Stadtbüro zu begeben, mußte ihn seine Frau chauffieren. Derosier saß während der Fahrt mit geschlossenen Augen auf dem Rücksitz. Vor dem Bürogebäude angekommen, ließ er sich in seine abgedunkelten Praxisräume führen, aus denen alle spiegelnden Utensilien entfernt worden waren.

Sieht man einmal von seinem unerklärlichen Widerwillen gegen sein eigenes Spiegelbild ab, führte Jean Derosier ein verhältnismäßig normales, geregeltes Leben. Seine Praxis ging gut. Er war glücklich verheiratet, zumal seine Frau mit der ungewöhnlichen Phobie ihres Mannes zu leben verstand. Sie selbst brauchte auf Spiegel nicht zu verzichten. Ein Raum ihres Hauses war als Ankleidezimmer ausschließlich für sie eingerichtet worden. Derosier mied es, wie dringend auch immer er seine Frau zu sprechen wünschte.

Es war im Jahre 1938, als Derosier plötzlich zusammenbrach und auf dem schnellsten Wege ins Krankenhaus gebracht werden mußte. Und dort sollte sein Schicksal eine tragische Wende nehmen.

Die Ärzte mußten mit ansehen, wie Derosier völlig zum Spielball seiner vermeintlichen Imagination, zum Opfer unerklärlicher Kräfte wurde, die fünfzehn Jahre zuvor von ihm Besitz ergriffen hatten. Nach einer völlig ungefährlichen Routineoperation, die wegen einer Blinddarmentzündung notwendig geworden war, legte man ihn in ein ruhiges Zimmer. Sein Bett hatte man gegen spiegelnde Objekte sorgfältig abgeschirmt.

Am Tag nach der Operation, während der morgendlichen Visite, richtete sich Derosier plötzlich auf und stieß mit aller Wucht die Abschirmung um. Der dadurch verursachte Lärm war in der während der Visite herrschenden Stille nicht zu überhören. Schwestern eilten herbei, um nachzusehen, was vorgefallen war. Inzwischen hatte sich Derosier auf sein Bett zurückfallen lassen, die Augen geschlossen, das Gesicht seltsam verzerrt und leichenblaß. Er atmete stoßweise und machte einen völlig erschöpften Eindruck.

Als sich eine der Stationsschwestern über ihn beugte, öffnete er die Augen. Für jeden deutlich vernehmbar, verlangte er nach einem Spiegel. Die Schwester zögerte für einen Moment, denn alle hatten wegen seiner ausgefallenen Phobie strikte Anweisung, spiegelnde Gegenstände von Derosier fernzuhalten. Derosier wies jedoch die Einwände der Schwester zurück und bestand darauf, sofort einen Spiegel ausgehändigt zu bekommen. Nachdem ihn einer der Ärzte im Bett aufgerichtet hatte, reichte ihm die Schwester einen kleinen Handspiegel.

Mit weit aufgerissenen Augen starrte Derosier lange Zeit ungläubig auf etwas, das er fünfzehn Jahre nicht mehr gesehen hatte. Jean Derosier betrachtete Jean Derosier, so als ob er sich alle Einzelheiten seines Gegenübers für immer fest einprägen wolle. Sein Gesichtsausdruck war beherrscht. Nichts ließ auf das schließen, was seinen Blick minutenlang fesselte, was während dieser Zeit in ihm vorging. Fünf Ärzte, mehrere Schwestern und ein Dutzend Patienten beobachteten ihn aufmerksam.

Während Derosier den Spiegel langsam auf sein Nachttischchen legte – die spiegelnde Fläche nach unten –, verkündete er mit sanfter Stimme, er werde jetzt sterben. Obwohl die ihn behandelnden Ärzte ihm eindringlich versicherten, daß er sich überhaupt nicht in Lebensgefahr befinde, schien Derosier anderer Meinung zu sein. Für ihn war sein bevorstehender Tod unabänderlich – ein Ereignis, dem er nicht auszuweichen vermochte. Derosier verbot jedem, den Spiegel zu berühren oder ihn gar von der Tischplatte zu entfernen. Der bloße Gedanke daran schien ihn bereits in Panik zu versetzen.

Die durch Derosiers unerklärliches Verhalten verunsicherten Ärzte zogen schließlich einen Psychologen zu Rate, der ihm seine vermeintlichen Wahnvorstellungen ausreden sollte. Dieser fragte ihn unumwunden, was es mit dem Spiegel auf sich habe. Derosier besann sich kurz. Dann erwiderte er mit schwindender Stimme, daß dies jetzt keine Rolle mehr spiele, denn niemand wäre in der Lage, den Spiegel von der Tischplatte wegzunehmen. Mit einem Seufzer der Erleichterung hauchte er sein Leben aus. Seine Augen waren starr auf den neben ihm liegenden Spiegel gerichtet, dann schlossen sie sich für immer.

Kurz darauf versuchte Derosiers Bettnachbar durch dessen Äußerungen neugierig geworden –, den Spiegel von der Ablage zu entfernen, was aber trotz mehrmaliger Versuche mißlang. Wie sehr sich auch Schwestern und Patienten mühten, der Spiegel haftete auf seiner Unterlage wie angegossen. Schließlich versuchte es der Pförtner mit einer kleinen Flachhacke. Aber auch dieser Prozedur widerstand der Spiegel. Niemand und nichts schien ihn von der Stelle bewegen zu können.

Der Fall wurde publik, und zahlreiche Wissenschaftler begannen sich für Derosiers merkwürdigen »Nachlaß« zu interessieren.

Einer der Schwestern gelang es schließlich am vierten Tag nach Derosiers Ableben, einen Fingernagel unter den äußeren Rand des Spiegels zu schieben und ihn vorsichtig rundum zu lockern. Das Ergebnis war verblüffend: Als die Schwester für den Bruchteil einer Sekunde geradewegs in den Spiegel blickte, fiel sie mit einem Schrei des Entsetzens in Ohnmacht. Ein Arzt, der neben ihr stand, versuchte den Spiegel beim Herabfallen aufzufangen. Er entglitt jedoch seinen Händen, fiel zu Boden und zerbrach in mehrere Stücke. Die Bruchstücke wurden sogleich aufgesammelt und später von Fachleuten gründlich untersucht, um festzustellen, ob Derosier den Spiegel eventuell mit Hilfe eines Klebers auf der Tischplatte fixiert hatte. Keines der Analysenresultate bestätigte diese Vermutung.

Man spekulierte, ob nicht vielleicht ganz natürliche Haftkräfte, wie sie zwischen zwei völlig glatten Flächen auftreten, die Ursache des beobachteten Effektes waren. Aber auch dies konnten die Experten mit Sicherheit ausschließen.

Noch rätselhafter erscheint die eigentliche Ursache von Derosiers Tod – das, was ihm Gewißheit über sein unmittelbar bevorstehendes Ableben verschafft hatte. Der einzige, aber dennoch bemerkenswerte Hinweis kam von besagter Stationsschwester, der es zu guter Letzt doch noch gelungen war, den Spiegel von der Tischplatte zu lösen. Als dieser nämlich nach oben schnellte, will sie in ihm das teilweise zersetzte Gesicht eines Toten erblickt haben, dessen makaber anmutender Blick etwas Triumphierendes an sich hatte, was ihr einen nachhaltigen Schock versetzte und sie in Ohnmacht fallen ließ. Sie vermochte nicht zu sagen, ob es Derosiers Gesicht war. Der kurze Blick auf den fallenden Spiegel reichte nicht aus, um sich hierüber Gewißheit zu verschaffen.

Die Frage aber bleibt: Was sah Jean Derosier in dem Spiegel, und was waren seine Beweggründe, sein eigenes Spiegelbild all die Jahre zu meiden? Welche Kräfte mag er besessen haben, den Spiegel über Tage auf der Tischfläche haften zu lassen? Niemand vermochte diese Fragen bislang eindeutig zu beantworten. Der einzige, der hierzu in der Lage gewesen wäre, Jean Derosier, hatte sein Wissen mit ins Grab genommen.

Das »Ding«

Die Phantomhände umklammerten das Gesicht des Kindes, der Raum war von einem eisigen Todeshauch erfüllt. Über das Bettchen seiner Tochter Doreen gebeugt, mußte William Bayles entsetzt mit ansehen, wie unsichtbare Finger in ihrem Gesichtchen tiefe Eindrücke hinterließen ...

Bayles und seine Familie wurden schon seit Wochen von einer unsichtbaren Wesenheit heimgesucht, die sie »das Ding« nannten – ein bösartiges Etwas, das ihr Anwesen nahe West Auckland in Englands Grafschaft Durham in ein Haus der Angst verwandelt hatte.

Es war im Frühling 1953, als das »Ding« dort erstmals in Erscheinung trat. Bayles, ein damals 40 Jahre alter Garagenvermieter, wohnte in dem neuen Haus bereits seit geraumer Zeit. Anfangs machte sich das »Ding« nur außerhalb des Hauses bemerkbar. Wie Bayles später Parapsychologen mitteilte, hörte man zu nächtlicher Stunde draußen im Garten schlurfende Geräusche. Schon nach wenigen Tagen schien der unbekannte Störenfried seine Aktivitäten in das Haus verlegt zu haben und in das beschauliche Leben der Bayles einzugreifen.

Obwohl die Bayles nicht so leicht zu erschrecken waren, erfüllte sie die Gegenwart der fremdartigen »Entität« – die Aufdringlichkeit, mit der sich das »Ding« dort breitmachte – mit Verwirrung und Angst. Zuletzt machte es sich in jeder Nacht bemerkbar: Möbel wurden ohne ersichtlichen Grund bewegt, Kleider und Bücher durcheinandergeworfen – niemand vermochte ein Auge zuzutun.

Eines Nachts wurde Bayles' Frau Lottie von einer unsichtbaren Hand ergriffen und quer durch das Schlafzimmer gezerrt. Wenn sich die Familie schlafen legen wollte, waren häufig die Bettücher warm, so als ob jemand bereits vor ihnen in den Betten gelegen hätte. Ihre Katze weigerte sich entschieden, nachts im Haus zu bleiben. Geheimnisvolle Klopftöne und Rasselgeräusche störten ihren früher tiefen Schlaf. Alles in allem: Was auch immer das Haus heimsuchte – es war offenbar darauf aus, das Leben der Familie Bayles unerträglich zu machen. Der Höhepunkt der Heimsuchung schien gekommen zu sein, als Bayles' Töchterchen, das in seinem Bettchen im Zimmer seiner Eltern schlief, von dem »Ding« körperlich angegriffen wurde. Bayles beschrieb diese Szene später in allen Einzelheiten: »Zuerst spürten wir, wie sich die fremde Wesenheit uns wieder einmal näherte. Alles schien zu Eis zu erstarren, und dann breitete sich dieser eigenartige Geruch aus – es roch nach vermodertem Dschungel. Ich bemerkte, daß Doreen im Schlaf gegen etwas anzukämpfen schien. Sofort standen wir auf. Als wir uns ihr näherten, sahen wir, daß eines ihrer Augen offenbar mit Gewalt geöffnet wurde. Das gleiche geschah dann mit dem anderen Auge. Es war, als ob jemand die Augenlider mit Daumen und Zeigefinger gewaltsam nach oben schob. An ihrem Hals waren deutlich Fingerabdrücke zu erkennen. Wir waren zu Tode erschrocken. Es kostete mich Überwindung, an Doreens Bettchen heranzutreten, um die unsichtbaren Hände ›wegzuschieben‹. Ich bin sicher, sie wollten unser Kind erwürgen. Ich wischte mit meiner Hand über Doreens Gesichtchen, und sofort fiel ihr Kopf auf das Kissen zurück. Ihre Augen schlossen sich, und ihre Züge strafften sich wieder.«

Für Lottie und William Bayles gab es in jener Nacht keine Ruhe mehr. Als der Morgen heraufdämmerte, waren beide davon überzeugt, daß das »Ding« sie mit aller Gewalt aus dem Haus vertreiben wollte. Dem würden sie sich nicht widersetzen.

Inzwischen hatte Bayles' Haus traurige Berühmtheit erlangt. Parapsychologen, durch einschlägige Presseberichte ermuntert, erkundigten sich bei den Bayles, ob sie dort einige Nächte verbringen dürften. Diese hatten nichts dagegen einzuwenden, denn sie waren mittlerweile umgezogen und wollten nichts mehr mit dem spukbehafteten Anwesen zu tun haben.

Im Juni 1953 suchten zwei Experimentatoren, ausgerüstet mit einem Bandaufzeichnungsgerät und Infrarot-Kameras, den am häufigsten heimgesuchten Raum des Landhauses auf, um dort Beobachtungen anzustellen. Sie verschlossen die Zimmertür, bauten ihre Geräte auf und warteten. Über das Ergebnis ihrer Untersuchung veröffentlichten sie am anderen Tag folgenden Bericht: »Wir beide schliefen nach einiger Zeit ein, wurden dann aber durch ein Geräusch aufgeweckt, das sich so anhörte, als ob draußen irgend etwas auf den Boden plumpste. Nach einer Weile hörten wir es am unteren Absatz der Tür scharren. Wir öffneten sofort die Tür und stürzten nach draußen zum Treppenflur. Im Lichtkegel unserer Taschenlampen sahen wir einen seltsamen grünen Nebel, der in Deckennähe dahintrieb. Es roch mit einemmal ganz schrecklich nach Fäulnis und Verwesung. Nachdem wir in das Zimmer zurückgegangen waren, hatten wir den Eindruck, als ob etwas die ganze Nacht über vor der Zimmertür lauerte. Erst in der Morgendämmerung ließ der üble Geruch allmählich nach, verstummten die tapsenden Geräusche vor der Tür.«

Unverrichteter Dinge verließen die beiden Männer das Haus. Für das, was sie gehört und gesehen hatten, fanden sie keine rationale Erklärung.

Architekten und Vermessungsbeamte versuchten allerdings das »Ding« auf ihre Art zu erklären. Sie meinten, wahrscheinlich sei das Haus über einer alten Quelle errichtet worden, die unter bestimmten Bedingungen übelriechende Gase ausstoße. Diese würden vom Luftzug durch das Haus getrieben und wären sowohl für den Gestank als auch für die merkwürdigen Geräusche verantwortlich.

Man muß sich allerdings fragen, warum diese Phänomene gerade in der Morgendämmerung wieder verschwinden. Völlig unerklärlich erscheint vor allem der Vorfall mit den »Phantomhänden«, das Bewegen der Möbel und Haushaltsgegenstände. Auf alle diese Fragen gab es bislang keine vernünftige Antwort. Die Vorfälle im Hause der Bayles werden auch weiterhin klassische Beispiele für das vorerst Unerklärliche bleiben.

Spielarten der Magie

Eine deutliche Unterscheidung zwischen schwarzer und weißer Magie war zu keiner Zeit möglich. Das Anrufen der Engel und guten »Geister« unterscheidet sich zeremoniell kaum von der Dämonenevokation. Unterschiede sind ausschließlich in Absicht und Zweck des Anrufens gegeben.

Wie eng beide Magie-Spielarten zusammenhängen, erkennt man auch an magischen Praktiken, die sich zum Schaden Dritter der sogenannten Bildmagie bedienen, eine Magieform, die sich auch positiv für Heilungszwecke heranziehen ließe. Als Bildnisse bevorzugt man häufig Puppen aus Wachs – Nachbildungen des Opfers –, denen man zur Verstärkung der negativen, destruktiven Wirkung noch Fingernägel, Haare und Stoffteile von der Bekleidung des zu Schädigenden einarbeitet. Im festen Glauben an eine Analogiekausalität – Abbild (auch wenn dieses das Opfer nur andeutungsweise darstellt) und Betroffener bilden eine Einheit oder Entsprechung – wird das »Bild« verbrannt oder gehängt, wird oftmals auch das Herz der Puppe mit einer Nadel durchbohrt usw.

Indianische »Zauberer« hatten die Gewohnheit, entsprechende Nachbildungen ihrer Feinde an einen Pfahl zu binden und eine Woche lang mit giftigem Öl zu übergießen – eine psychische Variante der Marterpfahlprozedur.

Das Bildnis muß jedoch nicht unbedingt verdinglicht sein; es genügt bereits ein Schatten des Opfers, um schwarzmagische Praktiken entfalten zu können. Schattenzauber wandte man schon im alten Ägypten an, wo der Schatten eines Menschen ohnehin als eine der verschiedenen Seelen desselben betrachtet wurde. In Haiti wird die schwarze Magie unter anderem auch als Todeszauber mittels Bildnissen und Puppen ausgeübt, obwohl derartige Rituale von seiten des Staates verboten sind. Man kennt dort zahlreiche Varianten der schwarzmagischen Tötungspraktiken. Bokos, d. h. sogenannte Schwarzkünstler, beschwören zunächst in einem Kübel Wasser das Bildnis des Opfers und »erdolchen« dann das Spiegelbild. Sobald der Zauber wirkt, rötet sich das Wasser: Es nimmt die Farbe des Blutes an. Nach einem anderen Ritual, das man das »Schicken des Todes« nennt, gebietet der Boko seinem Auftraggeber, gegen Mitternacht, mit Speiseopfern versehen, einen Friedhof aufzusuchen, um dort für jede Person, die sterben soll, eine Handvoll Erde zu nehmen und diese den »Opfern« auf den Weg zu streuen.

In Brasilien benutzt man zur Verhängung schwarzmagischer Verwünschungen Kröten. Die Macumbeiros (Hexer) stecken Bekleidungsfetzen oder Haare des Feindes in das Maul einer Kröte und nähen dieses sogleich zu. Durch Beschwörungen und andere Rituale glaubt man, die Leiden der Kröte auf den Körper des Opfers übertragen zu können.

Der bekannte englische Parapsychologe und Autor Guy Lyon Playfair vermutet, daß die Übertragung des Schmerzes in solchen und ähnlichen Fällen mittels Bewußtseinsfeldern erfolgt, die den feinstofflichen Leib des Betroffenen umgeben. In seinem Buch »The Indefinite Boundary« berichtet er auch über Vorkommnisse, in deren Verlauf unwissende Personen rein zufällig mit Objekten in Berührung kamen, die offenbar mit negativen psychischen Kräften, d. h. sympathetisch-magisch präpariert waren. Einer von Playfairs Freunden, ein Lehrer, war gerade von England nach

Brasilien herübergekommen, um an einer Schule in Rio de Janeiro zu unterrichten. Bar jeglichen Wissens über schwarze Magie und andere okkulte Dinge, schlenderte er eines Tages zusammen mit einigen seiner brasilianischen Freunde den Strand entlang, als er an einer Stelle Kerzen und leere Flaschen herumliegen sah, die, wie sich später herausstellte, von einer schwarzmagischen Zeremonie stammten.

Während sich die Brasilianer hüteten, mit den Objekten in Berührung zu kommen, kickte der Engländer mit despektierlichen Gesten Sand über Kerzen und Flaschen. Im Laufe der darauffolgenden sieben Tage spürte er in dem Bein, mit dem er Sand über die Objekte geschleudert hatte, unerklärliche, quälende Schmerzen. Diese verschwanden dann ebenso schnell, wie sie gekommen waren. Sieben Wochen später traten sie für nur einen Tag erneut auf. Nach Ablauf von sieben Monaten machten sich bei ihm die Schmerzen mit einer solchen Heftigkeit bemerkbar, daß er zwei Tage das Hospital aufsuchen mußte. Später soll der Mann in seiner Verzweiflung ein Umbanda-Medium aufgesucht haben, von dem er erfuhr, daß die Schmerzen nach sieben Jahren abermals auftreten würden. Zufall, Zwangsvorstellungen oder transkausale Realität? Interessant ist die merkwürdige Rolle der Zahl »sieben«.

Ähnliche, gut bezeugte Fälle, in denen Personen zu Schaden kamen, für die eine bestimmte schwarzmagische Handlung gar nicht vorgesehen war – Menschen, die rein zufällig mit diesen Aktivitäten konfrontiert wurden –, lassen den Schluß zu, daß Objekte auch über längere Zeit mit feinstofflichen Energien imprägniert sein können. Diese psychisch-destruktive Durchtränkung wirkt demnach nicht nur gezielt, sondern auch diffus, was bedeutet, daß gelegentlich selbst Unschuldige, Unbeteiligte von den Auswirkungen solcher Verwünschungen betroffen sein können.

Die Heimsuchung

Esther LeLeau lebte vier Monate in einem Haus, das im wahrsten Sinne des Wortes vom Bösen heimgesucht wurde. Sie teilte ihre Erlebnisse mit ihrem Mann, einem protestantischen Geistlichen, und den beiden Kindern. Obgleich sich die Vorgänge im Hause der LeLeaus bereits im Jahre 1930 abgespielt hatten, warteten sie bis 1951 mit deren Veröffentlichung. Ihr Bericht wurde in der April-Ausgabe 1951 des »Journal of the American Society for Psychical Research« veröffentlicht, und er ist für diese Art von Phänomenen besonders aufschlußreich.

Die Zeit der Prüfung für die Familie LeLeau begann mit deren Einzug in ein typisches Südstaaten-Haus in Oklahoma. Wochenlang hatten sie nach einer akzeptablen Unterkunft gesucht, und dies schien ein Haus zu sein, wie sie es sich schon lange gewünscht hatten. Es war sehr geräumig und besaß eine große Veranda sowie einen schattigen Hof. Kurzum: Die LeLeaus waren rundum zufrieden.

Im Laufe der Zeit fühlte Esther LeLeau die Präsenz einer fremden Wesenheit. Sie schien vom mittleren Teil der Treppe auszugehen und sich gelegentlich nach den unteren Räumen hin zu bewegen. Obgleich nichts zu sehen war, konnte Frau LeLeau dennoch die Anwesenheit dieses unheimlichen Etwas deutlich spüren.

Die fremde Kraft, die sich während der späten Abendstunden, wenn Reverend LeLeau in Kirchenangelegenheiten unterwegs war, bemerkbar machte, versetzte Esther in helle Aufregung. Sie erinnert sich: »Je später es wurde, um so mehr nahm sie (die unsichtbare Kraft) an Stärke zu, bis sie – ich konnte ihre Ankunft genau fühlen – schließlich gegen 22 Uhr ganz zugegen war und ›wartete‹. Und je mehr die Intensität und Feindseligkeit der Kraft zunahm, um so deutlicher konnte ich sie auch ›sehen‹: eine große, gesichtslose, wie von einem Leichentuch umhüllte Wesenheit von äußerster Bösartigkeit. Sie war da in der Halle … abwartend und voller Haß. Ich saß entweder im Studierzimmer oder lag wach in meinem Bett. Ich wartete und nahm mir fest vor, mich nicht zu fürchten, denn ich wußte, daß, wenn das geschehen würde, alles verloren wäre.«

Schließlich wurde das Phänomen für Frau LeLeau so belastend, daß ihre Gesundheit hierunter litt. Alle Farbe war aus ihrem Gesicht gewichen. Es hatte den Anschein, als ob irgend etwas alle Energie aus ihrem Körper saugen würde. Frau LeLeau war zu verschreckt, um die empfundenen Eindrücke ihrem Mann zu schildern. Sie betrachtete den »Geist« als ihre ganz private »Hölle«. Allmählich mußte sie jedoch feststellen, daß auch ihr Mann die Gegenwart des Bösen wahrnahm. Durch den Vergleich entsprechender Notizen entdeckten sie später, daß beide sehr ähnliche Erfahrungen gemacht hatten, und dies völlig unabhängig voneinander.

Im Laufe der Zeit gewann der »Geist« für sie immer mehr an Realität. Das Ehepaar nahm fast gleichzeitig wahr, wenn das »Böse« nachts in ihr Haus eindrang. Es war so, als ob die »Entität« aus dem Wasserbehälter unter dem Haus aufsteigen und dann durch eines der oberen Fenster in die Wohnung eindringen würde. Solange das Licht brannte, schien das Wesen hilflos zu sein. Erst gegen zwei Uhr nachts verschwand die Erscheinung von einem Augenblick zum anderen, und die beiden konnten beruhigt einschlafen.

Frau LeLeau wußte sich keinen Rat, wie sie das »Ding« loswerden sollte. Sie betete und legte überall im Hause Bibeln aus; aber all dies blieb wirkungslos. Ihre Gesundheit verschlechterte sich von Tag zu Tag, und ihr Mann verbrachte keine Nacht ohne Alpträume.

Da die Manifestationen des unsichtbaren Eindringlings immer schlimmer wurden, entschlossen sich die LeLeaus, so schnell wie möglich auszuziehen. Die letzte Nacht, die sie in ihrem Haus verbrachten, war die schlimmste überhaupt. In jener Nacht will Reverend LeLeau beim Packen seiner Bücher die Erscheinung sogar in seinem Arbeitszimmer visuell wahrgenommen haben, ein Raum, der bis dahin von der Plage verschont geblieben war.

Aber nicht nur Gebäude gelangen gelegentlich unter den Einfluß negativer Psi-Felder. Selbst kleinere Landstriche werden mitunter von destruktiven psychischen Kräften durchdrungen.

So entdeckte z. B. Tom Lethbridge, ein bekannter englischer Schriftsteller, eine solche Stelle in der Nähe einer Bucht an der englischen Küste. Eines Tages, als er und seine Frau am Ufer dieser Bucht Seegras sammelten, wurden sie beim Überschreiten eines kleinen Landstreifens von Furcht und Depression überwältigt. Lethbridge, der sich ohnehin mit paranormalen Dingen befaßte, war von dieser »Schreckenszone« so fasziniert, daß er gleich am nächsten Tag nach dort zurückkehrte, um diese näher zu erkunden. Ihm gelang es, den Einfluß dieser Zone auf einen Strom zurückzuverfolgen, der zum Ufer hin führte. Seine Frau nahm an dieser Untersuchung nicht teil. Für sie waren die bösen Kräfte an dieser Stelle so stark, daß sie sich ihr nicht nähern konnte. Während ihr Mann die Einflußsphäre dieser Zone lokalisierte, war sie einen kleinen, am Ufer gelegenen Hügel hinaufgestiegen. Selbst dort befand sie sich offenbar noch ganz unter dem Einfluß der unbekannten zerstörerischen Kräfte. Als sie auf der Anhöhe stand, spürte sie plötzlich eine Kraft in sich, die sie zum Sprung in die Tiefe zwingen wollte. Sie mußte ihre ganze Willenskraft aufbieten, um dem destruktiven Einfluß zu entgehen.

Vielleicht reagieren psychisch labile Menschen – potentielle Selbstmörder und »Besessene« – an solchen Orten besonders heftig, geraten außer Kontrolle und ergeben sich willenlos ihrem scheinbar unvermeidlichen Schicksal.

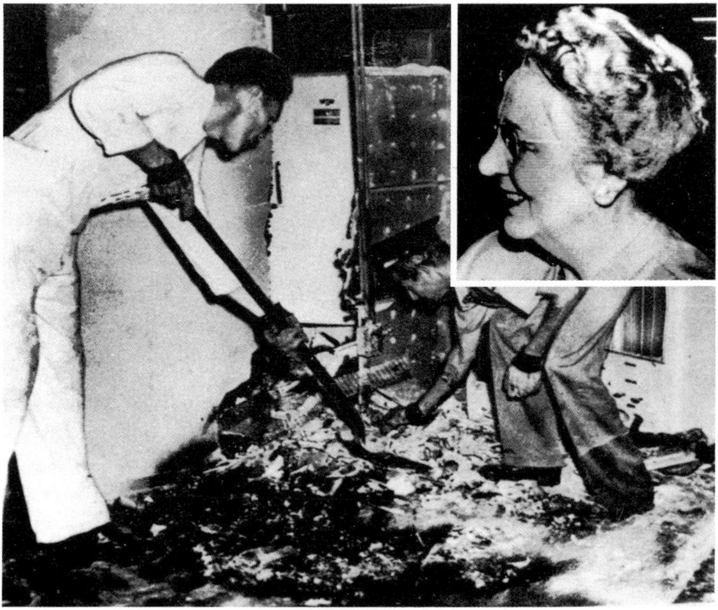

23 a

23 b

23 a), b) Mrs. Reeser aus St. Petersburg (Kalifornien) verbrannte am 1. Juli 1951 in ihrem Lehnstuhl und hinterließ nur ein Aschehäufchen – ein typischer Fall »Spontaner Selbstverbrennung« (SHC), dessen Ursache im dunkeln liegt. Anders als bei gewöhnlichen Bränden, war ihre kleine Wohnung, bis auf den unmittelbaren Brandherd, unversehrt.

24 Reverend Adams, Pfarrer von Stockross, Newbury (England), starb 1876 in einem New Yorker Hotel unter Bedingungen, die SHC vermuten lassen.

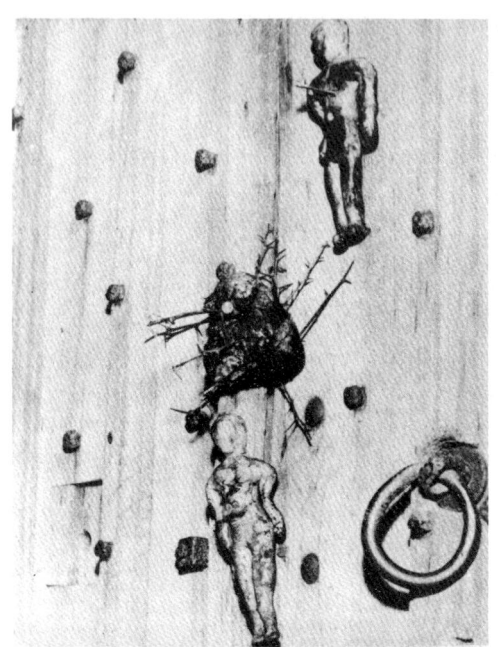

25 Magische Puppen aus England. Sie dienen zur Durchführung schwarzmagischen »Bildzaubers« als Analogie zum Opfer, dem Schaden zugefügt werden soll.

26 Cecil Williamson, ein »Hexer« von der Isle of Man (England), demonstriert die Ausführung eines schwarzmagischen Bildzauber-Rituals mit Glasscherben an einer Puppe.

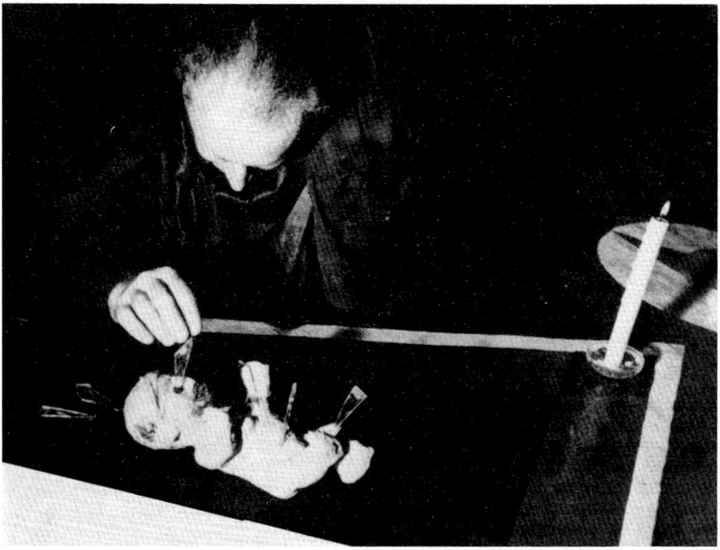

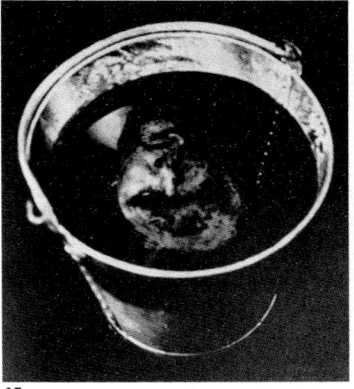
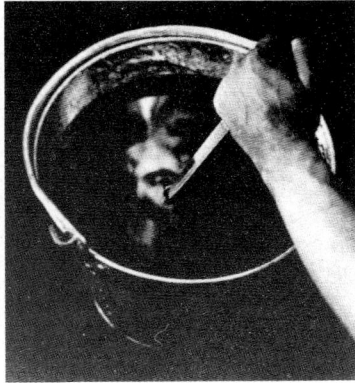

27 a   27 b

27 a), b)   Eine Form des magischen Analogie- oder Entsprechungszaubers, der in Haiti praktiziert wird. Der Magier beschwört das Bild des Opfers auf der Oberfläche eines Kübels Wasser. Dann »erdolcht« er dessen »Spiegelbild«.

28   Das bekannte amerikanische Medium Keith (Blue) Harary. Er wurde während des Kalten Krieges von amerikanischen Geheimdiensten zur Ermittlung sowjetischer Militärbasen und Kriegsschiffe herangezogen. In jüngster Zeit konnten aufgrund seiner medialen Voraussagen an der amerikanischen Silberbörse beträchtliche Gewinne erzielt werden.

29   Der berühmte Novellist Ernest Hemingway (1898–1961) erlebte während des Ersten Weltkrieges im Schützengraben einen Astralkörperaustritt, als in nächster Nähe eine Mörsergranate explodierte und ihn am Bein verwundete.

30   Die Megalithen-Allee von Avebury, von wo aus Miss Edith Olivier im Oktober 1916 eine Phantom-Kirmes beobachtet haben will.

Gefährliche Porträts

Vor einigen Jahren wurde in den Verkaufsräumen eines Mailänder Auktionshauses ein Gemälde des weniger bekannten französischen Künstlers André Marcellin angeboten. Das Kaufinteresse war nur gering. Schließlich fand das Porträt doch noch einen Abnehmer – einen in Rom wohnhaften Geschäftsmann, der es zu Hause in seinem Arbeitszimmer aufhängte. Der Kauf erfolgte im Mai. Einen Monat später starb der Geschäftsmann. Kurz darauf folgte ihm seine Frau ins Grab. Danach hatte der Sohn des glücklosen Ehepaars einen schweren Autounfall, von dem er sich nur langsam erholte. Natürlich könnte man diese Geschehnisse als eine Serie von Zufällen bezeichnen. Niemandem würde es einfallen, das Geschehen mit einem harmlosen Gemälde in Verbindung zu bringen. Dennoch, wer die Geschichte der fluchbeladenen Gemälde des André Marcellin kennt, wird anders urteilen. Heute existieren in aller Welt mindestens 20 von Marcellins Porträts. Und auf jedem dieser Bilder soll ein Fluch ruhen, der mit unheimlicher Präzision alle die trifft, die in irgendeiner Weise mit ihnen in Berührung kommen. Niemand weiß genau zu sagen, wo die tödlich wirkenden Bilder abgeblieben sind. Im Jahre 1958 inserierte ein Angehöriger des verstorbenen Künstlers in bekannten internationalen Tageszeitungen, um die derzeitigen Besitzer der Porträts ausfindig zu machen. Schließlich meldeten sich bei ihm zwei Familien, die Bilder von Marcellin besaßen und froh waren, sie günstig verkaufen zu können. Beide Besitzer schienen ebenfalls vom Unglück verfolgt zu sein. Als sie die Bilder an Marcellins Verwandten verkauft hatten, endete ihre Pechsträhne abrupt.

Marcellin, der 1907 in Paris zu malen begann, war sicher ein begabter Landschaftsmaler. Seine große Leidenschaft aber galt dem Porträtieren Verstorbener. Seine Freunde, die es nicht verstehen konnten, daß er sich beharrlich weigerte, Porträts lebender Personen zu malen, plagten ihn so lange, bis er nach einigem Zögern den Auftrag eines französischen Filmmagnaten annahm. Zwei Tage nachdem Marcellin das Bild fertiggestellt und sein Honorar erhalten hatte, starb der Mann, ohne daß die Ärzte für den plötzlichen Tod eine physische Ursache finden konnten.

Marcellin erkannte in dem Vorfall etwas Unheilvolles, einen Vorgang, der sich nicht rational erklären ließ. Sechs Monate enthielt er sich der Porträtmalerei. Dann aber überkam ihn erneut das Verlangen, nach dem Leben zu malen, und er ließ sich nur allzu gern zum Porträtieren überreden. Sein Modell war über die Zusage des Meisters hocherfreut. Marcellin machte sich sofort an die Arbeit, und schon bald war das Porträt fertiggestellt. Zwei Tage nach Ablieferung des Bildes erfuhr Marcellin, daß sein Auftraggeber tot sei. Die Ärzte des Verstorbenen waren ratlos. Daraufhin schwor sich Marcellin, das Porträtieren Lebender aufzugeben. Eingedenk seines Gelübdes schlug er in der Folge zahlreiche lukrative Aufträge aus.

In der ersten Zeit nannte er für seine Weigerung, Porträts lebender Personen zu malen, keinen Grund. Als aber einmal jemand, der gern gemalt werden wollte, über sein ablehnendes Verhalten verärgert war und ihn beschimpfte, versuchte Marcellin, ihm seine Weigerung verständlich zu machen. Er schilderte ihm das Schicksal seiner Vorgänger und versuchte, ihm die Idee auszureden. Doch der Mann ließ sich durch Marcellins Warnung nicht beeindrucken. Er wäre nicht abergläubisch und fände seine Behauptung, daß auf seinen Porträts ein Fluch liege, geradezu lächerlich. Nach langem Zureden konnte er den Meister doch noch umstimmen.

Nach drei Wochen hatte er das Bild fertiggestellt. Es war eines der besten, die er in den letzten Jahren gemalt hatte. Der Kunde war begeistert. Doch seine Freude sollte nicht von langer Dauer sein. Er starb drei Tage nach Erhalt des Bildes. Jetzt tauchten erste beunruhigende Gerüchte auch über andere Porträts von Marcellin auf, die er früher einmal gemalt hatte. Als im Jahre 1912 ein Haus in Turin bis auf die Grundmauern niederbrannte und dabei vier Menschen den Tod fanden, waren in dem Raum, in dem das Feuer ausbrach, sämtliche Bilder bis auf eines vernichtet worden. Das Bild, das den Brand schadlos überstanden hatte, stellte den heiligen Christopherus dar und stammte von Marcellin.

Im Frühjahr 1913 verlobte sich der junge Künstler. Seine Verlobte, Françoise Noël, die von Freunden gehört hatte, daß er hervorragend porträtieren könne, bat ihn, er möge ein Gemälde von ihr anfertigen. Zuerst gebrauchte Marcellin allerlei Ausflüchte, um ihre Bitte auszuschlagen. Als aber Françoise auf ihrem Wunsch beharrte, wußte er, daß er sie über den Fluch, der auf seinen Bildern lastete, früher oder später aufklären mußte. Wiederholt versicherte er ihr: »Ich liebe dich mehr als alles andere auf der Welt. Dies allein ist der Grund, warum ich dich nicht porträtieren kann.« Sie verstand jedoch nicht, was er damit sagen wollte, schmollte und drohte ihm mit der Auflösung der Verlobung, wenn er kein Porträt von ihr anfertigen würde. Schließlich, als sich Marcellin in die Enge getrieben sah, gestand er ihr alles und sagte: »Auf meiner Arbeit liegt ein Fluch. Ich darf nie mehr porträtieren, um meine Modelle nicht länger zu gefährden. Mich überkommen Todesängste, wenn ich daran denke, dir könnte das gleiche zustoßen wie den anderen, die ich schon gemalt habe. Was bliebe mir dann noch auf der Welt?«

Nach langem Bitten und Betteln – Françoise unterließ nichts, um ihren Verlobten charmant zu erpressen – gab dieser schweren Herzens nach. Im Oktober 1913 begann er damit, sie zu porträtieren. Schon eine Woche später – das Bild war nicht einmal fertiggestellt – starb das Mädchen. Marcellin war untröstlich – ein gebrochener Mann. Er stürzte sich wie ein Besessener in seine Arbeit, um sein Leid zu vergessen. Dann, eines Tages, traf er eine wichtige Entscheidung, die sein Schicksal bestimmen sollte. Er begann, sich selbst zu porträtieren. Es wurde das beste Bild, das er je gemalt hatte. Aber es sollte auch sein letztes sein, denn vier Tage nach dessen Vollendung, am 2. Januar 1914, starb er. Indem er sich selbst porträtierte, hatte er seinem Leben ein Ende gesetzt, hatte er mit Pinsel und Farbe Selbstmord begangen.

»Jackpot« – Hauptgewinn vorausgeträumt

Mitunter erfahren Spieler bevorstehende Hauptgewinne oder größere Gewinnserien halluzinatorisch oder durch Klarträume im voraus. Mehr noch: Das Schicksal – besser als »Zufall« bekannt – liefert in einigen, allerdings höchst seltenen Fällen, dem Gewinner in spe eine komplette »Gebrauchsanweisung« für sein Einsatzverhalten, die er nur zu befolgen braucht, um sein Glück zu »machen«.

Jeff Randolph, ein in Delano (Kalifornien) ansässiger Anwalt, hatte vier Monate lang einen sich in auffälliger Weise wiederholenden Traum, demzufolge er in einem Spielkasino in Nevada eine Million Dollar gewann. In diesem Traum sah sich Randolph nach Lake Tahoe versetzt, wo er in einem Spielkasino »Caesar's Palace« den Jackpot des Jahrhunderts, den größten Gewinn der dortigen Glücksspielgeschichte, erzielte.

Wie es dann tatsächlich zu diesem Glückstreffer kam, erzählte Randolph Reportern der Zeitschrift »Sacramento Bee«: »Ich habe alles erträumt, selbst die Nummer des Spielautomaten und den Namen des Spielkasinos. Jedesmal war es der gleiche Traum – er wurde beinahe zum Alptraum: Ich hatte in Caesar's Restaurant in Tahoe reichlich gespeist. Ich zahlte mit einem Scheck, um anschließend an der ›Dollar-Maschine‹ zu spielen. Als erstes investierte ich 23 Silber-Dollar … und gewann den Jackpot. Das Problem war, daß ich zunächst (während der ersten Träume) die Nummer des Automaten nicht erkennen konnte; sie lag nicht in meinem Blickwinkel. Dann, eines Nachts, am

15. Juli 1981, kam sie kristallklar durch; sie lautete 6125. Ich war so aufgedreht, daß ich am nächsten Tag alle meine Termine absagte und mich auf den Weg nach Lake Tahoe machte. Ich war fest davon überzeugt, daß ich am 17. Juli gewinnen würde, daher bestand ich darauf, gerade an diesem Tag nach dort zu fliegen. Als ich in Lake Tahoe ankam, suchte ich nicht gleich nach dem Automaten mit der erträumten Nummer. Ich beschloß, meinen Traum Schritt für Schritt durchzuspielen. Daher begab ich mich zunächst in Caesar's Restaurant, um eine Mahlzeit zu mir zu nehmen. Zwei Stunden später suchte ich das Kasino auf. Mein Herz schlug so wild, daß ich befürchtete, ohnmächtig zu werden. Dann aber nahm ich mich zusammen, und ging, ohne nachzudenken, auf einen der Automaten zu. Auf seine Nummer zu schauen, war bloß eine Formalität: Sie lautete, wie erwartet, 6125. Ich setzte erst 22 Silber-Dollar ein; der 23. Dollar brachte mir schließlich das ersehnte Vermögen, von dem ich schon immer geträumt hatte.«

Sicher läßt sich auch dieser ungewöhnliche Glücksfall nach der Wahrscheinlichkeitsmathematik immer noch als »Zufall« bezeichnen. Unter Berücksichtigung all der Faktoren, die den Ablauf des Geschehens beeinflußten, dürfte sich der statistisch errechenbare Zufall hier aber nur in einer unendlich kleinen Zahl ausdrücken lassen. Bewegt sich jedoch die Wahrscheinlichkeit eines bestimmten Eintritts gegen Null – so wie hier –, ist also die Antizufallswahrscheinlichkeit fast unendlich groß, wäre es nachgerade vermessen, einen klassischen Zu-Fall anzunehmen. Hier liegt nach allem Dafürhalten der Beweis für echte Präkognition vor, ein Indiz dafür, daß sich das Schicksal nicht an statistische Regeln hält.

Psi-Business – der Sechste Sinn
im Geschäftsleben

Wer hätte nicht schon einmal von einem Hauptgewinn im Lotto geträumt? Die Chancen, zeitlebens auch nur einmal mit sechs Richtigen dabei zu sein, stehen indes – zumindest nach kaltem statistischen Kalkül – nicht sonderlich gut. Jeder kann sie sich auf einfache Weise selber ausrechnen, wenn er das Produkt der sechs letzten Lottozahlen ($49 \times 48 \times 47 \times 46 \times 45 \times 44$) durch das der sechs ersten ($1 \times 2 \times 3 \times 4 \times 5 \times 6$) teilt. Die aus dieser Division resultierende, immens große Zahl 13 983 816 besagt, daß rein theoretisch nur einer von rund 14 Millionen Lottospielern im ersten Rang gewinnen kann, sofern diese pro Spiel ein einziges Zahlenfeld belegen. Anders ausgedrückt: Um den Hauptgewinn einstreichen zu können, muß man bei jeder Ziehung etwa 14 Millionen Zahlenfelder unterschiedlich ausfüllen. Höchst unrentabel, möchte man meinen, es sei denn, jemand spiele nach einem »System«, um so die Gewinnchancen ein wenig zu verbessern, dem Glück etwas auf die Sprünge zu helfen.

Im Jahre 1979 berichteten bundesdeutsche Boulevardblätter in großer Aufmachung über das sagenhafte Lottoglück eines schwäbischen Friseurs, der an drei aufeinanderfolgenden (!) Wochenenden jedesmal den ersten Rang belegt und dadurch insgesamt 1,8 Millionen D-Mark kassiert hatte.

Eine solche Haupttrefferserie ebenfalls statistisch erfassen zu wollen, erscheint, angesichts der kaum noch in realistischen Zahlen auszudrückenden Zufallswahrscheinlichkeit, geradezu lächerlich. Hier liegt, wie in manch ähnlichen Fällen, die Vermutung nahe, daß etwas mehr im Spiel gewesen sein mußte, als blinder Zufall, etwas, das landläufig als »Spürnase«, Intuition oder Sechster Sinn, von Parapsychologen präziser als Vorauswissen oder Präkognition bezeichnet wird – ein echtes Psi-Phänomen.

Psi – das Paranormale – spielt im Geschäftsleben eigentlich schon immer eine außerordentlich wichtige Rolle, ohne daß man das damit verbundene Geschehen bislang als »außersinnliche« Manifestation wertete. Denn Inspiration, Intuition, der sogenannte Riecher für das Machbare, das rechtzeitige Vorauserkennen wirtschaftlicher Entwicklungen oder erfolgreiches Spekulieren sind im Prinzip nichts Neues. Neu hingegen ist der Versuch, diese eher launischen und unkontrollierbaren Fähigkeiten systematisch zu erforschen, sie auszuwerten und für praktische Belange möglichst zufallsunabhängig nutzbar zu machen.

Schon Mitte der sechziger Jahre kamen zwei Dozenten des Newark College of Engineering – John Mihalasky, Professor für Volks- und Betriebswirtschaft, und sein Mitarbeiter, der Elektrochemiker und Parapsychologe Douglas Dean – auf die Idee, Intuition und Vorauswissen kommerziellen Zwecken zu erschließen.

Beide Männer besaßen Industrie-Erfahrung und hatten sich schon über viele Jahre mit der Untersuchung paranormaler Phänomene befaßt. Mihalasky stellte sich die Frage, ob erfolgreiche Manager möglicherweise unbewußt von der außersinnlichen Wahrnehmung Gebrauch machten.

Die Geschäftswelt hatte nie geleugnet, daß Analysen und das Verfolgen von Trends selten allein ausreichen, um gewisse Entwicklungen im voraus zu erkennen und rechtzeitig zu handeln. Das, was im Big Business gemeinhin als »Glück« bezeichnet wird, erweist sich bei näherer Betrachtung meist als scheinbar zufälliges Zusammenwirken von geschäftlichem Know-how, Intuition und Vorahnung.

Das amerikanische Wirtschaftsmagazin »Business Digest« bewertete Mihalaskys und Deans Experimente so: »Zwischen außersinnlichen Wahrnehmungen und Entscheidungen besteht zweifellos ein logischer Zusammenhang; für das Management ist dies vielleicht eine der wichtigsten Entdeckungen seit Jahren.«

Die beiden Psi-Forscher konnten für ihre zahlreichen Experimente eine Reihe leitender Angestellter großer amerikanischer Firmen gewinnen. Mit Hilfe eines Psi-Kommunikationsprojekts sollte eine neue wissenschaftliche Methode der Erfolgsforschung entwickelt werden. Mit ihr wollten Mihalasky und Dean herausfinden, welche Kriterien im harten Konkurrenzkampf der Privatwirtschaft den Erfolg bestimmen.

Bei einem dieser Experimente simulierten Dean und der Computerspezialist Robert L. Taetzsch mit roten, weißen und blauen IBM-Karten intuitive Management-Entscheidungen. Dabei ging es nicht um das Gewinnen oder Verlieren, sondern lediglich darum, wie gespielt wurde. Das gewählte Versuchsprocedere war unkompliziert und überzeugend zugleich. Die Experimentatoren baten ihre Zuhörer, eine Zahl zwischen eins und hundert zu raten und ließen später für jeden von ihnen durch einen Computer nach dem Zufallsprinzip Ziffern ausdrucken, deren Übereinstimmung mit den erratenen Zahlen geprüft wurde. Das Ergebnis war verblüffend: Erfolgreiche Manager hatten Trefferquoten, die oft weit über der Zufallserwartung lagen.

Die Manager hatte man zuvor in zwei Gruppen eingeteilt: In Personen, deren Unternehmen besonders erfolgreich waren und solche, die nur bescheidene geschäftliche Erfolge erzielten. Nach zahlreichen statistisch erfaßten Zahlenexperimenten dieser Art – etwa 5000 Personen hatten sich dem Präkognitionstest unterzogen und »künftige Ereignisse« (hier zufällig ermittelte Computerzahlen) erraten – stand fest: Manager, die mehr Erfolg als andere hatten, besaßen auch mehr Intuition als die anderen.

Den beiden Psi-Experimentatoren war es damit erstmals gelungen, das außersinnliche Phänomen »Intuition« – also Ahnungen und Eingebungen – meßbar und damit transparent zu machen.

Aufgrund der über Jahre fortgeführten Experimente und der dadurch gewonnenen Erkenntnisse erarbeitete das Forschungsteam ein Auswertungssystem auf paranormaler Grundlage, das bei der Personalauswahl und der Schulung von Führungskräften praktisch angewendet werden kann.

Fortschrittlich eingestellte Unternehmer plädierten schon immer freimütig dafür, sich im Geschäftsleben bei wichtigen Entscheidungen von Intuition und Ahnungen leiten zu lassen. William Durant, Gründer des Automobilkonzerns General Motors, beschrieb Alfred P. Sloan, den früheren Generaldirektor des Unternehmens, als einen Mann, der sich im Geschäftlichen ganz allein auf seine Intuition verlassen habe. Von Sloan, der lange Zeit als das größte Organisationsgenie der amerikanischen Wirtschaft galt, ist denn auch folgende Aussage überliefert: »Das letzte Stadium geschäftlicher Entscheidungen ist eigentlich immer rein intuitiv.«

Manch leitender Angestellter besitzt die wertvolle Gabe, auch ohne ausführliches Instruktionsmaterial die richtige Entscheidung zu treffen. Einer dieser Glückspilze scheint Herbert Raiffe zu sein – Besitzer einer Spielzeugfabrik im New Yorker Stadtteil Brooklyn. Über seinen Fall berichtete der »Toronto Star«: »Im Februar 1972 besuchte der damalige US-Präsident Nixon China und brachte als Geschenk zwei Pandabären mit nach Hause, die von Presse und Fernsehen ausgiebig vorgestellt wurden. Wie zu erwarten, stieg daraufhin die Nachfrage nach Spielzeug-Pandas schlagartig an. Raiffe war damals sofort lieferfähig. Bereits ein Jahr zuvor hatte er eine Ahnung gehabt, daß schwarz-weiße Pandabären einen Boom erleben würden und deshalb die Produktion seiner Spielzeug-Pandas rechtzeitig erhöhen lassen.«

Auch T. Kares, Direktor der Drew Chemical in New Jersey, schwört mittlerweile auf den Faktor Psi. Er mußte sich einmal für oder gegen einen Fünfjahreskontrakt entscheiden, der ihm aufgrund seiner Untersuchungen und Marktberechnungen nicht sehr günstig erschien: »Aber eine Ahnung sagte mir, daß er gut war – und das war er dann auch, sogar sehr gut.« Kares formulierte weiter: »Selbst bei technischen Problemen funktioniert es – ob man es nun Spürsinn oder außersinnliche Wahrnehmung oder intelligentes Raten nennt. Es ist etwas dran, ich weiß nur nicht genau was. Ich denke aber, wenn man es gekonnt einsetzt, kann man einiges damit anfangen.« Die Liste der bewußt-intuitiv oder kombiniert intelligent-intuitiv arbeitenden Funktionsträger ließe sich beliebig erweitern.

Aber auch Börsianer beginnen allmählich mit der Erschließung des Psi-Phänomens »Vorauswissen« für spekulative Zwecke. Vor wenigen Jahren ließ das »St. Louis Business Journal« ein interessantes Experiment durchführen, um herauszufinden, ob sich Personen mit überdurchschnittlichen paranormalen Fähigkeiten – also Medien oder Sensitive – gegen professionelle Börsenmakler behaupten können. Mitarbeiter des Journals bestimmten zunächst 19 tüchtige Börsenmakler, die gegen eine für dieses Experiment bestimmte Sensitive – Berverly Jaegers aus St. Louis – antreten sollten. Sie alle durften jeweils fünf Aktien aussuchen, von denen sie glaubten, daß sich deren Welt innerhalb eines Zeitraumes von sechs Monaten erhöhen würde.

Trotz ihrer Unwissenheit in Börsenangelegenheiten übertraf Frau Jaegers mit ihren Voraussagen die Prognosen von 18 ihrer Kontrahenten. Nur einer lag noch besser als sie. Während der Testperiode fiel der Dow-Jones-Index um acht Prozent. Von den Börsenprofis hatten 16 Personen solche Aktien ausgesucht, deren Werte sich entsprechend dieses Gradmessers börslicher Aktivitäten verhielten. Frau Jaegers Aktien stiegen hingegen im Durchschnitt um 17,4 Prozent, was für ihre präkognitive Leistung bezeichnend ist.

Noch erfolgreicher verliefen die von der »Delphi Associates« in San Francisco durchgeführten Psi-Spekulationsexperimente. Diese Organisation war seinerzeit von dem Laserspezialisten Dr. Russell Targ, einem ehemaligen Mitarbeiter des renommierten Stanford Research Institute International (SRI) in Menlo Park (Kalifornien) und dem bekannten US-Medium Keith (Blue) Harary gegründet worden. Beide waren übrigens schon des öfteren an von amerikanischen Abwehrstellen finanzierten Fernwahrnehmungsexperimenten (Hellsehen auf Distanz) beteiligt gewesen. Die Delphi-Manager hatten sich die Aufgabe gestellt, paranormale Wahrnehmungen im kommerziellen Bereich praktisch zu nutzen. Bei einem dieser Experimente erhielt Harary den Auftrag, auf paranormalem Wege die Kursentwicklung am amerikanischen Silbermarkt im voraus zu bestimmen, eine Aufgabe, die er äußerst gewinnbringend löste. Das Steigen, Verharren und Sinken der Kurse an der Warenterminbörse wurde von Harary allegorisch gedeutet. Hatte er den Eindruck, in einen tiefen Keller geführt zu werden, war dies mit dem Sinken der Kurse gleichzusetzen. Dann verkauften die Delphi Associates einen hohen Silberkontrakt zum Datum des von Harary vorausgesagten Termins. Glaubte er hingegen, sich zum obersten Stock eines Wolkenkratzers begeben zu müssen, was einem starken Anstieg des Silberkurses entsprechen sollte, war der Erwerb von Terminpapieren geboten.

Seit kurzem experimentiert Targ an dem von ihm ins Leben gerufenen privaten National ESP Laboratory mit Personengruppen, die zunächst in der Entwicklung ihrer präkognitiven Fähigkeiten und deren gezielten Einsatz im Geschäftsleben, Sport, in der Politik und bei persönlichen Entscheidungen geschult werden. Voraussagen der Medien in spe, vorwiegend über Entwicklungen am amerikanischen Silbermarkt, werden wöchentlich zusammengetragen und nach wissenschaftlichen Methoden statistisch ausgewertet.

Die in Form eines großangelegten Ratespiels durchgeführten Experimente bestehen aus jeweils zehn Voraussagen der freiwillig beteiligten Versuchspersonen. Sie erstrecken sich über einen Zeitraum von fünf Monaten. Die Teilnehmer erhalten Spielgeld im Scheinwert von 10 000 Dollar – ein Betrag, der ihren Börseneinsatz darstellt. Sie müssen an bestimmten Tagen, etwa zwei Wochen vor den vom Labor vorgegebenen Stichtagen, ihre Voraussagen an die Auswertestelle schicken oder sie telefonisch durchsagen. Über die Ergebnisse werden die Teilnehmer dann schriftlich informiert.

Das Marathon-Experiment begann im April 1987, und es wird über einen unbestimmten Zeitraum fortgeführt. Eine erste Zwischenbilanz im Juni 1987 ergab, daß 85 Prozent der Voraussagen richtig waren. Die Wahrscheinlichkeit, eine derart hohe Trefferquote zu erzielen, beträgt 1000 : 1.

Silber wurde als Spekulationsobjekt mit voller Absicht gewählt, weil es sich hierbei um »flüchtige« Ware handelt, deren Kurs sich täglich nach oben oder unten bewegen kann.

Sicher steht nicht zu befürchten, daß sich Unternehmer und Spitzenmanager demnächst irgend welcher fragwürdiger, okkulter Praktiken bedienen werden, um nach Voodoo-Manier lästige Konkurrenten auszuschalten oder den Börsenverlauf nachhaltig zu beeinflussen. Dennoch dürfte es sich lohnen, in Zukunft der Inspiration und Intuition als Ausflüssen paranormalen Geschehens sowie den Aktivitäten erfolgreich tätiger Medien mehr als bisher Beachtung zu schenken. Vielversprechend erscheint vor allem eine »konzertierte Aktion« zwischen sensitiv hochentwickelten Personen und unvoreingenommenen Experten aus allen Bereichen der Wirtschaft. Vorsichtiges Abwägen beider Standpunkte und langsames Herantasten an eine ausgewogene Prognose könnten da, wo es um die Beurteilung zukünftiger Entwicklungen geht, überdurchschnittliche Erfolgsquoten sicherstellen.

Vorahnungen

Am 23. Dezember 1960 gegen 22.30 Uhr saß der amerikanische Major Warren Ray Aiken von der Sheppard Air Force Base in Wichita Falls (Texas) allein im Wohnzimmer. Seine Familie hatte sich an diesem Tag schon früh zurückgezogen, und er grübelte, in Gedanken versunken, über ein technisches Problem nach, das ihn schon seit langem beschäftigte. Als sich sein Blick dem im Dunkeln liegenden Raum jenseits der Tischlampe zuwandte, nahm er dort, wie in Trance, eine Szene wahr, die sich, gleich einem Filmstreifen, unmittelbar vor seinen Augen abspielte. Ein kleines Auto, das auf einer Landstraße fuhr, hielt direkt auf ihn zu. Plötzlich scherte es nach rechts aus, prallte gegen einen Entwässerungsstollen und überschlug sich. Durch eine der dabei aufgerissenen Türen wurde jemand im hohen Bogen durch die Luft geschleudert. In dieser Person erkannte Aiken den Luftwaffensoldaten James Hulvey, der bei seiner Einheit als Instruktor für Raketenelektronik tätig war. Aiken hatte das Gefühl, daß Hulvey nur leicht verletzt sei. Für den Bruchteil einer Sekunde starrte er in das Gesicht eines jungen Mannes, den er noch nie zuvor gesehen hatte. Sofort wußte er, daß diese Person das Genick gebrochen hatte und daher nicht mehr am Leben war. Die Wahrnehmung dauerte nach Aikens Schätzung nur drei bis fünf Sekunden.
Am nächsten Morgen wußte die Tageszeitung auf ihrer Titelseite zu vermelden, daß bei einem Autounfall sechs Meilen nördlich des Stützpunktes auf der Straße nach Lawton, Oklahoma, ein Luftwaffensoldat ums Leben gekommen

sei. Durch diese Meldung aufgeschreckt, rief Aiken sofort im Krankenhaus an, um sich zu erkundigen, ob ein Soldat namens Hulvey eingeliefert worden sei. Als er erfuhr, daß es sich bei dem Leichtverletzten tatsächlich um Hulvey handele, begab er sich sofort ins Krankenhaus, um den Vorfall zu untersuchen. Dort erfuhr er von Sergeant Harry Anderson, daß Hulveys Schulfreund und Fahrer des Wagens, der Luftwaffensoldat Kidd, bereits in der Leichenhalle lag. Er hatte sich, wie von Aiken in Trance wahrgenommen, beim Aufprall das Genick gebrochen.

Von Aiken befragt, warum er schon da sei, erklärte ihm Anderson, er sei etwa gegen 22.30 Uhr aufgewacht, nachdem er geträumt habe, Hulvey wäre in Schwierigkeiten. Ein Blick in die Morgenzeitung habe genügt, um sich im Krankenhaus nach Hulvey zu erkundigen. Von der Rezeption erfuhr er, der Unfall habe sich in der Nacht zum Samstag gegen halb zwei Uhr ereignet. Wie es sich herausstellte, war Kidd in angetrunkenem Zustand von der Fahrbahn abgekommen. Dabei hatte sein Auto, wie von Aiken visionär beobachtet, ein Hindernis am Straßenrand gerammt und war dadurch in die Luft geschleudert worden.

Interessant ist, daß Sergeant Anderson von dem Unfall drei Stunden *vor* dessen Eintritt im Traum und Aiken zwei Stunden *zuvor* durch eine Wachvision – also zeitlich nur geringfügig voneinander abweichend – erfahren hatten. Aiken spekuliert, daß die beiden Soldaten mindestens drei Stunden vor dem Unfall – wahrscheinlich hatten sie zu diesem Zeitpunkt noch nicht einmal die Rückfahrt angetreten – den weiteren Ablauf der Ereignisse nicht mehr mit ihren »freien Willen« zu beeinflussen vermochten. Spätestens von da an hätte eine schicksalhafte »Programmierung« die Regie übernommen, die in dem tragischen Unfallgeschehen ihren Höhepunkt und somit ihre Erfüllung fand.

Vorahnungen sind eine besondere Form der Präkognition. In sie fließen möglicherweise unbewußt wahrgenommene Informationen über bevorstehende Ereignisse ein, Signale, die von sensitiv veranlagten Menschen auf subliminaler Ebene empfangen werden. Hierfür kann unter anderem Hyperästhesie, eine Überempfindlichkeit, vor allem der Sinnes- und Gefühlsnerven, verantwortlich sein. Zwischen ihr und reiner ASW zu unterscheiden, bereitet meist große Schwierigkeiten. Vielleicht lassen sich Psi-Phänomene letztlich auf eine fortentwickelte, ausgeprägte Hyperästhesie zurückführen, die in dieser Form schon nicht mehr als biologisch normal, sondern eben als para-normal zu bezeichnen wäre.

Feuerwehrleute und Streifenpolizisten – ständig von einsatzbedingten Risiken bedroht – entwickeln im Laufe der Zeit für bevorstehende Gefahrensituationen eine Art »Sechsten Sinn«, vom Tagesbewußtsein abgekoppelte Vorahnungen, die sich in bedrohlichen Augenblicken als lebensrettend erweisen können. Es gibt aber auch Fälle, in denen auf geradezu tragische Weise präkognitive Informationen zwar empfangen werden, eine Abwendung aber schicksalsbedingt nicht oder nur teilweise möglich ist.

Harold E. Davenport, der 40 Jahre für die Berufsfeuerwehr von Boston tätig war, weiß über zahlreiche Fälle zu berichten, in denen Einsatzleiter, von bösen Vorahnungen geplagt, blitzschnell reagierten und dadurch das Leben ihrer Männer retteten. Er selbst sollte einmal Zeuge einer solchen gefährlichen Situation werden, die er halluzinatorisch-präkognitiv vorausgesehen hatte, aber nicht in vollem Umfang abwenden konnte: »Ich lag bei mir zu Hause mit geschlossenen Augen im Bett, mein Einsatzradio auf Empfang gestellt, als eine Alarmmeldung eintraf: ›Shawmutstraße 1671/West Brooklinestraße‹. Im gleichen Augenblick ›sah‹ ich ein gestochen scharfes Bild von einem fünfstöckigen Backsteingebäude mit fünf Parterrefenstern, aus denen die Flammen loderten. Dann beobachtete ich, wie die gesamte Rückwand einstürzte. Ich sprang aus dem Bett und rief meiner Frau zu: ›Eine Wand ist eingestürzt.‹ Da ich nur zwei Wohnblöcke von West Brookline entfernt wohne, erreichte ich die Brandstelle bereits, als die ersten Wehren gerade mit dem Löschen beginnen wollten. Ich rannte um die Ecke, wo ich, von einer leeren Parzelle aus, 70 Meter vor mir ein fünfstöckiges Backsteingebäude mit fünf Parterrefenstern sah, aus denen bereits die Flammen schlugen. Verzweifelt suchte ich nach dem Einsatzleiter, um ihn zu warnen. Ich denke, ich stieß einen Warnschrei aus, denn ein Polizeibeamter kam auf mich zugelaufen. In diesem Augenblick stürzte die gesamte Rückwand des Gebäudes ein, wodurch drei Feuerwehreinheiten unter Tonnen von Gestein und Schutt begraben wurden. Ich rief einem Polizeioffizier zu, er solle die Ambulanz verständigen, da Menschen verschüttet worden seien. Brüsk wies er mich ab, weil er glaubte, daß ich betrunken sei. Er konnte offenbar nicht wissen, was tatsächlich vorgefallen war.«

Fünf Männer mußten ihr Leben lassen – unter ihnen der Sohn des Branddirektors –, weil Davenports Warnung zu spät gekommen war und ein unaufmerksamer Polizeibeamter im entscheidenden Moment falsch reagierte. Dieses Versagen quälte Davenport viele Jahre. Dann regte sich in ihm der Gedanke, daß einige der Männer seine Wahrnehmung vielleicht zuvor telepathisch empfangen und sich durch einen schnellen Rückzug in letzter Sekunde in Sicherheit gebracht hatten. Kollegen, mit denen er sich besonders eng verbunden fühlte, waren bei dem Unfall merkwürdigerweise weder getötet noch verletzt worden, was Davenport auf eine erhöhte Empfangsbereitschaft für das von ihm spontan ausgelöste telepathische Warnsignal zurückführt.

Blick in die Zukunft

Zeit ist eine für uns unverständliche Dimension. Immer wieder stellt sich die Frage nach der Möglichkeit, Zukünftiges im voraus zu schauen, die Zeitbarriere zu überwinden und damit das Gesetz der Kausalität ad absurdum zu führen. Nimmt man später eintretende Ereignisse tatsächlich heute schon wahr, so würde das bedeuten, daß diese, so wie sie sich uns darbieten, irgendwie und irgendwo bereits vorprogrammiert sind, daß alles unabänderlich ist. Dies aber widerspräche unseren bekannten Naturgesetzen. Und dennoch gibt es zahlreiche Beweise dafür, daß es Menschen gab, für die Zeit kein unüberwindliches Hindernis darstellte, denen es sogar mehr als einmal gelang, sich unbewußt transkausaler Informationskanäle zu bedienen. Edgar Morris war einer von ihnen.

Er arbeitete für ein Beerdigungsunternehmen, fuhr den Leichenwagen, bahrte Verstorbene auf und betätigte sich bei Bestattungen als Träger. Sein Leben kannte keine Höhepunkte bis zu jenem denkwürdigen Oktobertag des Jahres 1936.

Wieder einmal waren Morris und drei seiner Kollegen als Träger eingeteilt worden, wieder einmal führte sie ihr Weg zu einem frisch ausgehobenen Grab. Der Pfarrer las aus der Bibel und sprach den Angehörigen Trost zu. Dann ließen die Träger routinemäßig den Sarg langsam ins Grab gleiten. Zu denken gab es hierbei nichts, alles ging seinen gewohnten Gang.

Plötzlich spürte Morris, wie er ohnmächtig wurde. Er hatte

das Gefühl, als ob man ihn selbst in das offene Grab hinabließe. Ihm war unheimlich zumute. Ein schrecklicher Gedanke überfiel ihn: Er mußte es sein, der im Sarg lag. Die Gewißheit traf ihn wie ein Keulenschlag.

Er konnte die Gesichter am Grabrand deutlich erkennen. Vier Träger schauten auf ihn herab, und keines davon war sein eigenes. Der Pfarrer sprach den letzten Psalm: »Staub zu Staub, Asche zu Asche.« Dann schaufelte der Kirchendiener geweihte Erde auf den Sarg. Eine Frau weinte laut. Morris erkannte sofort ihre Stimme. Es war die seiner eigenen Frau.

Jetzt wurden die Gurte hochgezogen, sorgfältig zusammengerollt und neben das noch offene Grab gelegt. Morris spürte weder Kälte noch Unbehagen. Eine wohltuende Schwerelosigkeit überkam ihn. Er fühlte, daß er jeden Augenblick seinen Körper und den Sarg verlassen müsse. Irgendwie wußte er, daß er an Krebs, und nicht an Altersschwäche gestorben war. Seine Krankheit hatte ihm große Qualen bereitet, aber nun war alles überstanden.

Er sah, daß seine Frau vor Schmerz untröstlich war, und konnte es nicht begreifen. Schließlich lebte man ja nur wenige Jahre voneinander getrennt, um dann für alle Ewigkeit zusammenzusein. Sie aber konnte dies nicht einmal ahnen. Nur den Verstorbenen erschloß sich die ganze Realität. Er – sein spirituelles Double – entfernte sich vom Grabrand. Seine Frau blickte ein letztes Mal liebevoll auf den Sarg, an dem ein Messingschild mit seinem Namen – Edgar Morris – befestigt war.

Die Trauergemeinde löste sich auf; Grüppchen bildeten sich. Sie alle befanden, daß er sehr gelitten habe und sein Tod auch für die Hinterbliebenen eine Erlösung sei. Unter den Trauergästen erkannte er seine eigene Mutter, die jetzt, hoch betagt, sehr gebrechlich aussah. Sie wurde von seinem jüngeren Bruder Harald gestützt, der offenbar in den besten Jahren war.

Nicht alle Gesichter waren ihm vertraut. Einige der jüngeren hatten im Jahre 1936 offenbar noch nicht das Licht der Welt erblickt und erst zu einem späteren Zeitpunkt in seine Familie eingeheiratet. Morris spürte, daß sich sein eigener Sohn unter ihnen befand. Am Grabe vernahm Morris Stimmen, die ihm irgendwie bekannt vorkamen. Es waren die seiner Schwiegertochter, seines ersten Enkelkindes und all derer, die nach jenem merkwürdigen Erlebnis im Jahre 1936 geboren wurden. Danach war ein großer Krieg ausgebrochen. Morris wußte, daß zwei seiner Vettern an der Front gefallen waren.

Alle diese Eindrücke – der Vorstoß seines Bewußtseins in die eigene Zukunft – können nur wenige Sekunden gedauert haben. Plötzlich holte ihn eine bekannte Stimme – die eines seiner Kollegen – in die Gegenwart zurück. Schlagartig kam ihm zu Bewußtsein: Dies war nicht länger sein eigenes Begräbnis. Die in Schwarz gekleidete Dame, die jetzt langsam zur Kirche schritt, war nicht seine Frau, und den Mann im Sarg kannte er nicht einmal dem Namen nach.

Morris hielt sein Erlebnis zunächst für einen Tagtraum. Ihm war jedoch nicht klar, wie er »einschlafen«, ja sogar träumen und zur gleichen Zeit zusammen mit seinen Kollegen eine manuelle Arbeit verrichten konnte. Halluzinationen schloß er aus, zumal er ein Realist war, ein vielbeschäftigter Mann, der für Tagträume keine Zeit hatte. Und dennoch schien der Zwischenfall am offenen Grab Morris auf merkwürdige Weise verändert zu haben. Von diesem Tage an verfügte er mit einemmal über ausgeprägte präkognitive Fähigkeiten, vermochte er schon Monate und Jahre im voraus Entwicklungen und zukünftige Ereignisse zu erkennen. Seine »Gesichte«, die auch alltägliches Geschehen beinhalteten, äußerten sich sporadisch, und er wußte niemals den genauen Zeitpunkt eines Ereigniseintritts.

Im Jahre 1938 sah er sich eines Nachts in ein deutsches Kriegsgefangenenlager versetzt, in dem er ganz bestimmte Einzelheiten wahrnahm. Deutlich vernahm er Gespräche zwischen sich und Mitgefangenen, in denen von »Jerries« (Spottnamen für die Deutschen) und Hitler die Rede war. In einem seiner »Träume« sah er sein rechtes Bein bandagiert; er hatte unerträgliche Schmerzen.

Im Jahre 1943 wurde Morris als Angehöriger der Royal Air Force bei einem Luftangriff über Essen abgeschossen, wobei er an einem Bein schwer verwundet wurde. Er geriet in Gefangenschaft und erlebte genau das, was er Jahre zuvor vorausgesehen hatte.

Morris blieb trotz seiner prophetischen Gaben ein einfacher, bescheidener Mann, der es peinlich vermied, seine Visionen in der Öffentlichkeit zu verbreiten. Als seine präkognitiven Fähigkeiten unvermindert anhielten, begann er, jedes Detail seiner Erfahrungen schriftlich festzuhalten, um dieses Phänomen später einmal wissenschaftlich untersuchen zu lassen. Die von ihm verfaßten und im Beisein von Zeugen unterschriebenen, datierten Protokolle wurden in Kuverts versiegelt und einem Rechtsanwalt zur Aufbewahrung übergeben. Dieser hatte die Anweisung, sie erst nach Morris' Tod zu öffnen. Er verfügte, daß seine Frau mit den Unterlagen nach Belieben verfahren könne. Bis zu Morris' Tod wurden Hunderte solcher Dokumente erstellt und hinterlegt.

Im Jahre 1936, als Morris die Vision seines Begräbnisses hatte, war er 26 Jahre alt. Bis zum Kriegsbeginn arbeitete er für das Bestattungsunternehmen, bei dem er schon immer tätig gewesen war. Dann meldete er sich freiwillig zum Dienst bei der Luftwaffe.

Aus der Gefangenschaft zurück, gründete er im Jahre 1946 ein eigenes Bestattungsinstitut, in dem er auch seinen Sohn beschäftigte.

Die Zeit verging. 1964 erfuhr Morris ebenfalls auf präkognitivem Wege, daß er nur noch zwei Jahre zu leben hatte. Er überschrieb daher das gutgehende Geschäft seinem Sohn und unternahm zusammen mit seiner Frau eine Weltreise. Wieder in England, erkrankte Morris an Krebs, und nach langem, schwerem Leiden verstarb er am 29. November 1966. Drei Tage danach – es war ein kalter, grauer Novembermorgen – begrub man ihn. Das Begräbnis verlief genau so, wie Morris es 30 Jahre zuvor innerhalb weniger Sekunden plastisch »erfahren« hatte, wie man es in den von seinem Anwalt aufbewahrten Dokumenten nachlesen kann.

Die Kuverts mit Edgar Morris' Voraussagen – seine erstaunlichen Reisen in eine offenbar präformierte Zukunft – wurden einem Londoner Psychiater und einem parapsychologischen Forschungsinstitut zur Auswertung übergeben. Eingehende Untersuchungen ergaben, daß an der Echtheit dieser Dokumente nicht gezweifelt werden kann.

Der programmierte Tod

Die sechzehnjährige Janet Gehrke starb am 19. März 1969 an schweren inneren Verletzungen, die sie bei einem Autounfall erlitten hatte. Zwei gleichaltrige Jungen, die Janet in ihrem Wagen mitgenommen hatten, kamen mit harmlosen Schnittwunden und Quetschungen davon. Das Merkwürdige an diesem Fall ist die Tatsache, daß die Mutter des Mädchens, Nell Gehrke, den Tod ihrer Tochter schon drei Tage vor dem tragischen Ereignis in allen Einzelheiten geträumt hatte.

Die sonderbaren paranormalen Phänomene vor und nach Janets Tod waren in Melbourne, Florida (USA), wo sich der Unfall zugetragen hatte, lange Zeit Stadtgespräch. Die Vorgänge wurden von namhaften Parapsychologen eingehend untersucht und auf ihren paranormalen Inhalt hin überprüft. Das Ergebnis dieser Untersuchung zeigt mit aller Deutlichkeit, daß Wahrträume, echte visionäre Wahrnehmungen, nur scheinbar noch nicht festliegende zukünftige Ereignisse in die Gegenwart projizieren, daß also unser Schicksal irgendwie vorprogrammiert sein muß. Der vorliegende Fall legt aber auch die Vermutung nahe, daß mit dem, was wir gedankenlos als »Tod« bezeichnen, keinesfalls alles aus ist.

Es begann in der Nacht zum 16. März 1969. Nell Gehrke ging gegen 22 Uhr todmüde zu Bett und schlief sofort ein. Etwa um Mitternacht erwachte sie, aufgeschreckt durch einen fürchterlichen Alptraum. In diesem Traum erhielt sie einen Telefonanruf. Ihre Nachbarin, Frau Gordon Dupree, meldete sich, um ihr mitzuteilen: »Nell, deine Tochter liegt im Krankenhaus. Sie hatte zusammen mit unserem Sohn Gordon einen schlimmen Autounfall.«

In der Traumfolge sah sich Nell Gehrke in der Notaufnahme des dortigen Krankenhauses, wo ihr ein weißgekleideter Mann, offenbar der Stationsarzt, mitteilte: »Es tut mir leid, Frau Gehrke, aber ihre Tochter hat es nicht geschafft.«

Obwohl Nell wußte, daß dies nur ein böser Traum war, eilte sie besorgt in das Zimmer ihrer Tochter. Janet lag friedlich schlafend in ihrem Bett. Nell dachte nicht daran, sie wegen des Traumes zu wecken.

Der äußerst realistische Traum beschäftigte Frau Gehrke auch noch am darauffolgenden Tag. Sie rief Gordons Mutter an, um mit ihr darüber zu sprechen. Frau Dupree riet ihr, das Ganze zu vergessen, da es sich ja nur um einen Traum gehandelt habe. Nells Mann war der gleichen Meinung und bat sie, dem Traumerlebnis keine Bedeutung beizumessen.

Dennoch, alles hatte so plastisch gewirkt, so als ob sie an dem Geschehen unmittelbar beteiligt gewesen wäre. Die Furcht, die Angst um Leben und Gesundheit ihrer Tochter wollten nicht von ihr weichen. Dennoch beschloß sie, Janet gegenüber zu schweigen, um sie nicht unnötig zu beunruhigen.

Am Abend des 18. März kam Janet aufgeregt in die Küche, wo Frau Gehrke gerade das Essen zubereitete. »Mutti«, sagte sie, »ich muß mit dir sprechen. Ich habe gestern nacht einen schrecklichen Traum gehabt.« Nell war vor Schrecken wie gelähmt. »Liebes, ich möchte über schlimme Träume nichts hören«, erwiderte sie eingedenk ihres eigenen bösen Traumerlebnisses.

Wortlos verließ Janet die Küche, ohne ihre Mutter weiter zu bedrängen. Nie zuvor hatte Janet ihre Mutter derart abweisend erlebt. Immer waren sie sich sehr nahe gewesen. Über alles konnte sie mit ihr sprechen.

Nach dem Essen ging Janet sofort auf ihr Zimmer, um sich den ganzen Abend über Schallplatten anzuhören.

Tags darauf, beim Abendessen, ließ Janet ihren Vater wissen, daß sie noch zur Bibliothek müsse, um sich für ihre Hausaufgaben Bücher auszuleihen. Sie meinte: »Gordon und Dennis wollen auch dorthin. Ich kann mit ihnen nach Hause fahren, es sei denn, du holst mich ab.«

Marvin Gehrke erinnerte sich, daß Gordon in Nells Traum eine wichtige Rolle gespielt hatte, und versprach daher seiner Tochter, daß er sie abholen werde. Er bat sie, zu Hause anzurufen, wenn sie alles erledigt habe.

Noch während die Gehrkes an diesem Abend auf Janets Anruf warteten, überfiel Nell plötzlich eine unerklärliche Nervosität. Die Bibliothek mußte eigentlich schon längst geschlossen haben. Es wurde immer später. Und dann schrillte mit einemmal das Telefon. Nell griff augenblicklich zum Hörer, so als ob sie auf diesen Anruf gewartet habe. Es war Gordons Mutter. Sie sagte: »Nell, unsere Kinder hatten einen kleinen Unfall, Gordon war am Steuer ...« Noch bevor sie weiterreden konnte, ließ Nell den Hörer fallen. Sie wußte genau, was jetzt kommen würde. Es war exakt die gleiche Situation wie in ihrem Traum. Die Ereignisse überschlugen sich. Der Automatismus »Schicksal« hatte übernommen.

Die Gehrkes fuhren sofort zum Krankenhaus. Ein Polizeibeamter, der Frau Gehrke von seiner Dienststelle her kannte, da sie dort als Kurier tätig war, begleitete das Ehepaar, um ihm freie Fahrt zu sichern. In der Notaufnahme des Krankenhauses empfing sie gleich einer der Ärzte im weißen Kittel, um Frau Gehrke mitzuteilen, daß ihre Tochter es »nicht mehr geschafft« habe. Auch was diese Szene anbelangt, stimmte ihr Traum mit der Wirklichkeit in erschreckender Weise überein. Der diensthabende Arzt hatte das gleiche Gesicht wie sein Traum-Pendant. Er gebrauchte die gleichen Worte, die Nell drei Tage zuvor im Traum vernommen hatte. Der einzige Unterschied zum Traumgeschehen bestand darin, daß anstelle von Doug ein Junge namens Dennis im Unfallwagen gesessen hatte.

Erst viel später erkannten die Gehrkes, welche Rolle Doug in der Tragödie gespielt hatte. An dem bewußten Abend war Doug zu Hause geblieben. Er konnte daher nichts über den Unfall gehört haben. Gegen 20.30 Uhr, als er gerade in einer geschichtlichen Abhandlung blätterte, glaubte er plötzlich unmittelbar neben sich die Anwesenheit einer ihm bekannten Person zu spüren. Gedankenverloren richtete er seinen Blick zur Tür. Da stand Janet, genauso gekleidet, wie zum Zeitpunkt des Unfalls, was Doug später in Erfahrung bringen konnte. Deutlich vernahm er ihre Worte: »Doug, sage bitte meinen Angehörigen, daß es mir gutgeht und daß sie sich meinetwegen keine Sorgen zu machen brauchen.« Dann verschwand sie. Sie schien sich in Luft aufgelöst zu haben.

Erschrocken rannte Doug nach unten, wobei er seiner Mutter atemlos zurief: »Mom, Janet muß etwas Schreckliches zugestoßen sein. Bitte rufe zu Hause bei ihr an und frage nach, was mit Janet los ist.« Da bei den Gehrkes niemand ans Telefon ging, bestand Doug darauf, gleich im Büro des Sheriffs anzurufen, um sich nach Janet zu erkundigen. Minuten später wußten sie, was geschehen war.

Innerhalb von nur drei Tagen sollte sich Janet bei Doug weitere siebenmal melden, in einer Existenzform, für die unsere Schulwissenschaft keine Erklärung hat, weil es ihr an einem umfassenden Realitätsbewußtsein mangelt. Bei einer dieser Begegnungen saß Doug am Steuer seines Wagens, als Janet unmittelbar neben ihm auf dem Vordersitz erschien.

Aufgrund dieser Vorkommnisse versuchte Doug verzweifelt, mit den Eltern des Mädchens Verbindung aufzunehmen. Drei Tage vor der Beerdigung war es unmöglich, an Janets Eltern heranzukommen. Erst nach der Trauerfeier gelang es ihm, Nell zu sprechen, der gebrochenen Frau Janets Botschaften zu übermitteln. Jetzt erst verstand Nell, warum Doug Teil ihres ungewöhnlichen Traumes gewesen war. Nachdem der Junge mit Frau Gehrke gesprochen hatte, blieben Janets Erscheinungen aus, schien dieser seine Aufgabe erfüllt zu haben.

Zwei von Nells Schwestern, die außerhalb wohnten, blieben nach der Beerdigung noch einige Tage im Haus der Gehrkes, um beim Aufräumen von Janets Zimmer behilflich zu sein. In der Schreibmaschine der Verstorbenen fanden sie einen Bogen Papier eingespannt, auf dem alle Einzelheiten ihres schrecklichen Traumes aufgezeichnet waren, den sie ihrer Mutter erzählen wollte. Die Traumerlebnisse von Mutter und Tochter stimmten, was den Handlungshergang anbelangt, in auffälliger Weise überein, nur daß bei Janet Nell das Unfallopfer war. Ironie des Schicksals – eine »Inszenierung« mit vertauschten Rollen?

Eine Woche nach Janets Tod erhielt Nell Besuch von Diane Hamilton, einer früheren Schulfreundin ihrer Tochter, die bei den Gehrkes häufig zu Gast gewesen war. Beide gingen in Janets Zimmer, wo Frau Gehrke Diane das blaue Partykleid ihrer Tochter zeigte, das sie zur Erinnerung aufheben wollte. Traurig meinte Diane: »Ich erinnere mich noch, wie hübsch sie in diesem Kleid aussah.« Nell begann laut zu weinen. Im gleichen Augenblick fiel ein Bild von der Wand, das Janet einmal gemalt hatte. Es prallte mit aller Wucht auf dem darunterstehenden Plattenspieler auf und setzte dadurch den Auslösemechanismus in Gang. Der Plattenteller begann sich zu drehen, und die beiden Frauen vernahmen den damals aktuellen Schlager »Laß die Sonne niemals deine Tränen sehen«. Nell und Diane blickten instinktiv auf ihre Armbanduhren. Es war 20.00 Uhr, genau die Stunde, in der Janet eine Woche zuvor tödlich verunglückt war.

Visionen in Todesnähe

Der amerikanische Sterbeforscher Dr. Kenneth Ring, Psychologie-Professor an der Universität des US-Bundesstaates Connecticut, will im Verlaufe jahrelanger Untersuchungen festgestellt haben, daß Personen mit sogenannten Nahtod-Erlebnissen – Reanimierte, die für kurze Zeit klinisch tot waren – gelegentlich über die Gabe des Vorauswissens (Präkognition) verfügen.

Wie Dr. Ring zu berichten wußte, sehen Sterbende mitunter nicht nur persönliche, sondern auch nationale und globale Ereignisse voraus, so unter anderem Naturkatastrophen, wirtschaftliche Veränderungen, Kriegsgeschehen usw.

Eine wiederbelebte Frau hatte im Nahtodzustand den Ausbruch des amerikanischen Vulkans St. Helen vorausgesehen, was von ihrer Familie zunächst als Halluzination abgetan wurde. Nur zwei Stunden später kam es zu der unerwarteten Eruption. Ein Mann beschrieb seiner Frau nach der Reanimation den fast fatal verlaufenen Reaktorunfall von Three Mile Island bereits zwei Tage vor dessen Eintritt.

In einem von Dr. Ring zitierten Fall sah sich ein Zehnjähriger, der auf dem Operationstisch im Sterben lag, im Alter von 28 Jahren mit Frau und zwei Kindern in seinem späteren Haus. Während dieser Vision bemerkte er hinter der einen Wand ein seltsames Objekt, dessen Funktion er damals nicht verstand. Der Junge wurde dann aber gerettet. Als er sich später im Alter von 28 Jahren in der visuell wahrge-

254

nommenen Situation wiederfand, erkannte er in diesem Objekt einen Raumheizlüfter, der in seiner Kindheit noch nicht auf dem Markt war.

Dieser Fall gewinnt dadurch an Gewicht, daß der Junge die Familienszene nicht bildhaft-visionär – gewissermaßen als Außenstehender wie im Fernsehen –, sondern als Rückerinnerung »erlebt« hatte, so als ob dies alles bereits Vergangenheit wäre. Wörtlich soll er geäußert haben: »Ich wußte, daß ich verheiratet war, ich ›fühlte‹ mich verheiratet ... Es ist dieses seltsame, unmögliche Gefühl, an das ich mich noch so deutlich erinnere, und deshalb bleibt dieser Vorfall auch in meinem Bewußtsein haften ... Ich sah nicht in die Zukunft, ich lebte sie. Im Verlaufe dieses Geschehens war die Zukunft das Jetzt.«

Der Junge müßte demnach zum Zeitpunkt seiner Nahtod-Präkognition auf einer von unendlich vielen Realitätsebenen (Möglichkeiten), die unserer Meinung nach irgendwo in der Zukunft liegen (und die wir auch deshalb als solche bezeichnen), bereits verheiratet gewesen sein. Die Entwicklung zeigt jedoch, daß nur eine dieser Möglichkeiten – wie während der Präkognition erfahren – in unserem Sinne und in unserer Welt real werden kann. Vielleicht gibt es natürliche Zwänge, die zur Selektion einer bestimmten Entwicklung drängen, alle anderen Möglichkeiten jedoch zur Scheinrealität degenerieren lassen. Vielleicht gibt es aber auch unendlich viele »Ausgaben« dieses Jungen, die alle unabhängig voneinander ihre eigene spezielle Entwicklung durchlaufen, sogenannte Zeitvarianten, mit unterschiedlichen Schicksalen (sprich: Realitäten) – ein phantastisch anmutender Gedanke. Keiner wüßte vom anderen, da alle in Raum und Zeit, d. h. dimensional versetzt existierten – schwer vorstellbar, aber dennoch physikalisch denkbar.

Der irische Physiker und Chemiker Dr. Sean O'Donnell gab

sich mit Mutmaßungen und bloßen Spekulationen über die Existenz vorgeformter Zukünfte (die Zukunft ist Jetzt!) nicht zufrieden. Die Feststellung, daß Kleinstkinder in einer Art »Zeitlosigkeit« leben und erst durch die Erziehung daran gewöhnt werden, die Vergangenheit als das einzig Reale anzusehen, brachte ihn auf den Gedanken, daß der Mensch von der Natur vielleicht mit einem völlig zeitsymmetrischen Gedächtnis ausgestattet ist. In der Mitte liegt das »Jetzt«, rechts und links erstrecken sich Zukunft bzw. Vergangenheit. Die Annahme, daß unser Gedächtnis asymmetrisch ist und nur die Vergangenheit erfaßt, werde zwar allgemein für zutreffend gehalten, sei aber eigentlich unbewiesen, überlegte O'Donnell. Er begann auf sein eigenes intuitives Vorauswissen von alltäglichen Ereignissen zu achten. Hieraus ergaben sich ausgedehnte Untersuchungen, die ihn schließlich davon überzeugten, daß sich hinter Intuition und Präkognition ein »ausgewachsenes« Zukunftsgedächtnis verbirgt. Das, was wir präkognitiv erfahren, wären demnach nur Erinnerungen. Durch unermüdliches Schulen seines »Zukunftsgedächtnisses« mittels Rateversuchen, berichtet O'Donnell, habe er statt der statistischen Treffererwartung von 50 Prozent einen Durchschnitt von 80 Prozent erzielt. Andere Versuchspersonen brachten es immerhin auf 65 Prozent.

Nach insgesamt 5000 Stunden des Übens und Experimentierens formulierte O'Donnell seine Theorie des »Future Memory«, die darauf fußt, daß das menschliche Gedächtnis in Wirklichkeit symmetrisch ist. Er nennt denn auch das Erfassen der Zukunft nicht Präkognition, sondern »Pre-Call«, d. h. Vorauserinnern, und betont, daß man hierzu keine besondere paranormale Begabung benötige. Man könne vielmehr diese Fähigkeit wie andere Talente durch Üben erwerben.

Die siebte Stufe

Ein Arzt hatte Anfang der zwanziger Jahre im Londoner
Eastend ein Wohnhaus gemietet, in dem es offenbar nicht
mit rechten Dingen zuging. Als er eines Abends langsam
die Treppe zu einem der oberen Stockwerke hinaufstieg,
überkam ihn, gerade als er die siebte Stufe betreten hatte,
eine schreckliche Halluzination. Vor ihm breitete sich
plötzlich gähnende Leere – ein bodenloser Abgrund – aus.
Er mußte sich mit aller Kraft am Treppengeländer festhal-
ten, um nicht in die vermeintliche Öffnung zu stürzen, deren Wände von Schwamm und Moder befallen waren. Eine
unheimliche Kraft schien ihn mit aller Gewalt in das uner-
gründliche Nichts hineinziehen zu wollen. Langsam, aber
sicher wurde er an die Kante des imaginären Schlundes gezerrt, dem widerliche Gerüche entströmten. Nur wenige Sekunden vermochte er sich am Treppengeländer festzuhalten, dann stürzte er mit einem verzweifelten Aufschrei in
die Tiefe. Sein Körper sank tiefer und tiefer. Er verlor das
Bewußtsein. Alles um ihn herum war in wohltuende Dunkelheit gehüllt.
Die beruhigende Stimme seiner Hauswirtin brachte ihn
wieder zu sich. Er ergriff ihren Arm und starrte voller Entsetzen mit weit aufgerissenen Augen um sich. Doch alles
war wie zuvor. Nichts Ungewöhnliches schien während seines Sturzes von der Treppe vorgefallen zu sein, die Stufen
waren unbeschädigt. Ein Sonnenstrahl fiel durch das Ober-
licht und erhellte die winzigen Staubteilchen, die durch die
Luft wirbelten. »Sie sind schlimm gestürzt«, meinte die

Hauswirtin. »Ich habe Sie laut schreien gehört, als ich in der Küche war. Sicher sind Sie nur ausgerutscht.«

Etwas hielt den Arzt davon ab, ihr zu erzählen, was vorgefallen war. Am Nachmittag des darauffolgenden Tages hörte er die Türglocke läuten. Da die Wirtin schwerhörig war und ihre beiden Haushaltshilfen im Garten Blumen pflückten, mußte er selbst die Tür öffnen. Als er die Treppe hinunterging, hatte er sein Erlebnis vom Vortage ganz vergessen. Arglos betrat er die siebte Stufe, als ihm im gleichen Augenblick erneut der ekelerregende Verwesungsgeruch entgegenschlug. Geistesgegenwärtig, ohne sich diesmal von dem merkwürdigen Phänomen ablenken zu lassen, eilte der Arzt weiter nach unten, nicht ohne zuvor noch einmal einen Blick in den unheimlichen Abgrund geworfen zu haben. Diesmal ließ er sich nicht täuschen und gelangte schließlich unbeschadet zum Erdgeschoß, wo er dem Besucher die Tür öffnete.

Seinem Gast fiel sofort auf, wie erregt er war. Er konnte ihn aber nicht dazu bewegen, ihm den Grund seiner Aufregung zu nennen.

Als Mediziner, der über psychische Störungen gut Bescheid wußte, durfte er nicht ausschließen, daß er möglicherweise unter Bewußtseinsstörungen litt. Seine Bedenken sollten sich aber schon bald als grundlos erweisen. Drei Tage nach diesem erneuten Zwischenfall vernahm er während der morgendlichen Sprechstunde einen lauten Schrei, gefolgt von einem dumpfen Aufschlag, der vermuten ließ, daß jemand im Treppenhaus gestürzt war. Er eilte sofort nach draußen, wo er seine Hauswirtin bewußtlos am Fuße der Treppe liegen sah.

Als sie nach wenigen Minuten das Bewußtsein wiedererlangt hatte, schaute sie den Arzt einen Augenblick lang fassungslos an und sagte: »Doktor, Sie wissen ganz bestimmt, was mich zu Fall brachte.« Der Arzt bestätigte ihr, daß es die siebte Stufe war, die eine schreckliche Vision auslöste. Beide kamen überein, dafür zu sorgen, daß niemand von den Vorfällen etwas erfuhr, um den guten Ruf des Hauses nicht zu gefährden.

Die Hauswirtin vergaß jedoch bald ihren guten Vorsatz, über das seltsame Phänomen zu schweigen. Im Nu wußte jeder in der näheren Umgebung um das Geheimnis der siebten Stufe.

Einige Wochen später, als der Arzt einen seiner Patienten im Krankenhaus besuchte, erfuhr er durch Zufall, welche Bewandtnis es mit der Treppe auf sich hatte. Jemand machte ihn auf einen Mann namens Jackson aufmerksam, der früher einmal in seinem Haus gewohnt hatte und der über die Vorgänge im Zusammenhang mit dem seltsamen Phänomen Bescheid wußte.

Der Arzt verlor keine Zeit, Jackson aufzusuchen. Dieser Mann war zwar schon sehr alt, konnte sich aber noch gut an die vergangenen Ereignisse, die zu dem späteren Geschehen führten, erinnern. Er berichtete: »Ich wohnte früher einmal dort zusammen mit meinem Bruder. Er war Witwer und hatte nur einen Sohn, der als Missionar in China tätig war. Eines Tages stand mein Bruder mitten auf der Treppe und rief mir zu, soeben sei sein Sohn eines schrecklichen Todes gestorben. Man muß wissen, daß zu jener Zeit in China die Pest grassierte. Tausende von Menschen wurden in wenigen Monaten dahingerafft. Auch mein Neffe hatte sich infiziert, und es konnte ihm nicht mehr geholfen werden.

Kurz nach diesem Zwischenfall erhielt mein Bruder die offizielle Nachricht vom Ableben seines Sohnes, während er sich in seinem Zimmer im Obergeschoß des Hauses aufhielt. Nachdem er das Telegramm gelesen hatte, kam er nach unten. Auf halbem Wege – auf der siebten Stufe – blieb er mit einemmall stehen und rief mir zu, daß sein Sohn in einem Massengrab beerdigt worden sei, was aber nicht aus dem Telegramm hervorging.

Der plötzliche Verlust seines Sohnes hatte ihn hart getroffen. Zwei Tage danach war auch er tot.

Wenig später traf ein Brief meines Neffen aus China bei mir ein, den er kurz vor seinem Tod geschrieben hatte. In ihm schilderte er, wie die Pesttoten nach ihrer Registrierung kurzerhand in eilends ausgehobene Gruben geworfen wurden und wie man mitunter selbst solche Menschen in Massengräbern verscharrte, die noch gar nicht tot waren, um weitere Ansteckungen zu unterbinden.«

Der Arzt hatte genug vernommen. Er glaubte jetzt das Geheimnis der siebten Stufe und des unheimlichen Abgrunds, der sich zweimal vor ihm aufgetan hatte, zu kennen. Alles deutete darauf hin, daß der junge Missionar das Schicksal jener Unglücklichen erlitten hatte, die lebend begraben worden waren. Offenbar war sein Vater Zeuge dieses grausigen Geschehens geworden. Als er dann später schriftlich vom Tode seines Sohnes erfuhr, bildeten beide Ereignisse – die paranormale Fernwahrnehmung und der Empfang der Todesnachricht – eine derart mächtige Kausalkette, daß sich die panische Angst des Jungen, lebendig begraben zu werden, auf die nähere Umgebung und ganz besonders auf die Treppe übertrug.

Nachdem das Geheimnis gelüftet war, blieben die Visionen auf der siebten Stufe fortan aus.

Bewußtsein auf Reisen

Die Fähigkeit, seinen geistigen »Leib« – den Astralkörper – in einem veränderten Bewußtseinszustand aus dem materiellen Körper austreten zu lassen, die »außerkörperliche Erfahrung« (AKE), ist ein weitverbreitetes, schon seit Jahrhunderten bekanntes Phänomen. Es läßt den Schluß zu, daß der Mensch aus zumindest zwei sich ergänzenden, stofflich unterschiedlichen Systemen, einem physisch-grobstofflichen und einem psychisch-feinstofflichen Körper, besteht.

Es gibt zuverlässige statistische Erhebungen über die Häufigkeit, Dauer, Intensität und sonstige Charakteristika der außerkörperlichen Erfahrungen. Fest steht jedenfalls, daß die Außerkörperlichkeit keine besonderen medialen Fähigkeiten voraussetzt, daß sie nahezu ausnahmslos von allen Menschen, unabhängig von Rasse, Geschlecht, Alter, Herkunft, Religionszugehörigkeit usw. erlebt wird. Entscheidend ist allein die Art, wie sie der Ausgetretene erfaßt und deutet.

Der Schriftsteller Ernest Hemingway (1898–1961) erlebte eine solche Projektion während des Ersten Weltkrieges im Schützengraben, als unmittelbar in seiner Nähe eine Mörsergranate explodierte und er am Bein verwundet wurde. Er berichtet recht anschaulich, wie sein Astralleib aus seinem materiellen Körper herausbugsiert wurde: »... so, als würde man ein Seidentuch an einem Zipfel aus der Westentasche herausziehen.« Dieses ungewollte Erlebnis muß ihn derart beeindruckt haben, daß er später in seinem Buch

»Farewell to Arms« (Waffen Lebewohl) den Romanhelden Frederic Henry gleiches erleben ließ.

Der Schweizer Tiefenpsychologe und Psychiater Carl Gustav Jung (1875–1962) will Anfang 1944 nach einem Herzinfarkt unter dem Einfluß von Sauerstoff und Kampfer ein ähnliches Erlebnis gehabt haben. In seiner von Aniela Jaffé herausgegebenen Biographie »Erinnerungen, Träume, Gedanken« sinniert Jung: »Es schien mir, als befände ich mich hoch oben im Weltraum. Weit unter mir sah ich die Erdkugel in herrliches blaues Licht getaucht. Ich sah das tiefblaue Meer und die Kontinente. Tief unter meinen Füßen lag Ceylon, und vor mir der Subkontinent von Indien ... Später habe ich mich erkundigt, wie hoch im Raum man sich befinden müsse, um einen Blick von solcher Weite zu haben. Es sind etwa 1500 Kilometer! Der Anblick der Erde aus dieser Höhe war das Herrlichste und Zauberhafteste, was ich je erlebt hatte.«

Von der Echtheit seiner Austrittserlebnisse überzeugt, schwärmt Jung: »Ich hätte nie gedacht, daß man so etwas erleben könne, daß eine immerwährende Seligkeit überhaupt möglich sei. Die Visionen und Erlebnisse waren vollkommen real; nichts war empfunden, sondern alles war von letzter Objektivität.«

Ein »nicht-zeitliches« Erlebnis dieser Art hatte Jung später noch einmal nach dem Tode seiner Frau. Er sah sie in einem Traum, der »wie eine Vision war«.

Es ist keinesfalls übertrieben, einem Psychoanalytiker vom Format eines C. G. Jung ein höheres Maß an Objektivität als tiefenpsychologisch Ungeschulten zuzubilligen, was seine außerordentlich plastischen Schilderungen um so realer und daher noch glaubwürdiger erscheinen läßt.

Cromwell Varley, ein bekannter englischer Erfinder, der sich unter anderem um die Verlegung des Transatlantikkabels verdient gemacht hat, berichtete seinerzeit über seine außerkörperlichen Erfahrungen vor der »Dialektischen Gesellschaft« von England. Während Töpferarbeiten, die er als Hobby betrieb, atmete er einmal Flußsäuredämpfe ein, was zur Folge hatte, daß er gelegentlich an Stimmritzenkrämpfen litt. Sein Hausarzt riet ihm, stets Chloroform zur Hand zu haben, um sich bei Anfällen Erleichterung zu verschaffen. Eines Nachts sank er im Verlauf eines Anfalls von den eingeatmeten Chloroformdämpfen betäubt rückwärts auf sein Bett. Dort ausgestreckt, hielt er das chloroformgetränkte Schwämmchen immer noch vor seine Nase. Rasche Hilfe war nicht zu erwarten, da seine Frau in einem höher gelegenen Stockwerk schlief. Varley berichtete: »Ich sah meine Frau in der oberen Etage und mich selbst auf dem Rücken liegend. Was immer ich anstellte, ich war unfähig, auch nur eine Bewegung auszuführen. Da versuchte ich willentlich in ihrem Bewußtsein die lebhafte Vorstellung zu wecken, daß ich in Gefahr sei. Sie stand tatsächlich auf und kam, von meiner plötzlichen Unruhe getrieben, zu mir herunter, um das Schwämmchen sofort zu entfernen. Ich war gerettet.«

Der singende Tisch

Es war an einem warmen Sommerabend des Jahres 1949 in dem englischen Ort Fresden am Rande der Wiltshire Downs. Die Kinder von Captain Roland Macey hatten im Speisesaal des Priorats – eines langgestreckten Wohnhauses, das früher einmal ein richtiges Kloster gewesen war – zu Abend gegessen. Sie rannten auf die Terrasse, wo sich ihre Mutter mit dem Gemeindepfarrer unterhielt. Die zwölfjährige Mary bat um Erlaubnis, auf ihr Zimmer gehen und dort dem »Singen« zuhören zu dürfen. Als der Pfarrer fragte, was dies bedeute, antwortete die Mutter, daß die Kinder auf ihrem Zimmer angeblich seltsame Gesänge vernähmen, eine Behauptung, die sicher nur der kindlichen Phantasie entspränge.

Es sollte sich jedoch schon bald herausstellen, daß das, was Maceys Kinder zu hören vorgaben, keinesfalls das Produkt infantiler Verspieltheit, sondern ein Phänomen war, das von Parapsychologen heute als »Massenecho in der Zeit« bezeichnet wird.

Der Fresden-Fall – auf dem Gebiet der Jenseitsstimmen-Manifestationen einer der merkwürdigsten überhaupt – wurde seinerzeit von Wissenschaftlern mit modernsten Geräten gründlich untersucht. Lange Zeit hatte man nach echten Beweisen für die uralte Behauptung gesucht, daß Möbel aus der präreformatorischen Zeit oder Holzaltäre, an denen heilige Messen zelebriert worden waren, die lateinischen Gesänge der Ordensleute über viele Jahrhunderte hinweg zu übertragen vermögen. Die vier Macey-

Kinder scheinen den ersten greifbaren Beweis liefern zu können.

Der Pfarrer bat die Mutter um Erlaubnis, die Kinder in deren Schlafzimmer begleiten zu dürfen. Dort befand sich unter anderem ein großer schwerer Tisch, den jemand an die Wand gerückt hatte. Die Kinder standen unmittelbar neben dem Tisch und lauschten konzentriert einer für den Pfarrer und die Mutter nicht vernehmbaren Melodie. Er bat sie, das, was die Kinder als »komische Musik« bezeichneten, ganz einfach nachzusingen. Die Kinder folgten der Aufforderung des Geistlichen und wiederholten die Melodie, die sie zu hören vorgaben.

Gegenüber Frau Macey äußerte sich der Pfarrer später dahingehend, daß die Kinder offenbar Zeugen eines Abendgottesdienstes gewesen seien, abgehalten von Mönchen, die hier vor etwa 500 Jahren gelebt hätten. Es handele sich hierbei zweifellos um einen altertümlichen, einstimmigen Chorgesang, der heute völlig unüblich sei. Die Kinder beherrschten zudem kein Latein, um die Manifestation vorzutäuschen. Sie waren weder katholisch, noch hatten sie zuvor einer Messe in lateinischer Sprache beigewohnt. Daraus folgerte der Pfarrer, daß die Kinder tatsächlich Zeugen eines echten Chorgesanges aus ferner Vergangenheit waren.

Die Glaubwürdigkeit des Fresden-Phänomens litt unter dem Umstand der selektiven Vernehmbarkeit: Nur die Kinder waren in der Lage, den Gesang der Mönche zu hören, weil sie an dem Phänomen nicht zweifelten.

Einem Expertenteam, das daraufhin mit Tonaufzeichnungsgeräten die Gesänge festzuhalten versuchte, war kein Erfolg beschieden. Der Tisch wurde sorgfältig untersucht, später sogar Stück für Stück auseinandergenommen. Unter einer »falschen« Deckplatte fand man einen hölzernen

Rahmen mit einem eingelegten Steinkreuz. Vermutlich handelte es sich hierbei um einen kaschierten Altar, den man zu einer Zeit, als in England der Katholizismus verboten war, für geheime Messen benutzte.

Dr. William Byrne – ein Mediziner, der in seiner Eigenschaft als Parapsychologe hohes Ansehen genoß – hörte von diesem erstaunlichen Vorkommnis und bat den Klerus um Erlaubnis, die Priorei besuchen zu dürfen. In Byrnes Anwesenheit wiederholten die Kinder all die Worte, die sie aus dem Tisch zu hören glaubten. Vettern der Kinder, die mit ihren Eltern dort weilten, wollen die Gesänge damals ebenfalls vernommen haben.

Eines Abends, als Dr. Byrne und zwei seiner Assistenten wieder einmal stundenlang erfolglos experimentiert hatten und auf ihren neben der Auffahrt geparkten Wagen zugingen, wurden sie erstmals selbst Zeugen der paranormalen Stimmenmanifestation. Dr. Byrne berichtete: »Wir lauschten ergriffen dem zarten Gesang der Mönche. Er war so deutlich zu vernehmen, daß wir zunächst eine Rundfunkübertragung zu hören glaubten, was jedoch nicht der Fall war. Mit einemmal wurde mir bewußt, daß wir uns direkt unterhalb des Zimmers befanden, in dem der Tischaltar aufgestellt war. Der Gesang währte länger als eine halbe Stunde. Vorsichtig, immer bedacht, keine störenden Geräusche zu verursachen, schaltete ich meinen tragbaren Recorder ein, den ich stets bei mir habe. Urplötzlich verebbte der Gesang. Es schloß sich eine Lesung in lateinischer Sprache an, die aus dem Nichts, etwa sechs Meter von uns entfernt, zu kommen schien. Dann herrschte Stille.«

Ergriffen schaltete Dr. Byrne seinen Recorder aus. Als er dann das Band abspielte, erlitt er eine herbe Enttäuschung. Aus dem Lautsprecher drang nur ein sanftes Zischen. Wer auch immer gesungen und gesprochen haben mochte: Die

Phantom-Stimmen lagen jenseits dessen, was mit einer von Menschenhand gefertigten Apparatur registrierbar war.

Bleibt die Frage, wie unbelebte Objekte Vergangenes zu speichern und zu übertragen vermögen. Der Parapsychologe Roger Pater theoretisiert, daß alles, was emotionalem Geschehen ausgesetzt war, zeitlos von starken psychischen Impulsen geprägt ist. Menschen, die über außerordentliche sympathetische oder magische Kräfte verfügten, wären durchaus in der Lage, vergangene Ereignisse wahrzunehmen, so als ob sie diesen unmittelbar beiwohnten. Für sie gäbe es keine räumlichen und zeitlichen Beschränkungen.

Mitteilung aus dem Jenseits

Betty Graham war niemals in Griechenland gewesen. Soweit sie sich erinnern kann, hatte sie nie zuvor jemanden griechisch sprechen gehört. Alles, was sie über dieses Land wußte, waren seine geographische Lage und die Namen einiger großer Städte. Wie aber läßt es sich dann erklären, daß sie an einem Vormittag des Jahres 1957 plötzlich fließend Griechisch sprechen konnte, daß sie, ohne irgendwelche Kontakte nach dort, Informationen über einen tödlichen Unfall in Griechenland weiterzugeben vermochte, bevor dieser telefonisch bestätigt wurde? Wie kam es, daß sie über örtliche Gegebenheiten einer Stadt genauestens Bescheid wußte, deren Existenz ihr bis dahin völlig unbekannt war?

Dreißig Jahre später erinnert sich Frau Graham, die heute im Süden Londons zu Hause ist, noch mit gemischten Gefühlen an die vergangenen, turbulenten Ereignisse. Sie erscheinen ihr wie ein böser Traum, wie etwas, das es eigentlich gar nicht geben dürfte. Erst viele Jahre nach ihrem Erlebnis fand sie wieder zu sich selbst, war sie stark genug, um den merkwürdigen Zwischenfall gelassen zu überdenken.

Ein Jahr lang hatte sich Frau Graham in einem völlig zerrütteten Zustand befunden, war sie drauf und dran, den Verstand zu verlieren. Damals war sie unfähig, einer geregelten Arbeit nachzugehen, nahm Beruhigungsmittel und Schlaftabletten, um über den erlittenen Schock hinwegzukommen.

Anfang der siebziger Jahre brach sie schließlich ihr Schweigen, enthüllte sie Einzelheiten eines unglaublichen Geschehens – eines interessanten Falls paranormaler Wahrnehmung, der einigen Wissenschaftlern lange Zeit Kopfzerbrechen bereiten sollte.

Im Jahre 1957 arbeitete Frau Graham – sie war damals gerade 21 Jahre alt geworden – als Sekretärin im Exportbüro einer Londoner City-Bank, unweit der berühmten Bank of England. Ihre Tätigkeit bestand aus Routinearbeiten, die sie mit der ihr eigenen Sorgfalt erledigte. Sie war eine allseits beliebte Mitarbeiterin. Ihr Büroalltag kannte keine Höhepunkte, und so verliefen all die Jahre ohne besondere Vorkommnisse. Dann aber kam jener ereignisreiche Morgen des 7. Juni 1957. Frau Graham erinnert sich: »Ich arbeitete in einem kleinen Büro, das eine Verbindungstür zum Chefzimmer hatte. Etwa gegen 11.30 Uhr sprachen zwei griechische Geschäftsleute vor, Repräsentanten einer Athener Ölraffinerie. Ich führte sie zum Chef, schloß die Tür hinter ihnen und begab mich wieder an meine Arbeit.

Ich erinnere mich noch ganz genau, daß ich gerade einen Brief an eine Firma in San Francisco in der Maschine hatte, als mich plötzlich ein merkwürdiges Gefühl überkam. Es war, als würde sich ein Dunstschleier um mich legen. Ich glaubte zunächst, ohnmächtig zu werden, und hielt mich mit beiden Händen am Schreibtisch fest. Dann war mit einemmal alles wieder in Ordnung. Zumindest glaubte ich das. Ich fühlte mich auf eine zuvor nie erlebte Art gestärkt und bei klarem Verstand. Ich stand auf und betrat, ohne anzuklopfen, das Chefzimmer – etwas, das ich mir normalerweise nie zu tun erlaubt hätte. Zu Herrn Villiotis soll ich gesagt haben: ›Ich fürchte, daß ich Sie auf eine sehr schlechte Nachricht vorbereiten muß.‹ Dann teilte ich ihm mit, daß sein Sohn, ein zwanzigjähriger Ingenieurstudent, bei einem Motorradunfall in Athen ums Leben gekommen sei. Ich beschrieb ihm sogar die Stelle, wo der Unfall stattgefunden hatte, den Straßennamen und das Krankenhaus, in das er eingeliefert worden war.

Villiotis reagierte auf meine Mitteilung nicht so sehr besorgt, sondern eher wütend. Er glaubte offenbar, daß ich ihn auf üble Weise zu erschrecken versuchte. Ich sagte ihm, daß das, was ich ihm übermittelt habe, wahr sei und daß man meine Information bald telefonisch bestätigen werde. Der Dialog fand ausschließlich in griechischer Sprache statt. Dann wurde ich wieder fast ohnmächtig. Irgendwie gelang es mir, in mein Büro zurückzufinden, und plötzlich war ich wieder ganz bei mir, war ich wieder ich selbst.

Ich erinnere mich allerdings nicht daran, griechisch gesprochen zu haben – eine Sprache, die mir völlig unbekannt ist, da ich nie zuvor in Griechenland gewesen bin. Auch habe ich nie etwas über Athen gelesen. Es ist mir völlig unerklärlich, warum ich mich so verhielt. Ich bin auch nur deshalb von der Echtheit des Geschehens überzeugt, weil alle drei Personen, die sich im Büro aufhielten, das gleiche aussagten.«

Betty Graham wurde damals von ihrem Vorgesetzten sofort nach Hause gebracht. Sie hatte einen bösen Schock erlitten und mußte für einige Zeit das Bett hüten. Ihr Chef war völlig ratlos, fand er doch allein für die Tatsache, daß seine Sekretärin plötzlich Griechisch sprechen konnte, keine halbwegs vernünftige Erklärung. Was ihn aber noch viel mehr beeindruckte, war ihr ungewöhnliches Verhalten bei der Übermittlung der schlimmen Nachricht: »Ihre Augen hatten einen ungewöhnlich glasigen Ausdruck, so als ob sie sich in Trance befände. Hinterher konnte sie sich an nichts mehr erinnern. Sie blieb danach der Arbeit mehrere Wochen fern, und als sie zurückkam, sagte ich ihr, daß sie sich wegen des Zwischenfalls keine Sorgen zu machen brauche. Dennoch schien ihr das Geschehen auch weiterhin Rätsel aufzugeben, sie zu verunsichern. Sechs Monate später verließ sie unsere Bank, um zu heiraten.«

Das Ereignis einfach mit Halluzinationen, mit den Auswirkungen einer streßgeprägten Umgebung auf die empfindliche Psyche eines Mädchens erklären zu wollen, hieße die Tatsachen auf den Kopf stellen. Dies um so mehr, wenn man weiß, daß Herr Villiotis eine Stunde nach dem Vorfall tatsächlich einen Telefonanruf von seiner Frau aus Athen erhielt, der ihn davon in Kenntnis setzte, daß ihr Sohn auf tragische Weise ums Leben gekommen sei. Alle Einzelheiten über den Verlauf des Unfalls stimmten mit dem überein, was Betty Graham bereits zuvor in Trance wahrgenommen und ausgesagt hatte. Sie war Zeugin eines Vorfalls gewesen, der sich Tausende von Kilometern entfernt abgespielt hatte, in einem Land, über das sie so gut wie nichts wußte. Auf uns unerklärliche Weise muß sich das Bewußtsein des Verstorbenen ihrer bedient haben, um seinem Vater die traurige Botschaft zu übermitteln – eine Nachricht jenseits von Raum und Zeit, die davon zeugt, daß es ein Überleben gibt.

Späte Gerechtigkeit

Am Morgen des 11. April 1909 waren die Rolläden des vornehmen Hauses in der Londoner Mount Street heruntergelassen, ein großer Lorbeerkranz hing über dem Türklopfer. Nach langer, schwerer Krankheit war der Industrielle und Freund Edwards VII., der Millionär Sir David Wragg, im Alter von 67 Jahren gestorben.

Wegen seiner amourösen Eskapaden und Familienstreitigkeiten hatte er in Londons High Society traurige Berühmtheit erlangt. Innerhalb einer Stunde ließen seine Hinterbliebenen den Familienanwalt Gilbert Stephens kommen, der das Testament eröffnen sollte. Unmittelbar nach der Testamentseröffnung verließ die Witwe, Judith Wragg, leichenblaß und im Zustand höchster Erregung das Haus, um sich zu ihrem Landgut in Maidenhead zu begeben. Sie schwor, dort so lange zu bleiben, bis der »Skandal« ausgestanden sei. Hiermit meinte sie Sir Davids letztwillige Verfügung.

Wragg, der sein Geld vornehmlich in Töpfereien und in der Schwerindustrie investiert hatte, der in Südafrika am Diamanthandel beteiligt war, der in Oxfordshire und in Hereford zahlreiche Güter besaß, hatte seiner 39jährigen Frau lediglich ein kleines Haus in Kingston-on-Thames sowie eine jährliche Apanage von 200 Pfund hinterlassen. Das eigentliche Erbe fiel je zur Hälfte an Wraggs drei Söhne und eine Dame namens Evadne Forrester – seine Geliebte –, für die er, ohne daß seine Familie davon wußte, 17 Jahre zuvor im Londoner Stadtteil Bayswater ein Wohnhaus erstanden hatte.

Was als handfester Gesellschaftsskandal begonnen hatte, sollte sich aufgrund unerklärlicher Vorfälle allmählich als ein klassischer Fall für die Parapsychologie herausstellen. Der Dahingeschiedene »meldete« sich nämlich mehrfach, um vom Jenseits aus seiner Familie Gerechtigkeit widerfahren zu lassen.

Wraggs jüngster Sohn Edward meinte hierzu zwanzig Jahre später in einer englischen Zeitschrift: »Wir zweifelten keinen Augenblick daran, daß es mein Vater war, der sich aus dem Jenseits meldete, um das Unrecht wiedergutzumachen, das er meiner Mutter angetan hatte. Wenn man die Fakten genau abwägt, lassen sich die damaligen Vorkommnisse nicht anders interpretieren.«

Die gekränkte Lady Wragg war seinerzeit fest davon überzeugt, daß es sich bei dem vom Anwalt verlesenen Testament um eine frühere Fassung und somit nicht um die eigentliche, »letztwillige« Verfügung des Verstorbenen handelte. Es war im Jahre 1901 abgefaßt worden, zu einer Zeit, in der es in ihrer Ehe stürmisch zuging und Wragg seiner Frau damit gedroht hatte, sie »ohne einen Penny sitzenzulassen«. Später arrangierte man sich, wurde beider Zusammenleben erträglicher.

Obwohl die Lady zu Recht vermutete, daß sie nicht die einzige Frau in Wraggs Leben war, machte sie ihm keine Vorwürfe mehr, schenkte sie ihm dennoch all ihre Zuneigung. Wragg seinerseits bedauerte seine früheren Drohungen und behauptete ihr gegenüber, Schritte unternommen zu haben, um die Dinge wieder in Ordnung zu bringen. All dies deutete darauf hin, daß es ein zweites, geändertes Testament geben mußte. Wraggs Rechtsanwälte aber hatten acht Jahre zuvor für ihn nur die bei der Testamentseröffnung verlesene Fassung aufgesetzt. Ein weiteres Testament war dort nicht hinterlegt worden.

Ein Nachlaßgericht war bereits anberaumt, und es stand zu befürchten, daß Wraggs Geliebter die ihr im Testament zugedachten 200 000 Pfund sowie weitere Besitztümer nicht streitig gemacht werden konnten. Da hatte Edmund Wragg, zwei Wochen nach dem Tode seines Vaters, erstmals einen merkwürdigen Traum. Ihm erschien sein Vater in bester Verfassung. Er war wie zu einer geschäftlichen Verabredung gekleidet und hatte sogar seinen Spazierstock mit dem Silbergriff bei sich. Edmunds Traumerlebnis spielte sich in ihrem Haus in Maidenhead ab. Sein Vater stand an der Treppe und deutete mit seinem Stock in Richtung einer kleinen jakobinischen Kommode nahe der Eingangstür, auf der, wie immer, ein Silbertablett zur Ablage der Visitenkarten stand. Er bedeutete seinem Sohn, daß er schon lange die Familie über die Testamentsänderung unterrichten wollte, dies aber nicht für so eilig gehalten habe. Der Traum verblaßte, und Edmund wachte auf. Innerhalb der nächsten zwei Wochen träumte er gleich viermal dasselbe. Jedesmal schien der Verstorbene sein Anliegen eindringlicher vorzutragen.

Am darauffolgenden Wochenende fuhr Edmund Wragg nach Maidenhead, um mit seiner Mutter über den Wiederholungstraum zu sprechen. Er fand jedoch das Haus verschlossen vor. Die Schließung war vom Testamentsvollstrecker Stephens angeordnet worden, da das Haus wenige Tage später versteigert werden sollte.

In der Nacht nach seiner Rückkehr hatte der junge Wragg einen ähnlichen Traum wie zuvor. Sein Vater hatte wieder einmal einen seiner gefürchteten Wutanfälle; er benahm sich gebieterisch und befahl ihm mit Nachdruck, Maidenhead erneut aufzusuchen.

Am Montagmorgen begab sich Edmund Wragg zu Mr. Stephens, um sich die Erlaubnis zum Betreten des Hauses in

Maidenhead geben zu lassen. Nach einigen Einwänden händigte ihm der Anwalt schließlich die Schlüssel aus, und Wragg fuhr damit sofort nach Maidenhead.

Im Haus waren sämtliche Rolläden heruntergezogen. Es machte einen verlassenen, finsteren Eindruck. Als er die Vorhalle betrat und zur Treppe hinschaute, glaubte er für einen Augenblick, dort im Halbdunkel seinen Vater zu sehen. Bei genauerem Hinsehen löste sich die Erscheinung auf.

Er spürte mit einemmal das Verlangen, sich der Truhe neben der Tür zuzuwenden. Wie unter Zwang öffnete er deren untere Schublade, in der sich ein dickes braunes Kuvert befand. Dieses enthielt ein handgeschriebenes Testament aus dem Jahre 1907, das in Gegenwart seines ehemaligen Verwalters abgefaßt worden war. Gemäß diesem neueren Testament, das alle vorangegangenen Verfügungen aufhob, erhielt seine Frau die eine Hälfte des Besitzes, die andere ging je zu einem Drittel an seine drei Söhne. Frau Forrester behielt das ihr überschriebene Haus und wurde zudem mit einer Abfindung von 3500 Pfund bedacht.

Der Scout mit der
Spürnase

Leutnant Peter Johnston vibrierte förmlich vor Aufregung, als die plumpe Silhouette eines zweimotorigen japanischen Bombers vor ihm auftauchte. Sein Daumen schwebte über dem Auslöseknopf der schwerkalibrigen Bordkanone. Er schickte sich an, mit einem einzigen Feuerstoß das Leitwerk des feindlichen Bombenflugzeuges zu zerstören, es zum Absturz zu bringen. Sein Übereifer ließ ihn eine der wichtigsten Regeln des Luftkampfes vergessen: öfter nach hinten zu blicken, um sich den Rücken freizuhalten. Daher bemerkte er auch nicht den japanischen Abfangjäger, der sich hinter ihm befand. Seine Anwesenheit wurde ihm erst dann schmerzlich bewußt, als seine P-40 von den Geschoßgarben des Gegners getroffen wurde und ins Trudeln geriet.

Es war mitten im Krieg, im April 1943. Johnston – ein Pilot der US-Luftstreitkräfte – war Angehöriger einer gemischten amerikanisch-australischen Luftwaffeneinheit, die den Auftrag hatte, Darwin, die Hauptstadt von Australiens Nord-Territorium, vor japanischen Bombenangriffen zu schützen.

Als seine Maschine abtrudelte, gelang es Johnston, die Kabinenhaube abzustoßen und herauszuspringen. Indem er langsam nach unten schwebte, versuchte er zunächst, sich einen Überblick über das Landegebiet zu verschaffen. Der Luftkampf hatte ihn in eine gottverlassene Gegend, viele Meilen südwestlich von Darwin, abtreiben lassen. Johnston hatte jegliche Orientierung verloren. Er wußte nicht, in welchem Gebiet er gerade landete. Minuten später setzte er mitten in einem von Mangroven bewachsenen Sumpfgebiet sanft auf. Es war dies der Anfang einer sechstägigen Tortur, eines ununterbrochenen Kampfes gegen klebrigen, stinkenden Schlamm, gegen Krokodile, Schlangen und ein Heer giftiger Insekten, die ihm allesamt ein rasches Ende zu bereiten drohten.

Johnstons dreidimensionaler Alptraum wäre mit Gewißheit tödlich verlaufen, wäre da nicht – nur wenige Meilen entfernt – ein Eingeborener namens Mosic gewesen – ein Mann, dessen Klarträume schon so manchem abgestürzten Piloten das Leben gerettet hatten. Mosic lebte in einer Eingeborenensiedlung am Rande von Delissaville, an einer Bucht gegenüber Darwin. Als Spurenexperte wurde er von Jack Murray, dem Siedlungsinspektor, häufig in Anspruch genommen, um abgeschossene Flugzeugbesatzungen aus dem Dschungel zu bergen, der an Australiens Nordostküste grenzt.

Am Morgen des sechsten Tages nach Leutnant Johnstons Absprung erhielt Murray eine Meldung vom Hauptquartier des Luftkommandos in Darwin, die besagte, daß ein amerikanisches Jagdflugzeug etwa 20 Meilen südwestlich von Delissaville abgeschossen worden sei. Murray hatte jedoch keine Ahnung, daß es sich hierbei gar nicht um Johnstons Maschine handelte. Ihn hatte das Luftkommando bereits aufgegeben. Auch war ihm nicht bekannt, daß hier ein Fehler vorlag und der Flugzeugführer, zu dessen Suche er aufbrach, in Wirklichkeit nordöstlich der Siedlung gelandet war.

Murray bestieg zusammen mit Mosic und einem zweiten Eingeborenen seine Barkasse. Sie schlugen einen südwestlichen Kurs entlang der Küste ein – praktisch die falsche Richtung, soweit dies den Befehl des Luftkommandos betraf. Dieser führte sie zwangsläufig in die Richtung, in der sich Leutnant Johnston aufhielt. Als sie die Küste entlangfuhren und die Einfahrten der zahllosen kleinen Buchten absuchten, die die Uferlinie unterbrachen, bemerkte Murray auf einmal, daß Mosic immer unruhiger wurde. Plötzlich sprang der Eingeborene auf und deutete auf die Einfahrt einer besonders schmalen Bucht, die man beinahe übersehen hätte. Er gab dem Inspektor zu verstehen, daß er vergangene Nacht von dieser Bucht und von der Rettung eines vermißten Piloten geträumt habe. Murray zuckte, wie immer in solchen Fällen, mit den Schultern. Er hütete sich, die Abos (engl. »aboriginals« = Ureinwohner Australiens) zu unterschätzen, deren Ahnungen sich schon häufig als zutreffend erwiesen hatten. Wie auch immer: Irgendwo mußten sie mit der Suche beginnen. Und warum nicht gerade mit dieser Bucht. Die Chancen, den Vermißten zu finden, waren ohnehin äußerst gering. So tuckerten sie langsam stromaufwärts. Über ihnen wölbte sich das undurchdringliche Blätterdach der Urwaldriesen, das die einfallenden Sonnenstrahlen in grünes Dämmerlicht umwandelte. Von Zeit zu Zeit erwachte das, was zunächst wie ein brauner Baumstamm aussah, plötzlich zum Leben. Es waren Krokodile, die, aufgescheucht durch das plötzliche Auftauchen der Suchmannschaft, behäbig ins Wasser glitten. Die drei Männer brauchten sich nicht zu fürchten. Wenn man die Tiere in Ruhe ließ, kümmerten sie sich nicht um einen. Blutegel und Moskitos machten ihnen hingegen viel mehr zu schaffen.

Sie waren schon etwa eine Meile landeinwärts gefahren, als Mosic, scheinbar ohne besonderen Grund, die Barkasse unter einer Mangrove anhielt. Mit weit geöffneten Augen, so als ob er sich in Trance befände, ließ er den Inspektor wissen, daß ihre Fahrt hier zu Ende sei. Im Traum habe er an der gleichen Stelle angehalten. Gerade als Murray über die Selbstsicherheit der Eingeborenen und deren merkwürdige Träume herziehen wollte, vernahmen sie aus der Ferne einen schwachen Hilferuf aus heiserer Kehle. Sofort sprangen die drei aus der Barkasse, um so schnell wie möglich in die Richtung vorzudringen, aus der sie den Ruf vernommen hatten. Ihr Weg führte sie durch einen unübersehbaren Wirrwarr von Wurzeln, schwarzem, übelriechendem Schlamm, vorbei an herunterhängenden Ästen und Schlingpflanzen. Ohne den Einsatz von Macheten wären sie zur Tatenlosigkeit verurteilt gewesen. Und dann fanden sie ihn. Leutnant Johnston saß, etwa 60 Meter vom Ufer entfernt, auf einem Ast, an dem er wie eine Klette zu kleben schien. Sein Zustand war äußerst bedenklich. Tausende von Insektenstichen hatten sein Gesicht und seine Arme bis zur Unkenntlichkeit entstellt: Starker Bartwuchs und der ihm anhaftende Schmutz verliehen Johnston das Aussehen eines Waldmenschen. Es war Rettung aus höchster Not. Stammelnd berichtete er über das, was er tagelang im Morast an tausendfachen Schrecken erlebt hatte.

Die Männer trugen Johnston vorsichtig zur Barkasse und reichten ihm, dort angekommen, zunächst einen Becher mit heißem Tee. Wenige Minuten später war er in der Lage, sich von selbst aufzurichten und zusammenhängend zu berichten: »Mein Name ist Johnston, Leutnant der Heeres-Luftwaffe. Wenn ich nur geahnt hätte, daß die Küste so nahe ist. Sechs Tage habe ich im Dschungel festgesessen.« »Sechs Tage?« echote Murray. »Aber das kann doch nicht sein, denn das Luftwaffenkommando teilte uns erst vor wenigen Stunden mit, daß Sie heute morgen abgeschossen worden wären.« »Es waren sechs Tage«, erwiderte der Amerikaner. »Mich hätte es beinahe erwischt. Wenn Sie nicht gekommen wären, hätte ich mir bald das Leben genommen. Aber wie um alles in der Welt haben Sie mich in dieser Wildnis aufgespürt?«

Murray schaute Mosic fragend an. Dieser schien jedoch über seine ungewöhnliche Fähigkeit am meisten erstaunt zu sein. Für einen Augenblick war Murray versucht, alles über Mosics seltsamen Traum zu erzählen. Dann verwarf er die Idee. Johnston würde ihn für verrückt halten. Statt dessen ließ er den Motor an, um die Rückfahrt anzutreten.

In Delissaville angekommen, setzte sich Murray sofort über Funk mit dem Hauptquartier des Luftwaffenkommandos in Verbindung, um die erfolgreiche Beendigung der Suchaktion zu melden. Zu seinem großen Erstaunen erfuhr er, daß der Pilot, dessentwegen er die Suche aufgenommen hatte, von jemand anderem gefunden worden war. Daraufhin teilte Murray dem verblüfften Wachoffizier mit, Johnston würde sich bei ihnen befinden. Erfreut über die Rettung auch dieses Mannes, wollte der Offizier wissen, wer oder was sie auf dessen Spur gebracht habe. Er galt schon seit Tagen als überfällig. Murray wollte hierzu nichts sagen.

Es wäre interessant zu wissen, durch was Mosics Traum ausgelöst wurde und wieso er in dem undurchdringlichen Dschungel genau die Stelle fand, wo der Vermißte heruntergekommen war. Alles deutete daraufhin, daß der menschliche Geist keine räumlichen und zeitlichen Hindernisse kennt, daß offenbar jeder mit jedem geistig zu kommunizieren vermag. Es könnte sein, daß Leutnant Johnston in seiner verzweifelten Lage kontinuierlich ein telepathisches Notsignal aussendete, das vom Unbewußten des schlafenden Mosic, der sich zufällig auf dessen »geistiger Frequenz« befand, aufgefangen wurde. Dies ist aber nur eine von zahlreichen weiteren Möglichkeiten. Eingeborenen scheint ein natürliches Gespür für die großen Zusammenhänge in ihren heimatlichen Gefilden geblieben zu sein. Jegliche »Störungen« innerhalb dieses Verbunds werden von ihrem Unbewußten registriert, wobei Entfernungen überhaupt keine Rolle spielen. Da das menschliche Bewußtsein zeitlich ungebunden ist, wäre es auch gut denkbar, daß hier ein Fall von Präkognition, d. h. Vorauswissen, vorliegt. Dennoch wird es für uns ein Rätsel bleiben, mit welcher Genauigkeit Mosic die Position des Vermißten zu orten vermochte. Zufall dürfte mit Sicherheit auszuschließen sein.

Phantombilder aus einer
anderen Zeit

An einem regnerischen Oktoberabend des Jahres 1916 war Miss Edith Olivier mit ihrem Wagen von Devizes kommend nach Swindon unterwegs. Beide Ortschaften sind in der englischen Grafschaft Wiltshire gelegen. Das Wetter war so trostlos, daß sie sich nichts sehnlicher wünschte als ein gut geheiztes Zimmer in einem jener gemütlichen Gasthöfe, wie sie für die dortige Gegend typisch sind.

Auf der Suche nach einer geeigneten Bleibe für die Nacht bog sie, einer plötzlichen Eingebung folgend, von der Hauptstraße ab und befand sich mit einemmal auf einer sonderbaren, in der Straßenkarte nicht eingezeichneten Allee, die beidseitig von mächtigen grauen Megalithen, Steinblöcken aus der Frühgeschichte, flankiert war. Sie vermutete, durch ihr Abbiegemanöver die Richtung verloren zu haben und ganz in die Nähe des aus der englischen Geschichte bekannten Marktfleckens Avebury gelangt zu sein. Obwohl Edith Olivier nie zuvor in Avebury gewesen war, hatte sie doch schon häufig Gemälde von diesem malerischen Ort und seiner Umgebung gesehen. Sie wußte, daß sich in dieser Gegend ursprünglich ein kreisförmiger Steintempel befunden hatte, den man über eine langgestreckte Megalithenallee erreichen konnte.

Am Ende dieser Allee hielt sie den Wagen an, um auszusteigen und von einer kleinen Anhöhe aus über die verstreut herumliegenden Steinriesen einen besseren Überblick zu gewinnen.

Als sie einen jener hohen Erdwälle erklommen hatte, die sich dort auftürmen, fielen ihr eine Anzahl Buden auf, die in einiger Entfernung zwischen den Megalithen errichtet worden waren. Zu ihrer Überraschung mußte sie feststellen, daß dort trotz des anhaltenden Regens offenbar ein Dorffest, eine Kirmes, stattfand. Lachende Dorfbewohner zogen mit Lampen und Fackeln von einer Spielbude zur anderen, um ihr Glück zu versuchen und all denen zu applaudieren, die ihre Geschicklichkeit unter Beweis gestellt hatten.

Miss Olivier war entzückt über das ausgelassene Treiben, das sich vor ihr entfaltete, die unbeschwerte Art, mit der sich die Dörfler vergnügten, ungeachtet des miserablen Wetters. Männer, Frauen und Kinder liefen ohne Regenumhänge und Schirme umher, so als ob für sie der Regen gar nicht existiere. Es war ein Bild wie aus einer anderen Welt.

Gern hätte sich Edith Olivier die Kirmes aus der Nähe angesehen, sich von der Fröhlichkeit dieser Menschen anstekken lassen, aber der Regen wurde immer stärker und verleidete ihr das Weitergehen. Deshalb ging sie zu ihrem Wagen zurück und setzte ihre Fahrt in der Richtung fort, aus der sie gekommen war.

Es sollte neun Jahre dauern, bis Miss Olivier wieder einmal in die Gegend von Avebury kam. In einem Reiseführer, den sie dort erstanden hatte, war nachzulesen, daß es in Avebury ganz früher einmal tatsächlich einen Jahrmarkt gegeben hatte. Er war im Jahre 1853 zum letztenmal abgehalten worden. Das, was Miss Olivier an jenem fraglichen Abend im Oktober 1916 mit eigenen Augen gesehen hatte, stand demnach in krassem Widerspruch zur Beschreibung im Reiseführer. Und es gab da noch eine Reihe weiterer Ungereimtheiten, die darauf schließen lassen, daß sie keinesfalls einer Halluzination erlegen war. Eine davon betraf die Megalithenallee, die sie damals bis zu dem besagten Erdwall geführt hatte. Im Reiseführer stand nämlich, daß die letzten Steinriesen schon vor dem Jahre 1800 entfernt worden waren.

Miss Olivier mußte demnach etwas gesehen haben, das es zur damaligen Zeit schon gar nicht mehr gab – eine Phantom-Allee, eine Phantom-Kirmes –, ein für uns unvorstellbarer Gedanke. Hatte sie, ermüdet von der Fahrt, entnervt von dem anhaltenden Regen, dies alles doch nur zusammenphantasiert? Oder war sie Opfer eines äußerst seltenen Naturphänomens geworden, das man heute als Zeitversetzung bezeichnet – das vorübergehende Eintauchen in eine andere Zeitepoche?

Mythologie

Wissen, Glauben und Magie uralter Völker und Kulturen

19/338

Weitere Bücher zum Thema:

Lexikon der indischen Mythologie
19/314

Lexikon der keltischen Mythologie
19/280

Hans Biedermann
Lexikon der magischen Künste
Die Welt der Magie seit der Spätantike
19/146

Herbert Gottschalk
Lexikon der Mythologie
19/266

Claudia Schmölders (Hrsg.)
Die wilde Frau
Mythische Geschichten zum Staunen, Fürchten und Begehren
19/240

Nicolai Tolstoy
Auf der Suche nach Merlin
Mythos und geschichtliche Wahrheit
19/38

Wilhelm Heyne Verlag
München

Wissenschaftler bestätigen die Möglichkeit von Zeitreisen, die Existenz von Parallelwelten... Die Zukunft hat uns eingeholt!

Ernst Meckelburg

Zeittunnel
Reisen an den Rand der Ewigkeit

Langen Müller

Nie zuvor wurden die bislang unerforschten Zusammenhänge zwischen dem Jahrtausendrätsel »Zeit« und Psi-Phänomen, UFO-Manifestationen sowie nachtodlichen Zuständen so gründlich durchleuchtet. In diesem spannenden Sachbuch wird dem Leser eine minutiös durchdachte Mischung aus unerklärlichen Vorkommnissen und wissenschaftlich fundierten Interpretationen geboten.

Langen Müller

Die Revolution des Bewußtseins hat eine neue Qualität erreicht

Ernst Meckelburg

Transwelt

Erfahrungen jenseits von Raum und Zeit

Langen Müller

Vom Autor des Bestsellers »Zeittunnel«

Bedeutende Wissenschaftler unserer Zeit arbeiten fieberhaft an der Enträtselung sogenannter Psi-Phänomene, jenem unerklärlichen Geschehen jenseits von Raum und Zeit, das in naher Zukunft unser naturwissenschaftliches Weltbild von Grund auf verändern wird.

»Transwelt« entführt den Leser in die Grauzonen der Realität, in die Welt des Außergewöhnlichen, und bietet plausible Erklärungen für paranormale Manifestationen mitten unter uns.

Langen Müller